图书在版编目（CIP）数据

一个法国记者的大清帝国观察手记 /（法）埃米尔·多朗-福尔格著；（法）奥古斯特·博尔热绘；袁俊生译. —— 北京：中国画报出版社，2021.4
（遗失在西方的中国史）
ISBN 978-7-5146-2001-6

Ⅰ. ①一… Ⅱ. ①埃… ②奥… ③袁… Ⅲ. ①中国历史—史料—清代 Ⅳ. ① K249.06

中国版本图书馆CIP数据核字（2021）第 027222 号

遗失在西方的中国史：一个法国记者的大清帝国观察手记

（法）埃米尔·多朗-福尔格 著 （法）奥古斯特·博尔热 绘 袁俊生 译

出 版 人：于九涛
责任编辑：李聚慧
营销编辑：孙小雨
责任印制：焦 洋

出版发行：中国画报出版社
地　　址：中国北京市海淀区车公庄西路33号 邮编：100048
发 行 部：010-68469781 010-68414683（传真）
总编室兼传真：010-88217359 版权部：010-88417359

开　　本：16开（787mm×1092mm）
印　　张：20.25
字　　数：380千
版　　次：2021年4月第1版 2021年4月第1次印刷
印　　刷：三河市同力彩印有限公司
书　　号：ISBN978-7-5146-2001-6
定　　价：78.00元

遗失在西方的中国史
一个法国记者的大清帝国观察记

[法] 埃米尔·多朗-福尔格 著
[法] 奥古斯特·博尔热 绘
袁俊生 译

中国画报出版社

Dame Chinoise

中国妇女

孔子

目录

009 第一部 墨菲·德尔默的信

- 010 致敦玛纳宫的帕特里克·奥多诺万
- 018 别有天地（一）
- 025 别有天地（二）
- 042 别有天地（三）
- 052 别有天地（四）
- 064 别有天地（五）

071 第二部 书生平西的旅途见闻

- 072 一、帝国海军 – 走私快速帆船 – 伦琮彰显帝国军威 – 阿娘鞋岛和虎门 – 扒龙 – 抓捕 – 三桅帆船的闹剧 – 糊弄人的英勇举动 – 战事公报
- 077 二、澳门 – 海员的保护神 – 祭牲 – 海岛 – 疍家人 – 海盗聚集地 – 中国的"红胡子" – 海上霸王 – 禁海 – 1810 年的海盗 – 寡妇首领 – 女子典范 – 梅瑛传奇 – 黑旗帮与红旗帮 – 和平 – 战俘的回忆
- 090 三、福建省 – 中式厩肥 – 厦门及其侨民 – 算命先生 – 风水之道 – 魔镜 – 知书达理的典范 – 辫子的用途 – 礼仪队列 – 彩台上的女子 – 神秘人物 – 妖艳 – 凤凰
- 101 四、船上的鸦片 – 无用的悔恨 – 蓝眼睛的危险 – 西洋呷板 – 地理教义 – 欧罗巴、英圭黎、佛兰西等 – 红毛人 – 蛮夷为什么受鄙夷 – 猜测英国财富的来源 – 伪币制造者
- 104 五、福州府 – 古桥 – 闽江 – 千趣阁 – 斗鹌鹑斗蟋蟀 – 中国野味 – 鸬鹚捕鱼 – 水鼠 – 打发时间 – 流动赌场
- 111 六、难以拒绝的要求 – 武和夷 – 崇安县 – 闽江 – 红茶之乡 – 茶树种植与采摘 – 清明节 – 手套的功能 – 欧洲人的偏见 – 制茶

118　七、选墓地者 – 墓地 – 亡者的冥宴 – 和尚及哭灵女 –
　　　狗的处世方式 – 舟山和定海 – 观音菩萨像 –
　　　阿波罗与战神 – 阿弥陀佛 – 普陀山的寺院和僧侣

131　八、地理讹误 – 府厅州县的等级制度 – 从镇海到宁波 –
　　　阿美士德勋爵号到访 – 一位官员的权宜之策 – 桑树与丝绸 –
　　　崇明岛 – 盐田 – 棉纺织工人 – 小作坊 – 互助储金会

139　九、上海 – 帝国大运河 – 贸易前景 – 南京土布 – 漆器制作 – 漆树 –
　　　中国漆器与日本漆器 – 薪酬水准 – 杀人凶手 – 复活的孩子

145　十、镂雕匠人 – 古玩店 – 象牙球雕 – 檀香木 – 屏画 –
　　　青铜器 – 古瓷器 – 算盘 – 赏礼 – 灯笼 – 焰火

154　十一、危险的征兆 – 清茶门教 – 秘密社团 –
　　　中国的村民自治 – 伦琮的苦衷 – 公告

161　十二、圈套 – 乱贼 – 匕首桥 – 遇险的平西 – 曹熹落网 –
　　　各种政见 – 前往南京

第三部　秀才的治学之道

170　一、官报 – 九卿会审 – 王命旗牌 – 审判庭审简要程序 –
　　　监牢与酷刑 – 流放 –《大清律例》– 复仇案敕裁法

177　二、汉字 – 母字 – 象形文字史 – 六书 –
　　　蝌蚪文 – 口语 – 官话和鄙话 – 概念与建议

181　三、举人

184　四、三教 – 哲学思想 – 道德 – 宇宙起源说

200　五、迷信

205　六、启蒙书籍 – 四书五经 – 科举

213　七、考题与答案 – 诗喻 – 小说

224　八、科举考试

230　九、生日 – 乐师 – 戏剧与演员 –《窦娥冤》– 一部滑稽剧

240　十、历史学家

252　十一、九重发威 – 伦琮获赦免 – 谋反者获极刑 – 棘手的使命

第四部　平西在北京

258　一、旅行回忆 – 长江沿岸 – 农业及产品 –
　　　大白菜 – 过多的人口 – 浮岛

262　二、工业村 – 瓷器 – 薄胎瓷 – 古董 –
　　　奇妙的青金石 – 瓷神

265　三、医生的看法 – 颜色与疾病 – 人参 – 长生不老液 –
　　　解剖概念 – 把脉 – 主张顺势疗法 – 女性地位

273　四、女性礼节 – 加帆独轮车 – 北京 – 四城相套 –
　　　有钱人的乐趣 – 热情的接待

280　五、皇帝与百姓 – 古代社会阶层 – 现代社会阶层 – 外族人 –
　　　奴隶 – 特权 – 九等官秩 – 现实与权利

282　六、行政机构

291　七、典仪大殿 – 政治预见 – 皇帝的训斥 –
　　　火炮与外交 – 夺取舟山和香港 – 休战

294　八、西苑的庙会

301　九、阅兵

304　十、广州战败 – 第二次远征 – 攻占厦门 –
　　　攻占舟山 – 定海溃败 – 攻占宁波

311　十一、希望破灭 – 撤出宁波和定海 –
　　　洞房花烛 – 婚礼习俗

316　十二、最后的战事 – 南京的和平 – 告别

321　译后记

墨菲·德尔默的信 第一部

致敦玛纳宫的帕特里克·奥多诺万

广州眼科医局 183X 年 5 月

时间过去半年了，竟然一封信也没写！亲爱的帕特里克，隔着这么远，我仿佛都能听到您的责备，声声责备在我内心，甚至在我头脑中回荡。但我又有什么办法呢？我的生命几乎不属于自己，要不是那个令人钦佩的人出手相助，我早就命归西天了，在当时那种场合下，把我救活真是太神奇了。现在他要我为其慈善事业奉献几天时间，我怎么好意思拒绝呢？我又怎么能从这繁忙的工作中抽出时间呢？哪怕抽出一个小时，抽出一分钟也好啊。您当然能理解我一丝不苟的精神，理解我出于感激才如此吝惜时间。

要不是因为忙得不可开交，我早就想把亲眼所见的神奇故事一一讲给您听了，这片土地真的和世界上任何地方都不一样啊。

我将永远记得那一天：自上岸之后，令人尊敬的伯驾[1]牧师第一次允许我登上医院的露台。伯驾牧师是我的救命恩人和导师。那一天，我仍然很虚弱，医院外面的景色给我体内注入一股神奇的力量。对于我来说，周围的景色好似依然是高烧不退时脑中闪烁的幻影。

眼科医局坐落在丰泰行七号，院舍原本是一家货栈——讲得这么详细，还望见谅啊。我第一眼看到的竟是这样一个地方：由于清政府奉行谨慎的门户政策，当局把来自欧洲的商户都封闭在这一地带。那天早晨，凉爽的微风吹拂着悬挂在十三行主要建筑物前的英、法、荷兰和美国国旗。流经此地的河面很宽，就像流经威斯敏斯特市的泰晤士河那样宽，河面上排满了各种船只，看上去似乎根本无法航行，不过，待我逐渐适应这种看似纷杂的场景之后，却发现其中蕴藏着一种完美的对称性。每一只船边都留出一定的空间，便于通行，大型商船整齐地排成纵列，也在船的两侧留出航道。卖食物的小贩一边吆喝，一边划着双桨舢板，往

---

[1] 伯驾（Peter Parker, 1804—1888），美国首位来华行医的传教士，广州博济医院创始人。——译者注，下同。

商船

来穿梭于一条条船舶形成的水上浮城各巷道之间,这些双桨舢板就像威尼斯轻舟,不过这里的河水要比亚得里亚海之滨的水清澈多了。在主巷道中间,停泊着一艘来自巴达维亚的大帆船,用麻布编织的船帆挂在竹制船桁上,船帆下乱糟糟的场景令人称奇:男男女女都挤在甲板上,猴子、鹦鹉、锦鸡、麝猫和极乐鸟也都不分贵贱地被堆放在甲板上。一个女人站在船头,扯着嗓门高声训斥水手们。她就是这艘商船的船长,正在向水手发出指令。

看到这样的场景,我才注意到在虎门水道上航行的许多船只都是由年轻姑娘掌舵。她们身着薄衣,明显能看出是女孩子。掌舵这个行当很辛苦,姑娘们很早就练出了一身肌肉,蓝色裤脚下露出赤裸的双腿,恐怕鲁本斯都没画过如此真切的图像。她们划的舢板有时候就像是一艘小客船,有时候女艄公把自己的小船变成兜售橙子和香蕉的流动售货亭。我第一眼看到的就是

这样一位女艄公，但她却遭到恶人的戏弄。一艘小船上有七八个英国水手，他们停下来，在船上招呼她，女艄公奋力摇橹朝小船划过去，渴望能做成一笔生意，但待她快接近小船时，英国人却突然划走了。可怜的小姑娘不想轻易放弃这桩好买卖，用力摇橹追赶这艘小船，看她那副卖力的样子，英国人感觉很开心。他们随后又耍弄了两三次这个小姑娘。在摇橹追赶过程中，女艄公头上戴的花饰散落了，双肩仅靠宽大的草帽边缘遮挡，见此情境，真是让人心生怜意。她最终还是明白了，猛然间放下手中的橹把，我见她怒气冲冲地打着手势，一通诅咒那些歹毒的洋人。在咒骂洋人的话里面，"番鬼"这个词是最常见的，那时我才明白这是一句带有侮辱性的骂人话，从那儿以后，我经常能听到这个词。"番鬼"的字面意思是"外国魔鬼"，是指欧洲人、野蛮人和外敌。有时候外国人的船会越过管界，进入未曾涉足的水域，一群好奇的人朝河岸拥过来，或者登上甲板，不无敌意地看着他们，带着孩子的母亲把外国人的船指给孩子们看，告诉他们要鄙视、憎恨这些野蛮人。我相信，孩子们不会忘记早年所接受的教育。

这些男孩子光着膀子，皮肤晒得黝黑，在窄小的舢板上爬来爬去，一天起码得掉进水里二十次，我真为他们担心啊，其中有几个孩子，好几次向我打手势，也许是在祝我好运吧！他们用一只手抓住刚留起来的辫子，另一只手做成刀刃状，在脖子下划过，好像在示意：假如我冒失地相信中国人的诚信，那我的脑袋恐怕很快就要搬家了。多可爱的孩子呀！然而，看着一个可怜的孩子凭借系在颈项下的大葫芦漂浮在水面上，又怎能不生怜悯之意呢？这孩子已经在水面上憋气很长时间了，他张开双臂，闭着眼睛，好似睡着了一样，任凭河水慢慢地把自己拖走。

亲爱的帕特里克，我是不是很容易就把话题扯远了？您可千万别见怪啊。我刚才还在说医院露台上的事，向您讲述一个尚未康复的病人，转眼之间就把话题转到内河上，让您跟随一个冒险家，冒着违抗道光朝严格禁令的风险，到一条条河道上去闯荡。您是不是还想听更详细的描述呢？那就听我一一道来。

在这座由各类船舶组成的浮城里，喧闹声此起彼伏。时而这里爆出一个鞭炮声，中国孩子个个都是放鞭炮的高手；时而那里响起阵阵敲锣打鼓的鼓乐声，要说起来，中国人都是疯狂的乐师。商贩们扯着嗓子吆喝，各行当的工匠们弄出噼噼啪啪的响声。除此之外，大清朝官兵们也闹出阵阵声响——他们是天底下最奇特的将士，使用大量的劣质火药，演练用火炮轰击远处的要塞。

乱哄哄的嘈杂声震耳欲聋，光彩夺目的颜色又让人看得眼花缭乱。这里停泊着一艘鎏金的小船，一个当地的乡绅要乘船去自己的地界巡视，他一副傲气，懒洋洋地坐在华盖下面。待他把手从长袖里伸出来，您可得看仔细，那双手胖乎乎的，还留着很长的指甲，他面带倦意，一本正经地摇着扇子，扶手椅旁的茶几上摆着茶壶和茶杯，他品茗的那副样子倒像是沉迷于美色之中。所有这一切，尤其是那双白皙的双手，正是体面人物的主要特征。但红白色相间的巨大船身很快就把人的目光吸引过去，一艘艘大船整齐地排成一行，宛如准备飞奔的骏马，其实这

是刚造好的新帆船,准备首次出海迎接考验。新帆船造型厚重,船首画着睁圆的大眼睛,给帆船带来一丝生气,让帆船看上去好似被人类驯服的鲸鱼,来满足人类的航海需要。稍远处则停泊着一艘艘战船,漆成红黑相间的颜色,在高翘的船尾及船四周悬挂的一块块盾牌上绘着神奇的图像:有面目狰狞的头像,有扮着鬼脸的凶煞恶神,有张着血红大口的妖怪,还有眼睛喷火、利爪淋血的恶魔。

要想把往来航行于江面上所有船舶的名称一一列举出来,真得具备荷马那样的才华:其中有海关官员的官船;有把卸在黄埔港的欧洲货运往各地的快艇;有装饰华丽的双桅平底船,商行派出翻译和几个伙计乘船去核验货物;有专门在内河上运送货物的平底驳船(漕船);还有朝廷的官船,负责维持秩序,稽查走私活动。

朝廷的官船堪称中国造船业的杰作,至少在奢华程度上是其他国家造船业无法媲美的。从远处望去,这艘船宛如一只绚丽的昆虫。船身底部漆成白色,上部漆成淡蓝色,再涂上些柔和的云青色彩,船身两侧各开设30个椭圆形舷窗,舷窗边缘漆成鲜红的颜色,每个舷窗口探出一支白色船桨,船桨始终露在船外,即便船泊在某地,船桨也不收回到船舱内,只是耷拉在船外,宛如有气无力的大鱼身上的鱼鳍。

船甲板是用很结实的硬木制作的,由于养护得当,甲板好似涂上了一层天然的亮漆。水手们懒洋洋地蹲在甲板上,甲板稍靠后的地方铺着一张席子,那位官员正躺在席子上,不无惬意

官船

地吸着马尼拉雪茄烟。他身穿云纹饰绣花绸缎官服,慵懒地躺在那里,宽大的官服在身下压出许多褶皱。由这副模样很难看出他有什么指挥能力,可竟有五十来位水兵听他调遣。水兵们一个比一个懒散,随着太阳逐渐升起,天气越来越热,他们都光着膀子,头上戴着草帽,在紧要关头,他们也许个个都是勇敢的战士。给他们每个人配备一面盾牌,再配一杆长矛,他们就会成为粗野并带着几分杀气的勇士。

官船甲板上唯一遮阳的那块地方都被水兵和长官占去了,其实这只是一个简陋的圆形遮阳棚,四根纤细却很结实的木棍支撑着棚顶。这倒真是一顶名副其实的木制阳伞,阳伞四周挂着漆成金色和朱红色的垂花饰。碰到高温炎热或恶劣天气时,这个遮阳棚就显得太窄小了,他们就再铺盖上一层厚厚的稻草席,弄得就像乡下茅草屋的屋顶似的。遮阳棚里还挂着几幅画和楹联做装饰。

两根桅杆撑起几面用麻布做的三角形船帆,船帆顶端悬挂着五颜六色的信号旗,每面旗子用一只金色球隔开。前桅帆的桅杆被拿掉了,改在船尾设立一根旗杆,旗杆上升起一面巨大的白旗,白旗正中写着几个鲜红的大字。

我还差点忘了另外一点,这艘战舰根本不像是为打仗而建造的,经仔细观察之后才发现,船上还装备着两三门轻型长炮,长炮似乎只是随意摆放在甲板上。炮身上包裹着花里胡哨的装饰,蒙着各种织物和穗子,四周竖起的彩旗把长炮遮挡起来,有些彩旗甚至是临时系在炮口上的,看来大家倒更乐意把长炮当作奇思妙想的摆设。有人告诉说这几门炮是铸铁的,做工粗糙,所以才装饰美化一下,这种说法难以核实。

这就是朝廷的官船。看着一支支船桨划开水面,官船在水面上缓慢航行;看着桅顶上的燕尾旗随风飘扬,五颜六色的船顶反射着阳光;看着无所事事的水手们和昏昏欲睡的长官,您也许猜测这样一艘船不过是给帆船比赛或出海观光活动助威用的。其实,这艘专横霸道的官船是一艘在河面上实施缉私业务的督查船。只要看见官船,走私船就会躲藏起来,或者飞快地逃走,假如它不想贸然开战的话。有人把走私船称为"蜈蚣",因为船上装备着许多船桨。官船一出现在河面上,驾驶舢板的女艄公便纷纷躲进船篷里。所有冲突都平息下来,各种不和谐的声音戛然而止,因为随便找一个借口,有时候甚至根本不需要任何借口,官员就能祭出各种惩罚举措:罚款、没收财产,甚至实施杖笞体罚。可怜的当地人只因犯下微小的差错,有时甚至毫无缘由地遭到官员的敲诈勒索,要是找他们帮忙办一件冒风险的事,他们会用蹩脚的英语说:"大人会要我的命。"当然,接受也是有条件的,只要肯花钱让判官和冒风险的人都满意,就很少有人能经得住诱惑,只不过判官极为贪婪,这会让冒险者的犯罪成本变得极为昂贵。

现在,离开这条河流和广州港对面的这座水上浮城,把目光投向外国商行林立的广场,您会看到另一幅奇特的景象。

我以后再给您详细描述。

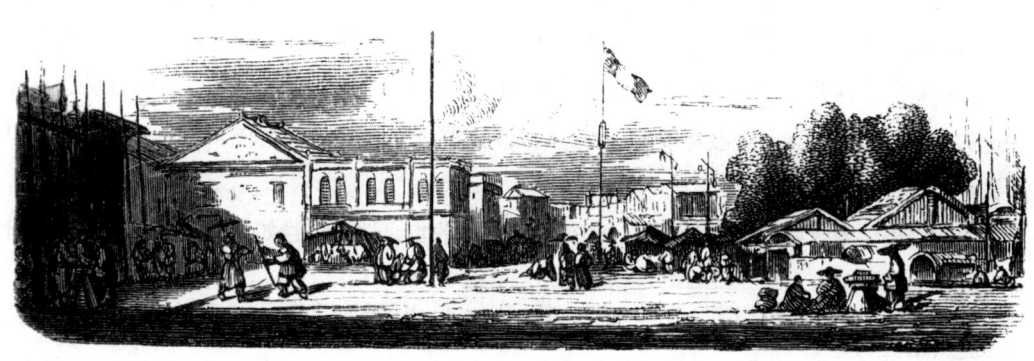

别有天地（一）

183x 年 6 月

在地域广袤的中国南端，在一座居住着 100 万人口的大都市[1]里，有一片由河沙冲积而形成的地界，面积仅方圆 300 多平方米，宽度和纵深也就在 300 米上下，那里建起三组房子，房子面朝南，依河而建，房子前面还有一座小广场。这是唯一一块允许夷商暂时居住的地界，中国皇帝特许他们和自己的臣民做买卖，每年的交易额可达 1500 万—2000 万英镑。

不过，他们在这儿安顿下来并不是合法的，每年开春之际，大部分商船已离开广州，朝廷便颁布敕令，命所有外国商人返回澳门，因为贸易季节业已结束。以前，广东总督管理得很严，接到敕令后，便即刻把滞留的外国商人都驱逐出境，现在有些夷商凭借特殊手段获取一定的特权，可以不必离开广州。这个特权不仅要花大价钱购买，还要做出一定的牺牲，即放弃温馨的家庭生活。欧洲女子不得前来大清，这里对我们最可爱的女同胞关上了大门，就像佛教的净土不对女性开放一样。根据经书的说法，女身不能往生净土，除非变成男身。您大概明白这种禁令的真正动机，目的就是想方设法阻止夷商在中国的土地上长期住下去，不管他们人有多少。大家知道，只要他们安顿下来，过不了多久就会迅速扩张自己的势力范围，印度就是前车之鉴。既然没有办法把这些烦人的客商统统打发掉，那就别让他们过上舒心的日子，甚至让他们对久居此地萌生厌恶之意。

因此，所有一切都是围绕这一原则展开的。这块地界烂泥遍地，连一条石子路都没有，更不用说绿化和其他装饰了，看到这样一幅场景，您可别吃惊。这一带常被河水淹没，变成一片汪洋，周围的大部分建筑都建在桩基上。一座座建筑鳞次栉比，河水散发出的潮气给建筑带来不小的损蚀。建筑物里通风极差，很少见到阳光，里面挤满了人，到处都堆着食物，看上去很不卫生。假如您在这里感觉不舒服，或者感觉处境险恶，性命难保，那么光明大道就展现在您眼前：赶紧离开这儿，您的离境申请、过关执照即刻就能办下来；如有必要，各级官员会一直护送您到外海边，甚至向您敬礼致意。要走的人宛如踏上一座金桥，想进来的人迎面碰到的却是铁栅栏。

由此看来，商行前的广场并不是一处赏心悦目的散步之地。尽管如此，由于找不到更好的

---

[1] 此为作者夸张的说法，据清《南海志・政经略》记载，道光十年（1830），广州所在的南海县总人口数为 112 万，广州城总人口约 54 万。

落脚点，欧洲人就在这儿驻扎下来。只不过在这个国家里，并不是每个人都能有朝阳的居所，欧洲人自然也不应指望能有一个享有特权的领地，即便这一领地是如此狭小。不过，您不妨想想看，就这么一块地界还招引来了大批的当地人。

总体来说，就目所能及的景况看，到这儿来的都是社会的底层人，其中有卖水果的小贩、剃头匠、江湖游医、小偷盗贼、苦力或脚夫，他们匆匆忙忙地从这儿穿行而过，再不然就围着露天货摊或杂耍艺人高声喧哗。在广场的一侧，至少有十几家并排而列的露天舞台在表演收费节目。监管臣民道德品行的督查官对伤风败俗之事历来极为严厉，却允许这些江湖艺人在公共场所表演节目，真是令人感到惊讶不已。因为这类节目大多粗俗，只要花上一文钱（比英国法新[1]还便宜的货币单位），就能看一出节目。无论是在广州，还是在其他地方，下级官员并不是死板地执行朝廷典律，只要私下里肯使银子，就能得到官员的庇护，掏钱最多的贿赂倒不是最无耻的腐败行为。

我刚才和您说起剃头匠，这儿的剃头匠好像比其他地方都多，每时每刻都有剃得光秃秃的脑袋在您眼前晃动，得有多少人干这个行当呀。他们通常走街串巷，随时随地为人剃头，而且随身挑着全部家当，也就是说挑着他挣钱的家什，就像古希腊的哲人一样。您瞧，一个矮个子男人，肩上挑着扁担，正疾步走过来，扁担一头挑着生铁炉子，另一头挑着木凳子，腋下还夹着一个工具匣，这就是剃头匠。他朝四下里观望，逮住一个机会，便毫不客气地招呼对方，这样往往总能做成生意。于是，他摆好木凳子，在火炉上烧起热水，把剃头刀、洗脸盆、小镊子、软毛刷、挖耳勺都准备好。软毛刷像一朵盛开的金合欢花。他还有一把金属唤头和一只珊瑚"眼珠子"，珠子镶嵌在象牙把柄上。有时候，剃头匠还会给理发的客人安排一个特殊的开场，这就是我们所说的"按摩"。剃头匠蹲在客人面前，用手按压对方的双手，接着再轻轻地按摩对方的肩膀，甚至在对方的面前做出神奇的手势，接受按摩的客人很快就闭上了眼睛，剃头匠的神奇手法显然在发挥作用。即便客人没有完全沉睡，这种昏昏欲睡的状态也真是太惬意了。于是，昏沉沉的脑袋便任由剃头匠摆布，只见剃头匠操起那把刀背很厚又略显沉重的剃刀，用娴熟的手法，在客人脑袋上刮来刮去，这把剃刀看上去特别好使。剃头匠最重要的任务就是把客人的脑袋剃得精光锃亮，中国人胡须不重，不必每天刮胡子，但头上留的辫子打理起来需要花上不少工夫，剃头匠这时轻轻摇醒客人，给他洗头发，然后再把辫子重新编起来。接下来，剃头匠还要给客人揉揉眼睛，掏一下耳朵。全套服务结束之后，客人站起身，掏钱付账，把座位让给另一个人，这个人也在剃头匠的阳伞下昏昏沉沉睡下去。

如同陆地上一样，这条河上也有操此营生的剃头匠，他们穿梭往来于各条船只，为艄公和船员提供理发服务，有时候也让客人到他们的船上来剃头。我还亲眼见过这样一个水上剃头匠，

---

[1] 英国早期使用的旧铜币，相当于四分之一便士。

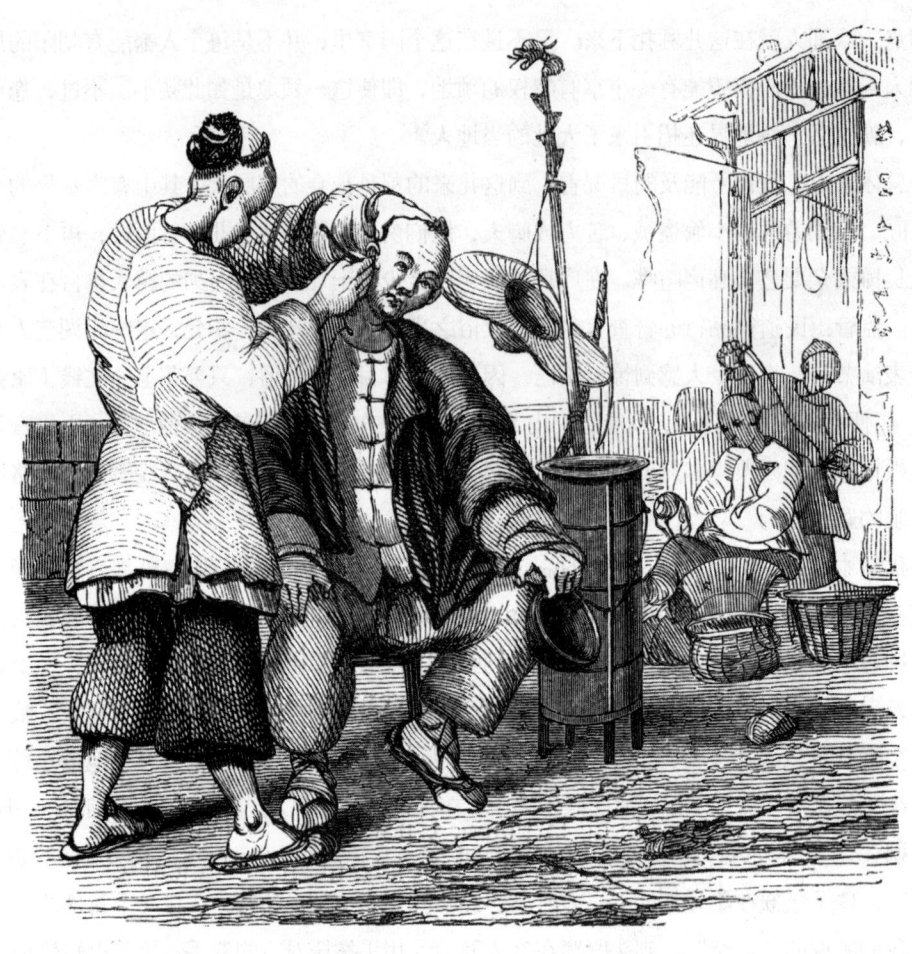

　　一边给客人剃头,一边驾船朝另一个客人驶去,高声招呼那位客人到他船上来理发,一人同时操持几个行当也是够卖劲的。要是看到这一幅滑稽的场景,我们那位总是板着面孔的首席大法官也会忍俊不禁。

　　就在我们刚离开的这个广场上(原谅我随意瞎走),总能见到一些常客,他们并非忙得不可开交。在商行一座座建筑物脚下,沿着南墙那一面,坐着一排可怜的穷苦人,他们无所事事,待在那里晒太阳。他们穿的米黄色棉布外衣已破烂不堪,肩膀处沾满了泥巴,身上散发出一股特殊的味道,这股味道就像是肮脏内衣上的烂蒜味。一群群苍蝇围着他们憔悴的面容飞来飞去,除了把苍蝇赶走,他们似乎什么事也不做。我甚至相信他们把身上的寄生虫都吃到肚子里,我亲眼见过不止一个人,把刚蜇过自己的虱子从身上捉下来,放到嘴里嘎嘣嘎嘣地嚼着。那副样子极为豁达,这恐怕是以牙还牙报复的最残忍手段。

　　您要是把这段文字读给法妮小姐听,她肯定会对此极为反感。但是,如果我给您寄去一盒

名为"燕窝"的美食,您可爱的小妹也许乐于品尝一下,即使不喜欢美食,出于好奇心她也会品尝的。接下来是不是还要告诉她这一珍馐的出处呢?是不是还要告诉她,这个凝胶体其实就是金丝燕在摄食海藻经消化后,吐唾构筑的巢穴呢?您在讲述的时候可得注意措辞啊。也许不必告诉她,对吧。当地的乞丐是不是也会偶尔拿此来做对比呢?虽然他们比我更随意,但由此得出的结论却是近乎准确的,即所有的烹饪法都大同小异。

马奎克可不想接受这个令人懊恼的现实。马奎克就是广州城中的罗伯特、索耶、瓦泰尔和维利。[1] 马奎克在商行广场旁一条狭窄的小巷里开设了一家旅馆,附设餐厅、咖啡馆和台球房。既然我向您介绍这座广场,就要提到他,提到他的竞争对手桑福德和马克开的旅店。这两家旅店极为相似:内院格外窄小,房间非常简陋,当地的仆人面无表情,不问冷暖,一副无所事事

---

[1] 罗伯特、索耶、瓦泰尔和维利是 17—18 世纪法国名厨或膳食总管。

的样子。旅馆里不乏仆人，但每当客人有需求时，只有一个人主动回应，其他人看着他忙得团团转，也不出手帮忙。至于说为您特派的贴身仆人，他顶多只是对您稍加关注，给您灌一壶水，摆好刮胡子的镜子，送来一条毛巾，仅此而已。您要是想让他拿一块香皂来，不管是请求，还是威胁，都支使不动他。

您瞧，这所房子右边的阳台上，有几个叼着烟袋的年轻人，他们把自己吃不了的残羹剩饭扔到小广场上取乐。他们身穿做工精细的绉绸长袍，头戴锥形圆帽，帽子正面镶着一颗大珍珠，腰间系着一条玉搭扣腰带，腰带上挂着一只绣花钱袋，钱袋里装着两只瑞士怀表，身上挂着香气怡人的念珠，身下穿英国棉布长袜（丝绸长袜竟遭嫌弃），脚下穿的鞋子垫着很厚的硬纸鞋底，得有一指高。他们腰间挂的那些物件都不是武器，这和您想象的完全不是一码事：那根用珠链挂着的针状物并不是通火器的通针，而是剔牙工具；那个真丝鞘子里只是装着一把香布折扇，而不是沾着毒药的短剑；那只用金线缝制的皮袋子并不是子弹盒，而是用来装点烟袋锅的火镰，

那个小袋子里装的是烟草,而不是火药。朝廷颁布敕令,禁止平民在和平时期携带武器。

一阵吵闹声把人的目光吸引到十三行猪巷一侧的小广场上,肯定又是哪个水手或水兵,喝多了"神酒",喝得醉醺醺的在那儿闹事。

来自欧洲的这些水手,兜里揣着钱,刚一上岸就想着找个乐园去花天酒地,这些贪图享乐的粗人似乎还给这个地方取了一个名字,这名字倒也和他们所过的日子很贴切。就在这时,此地小酒馆的老板和游走江湖的骗子们纷纷从窝棚里走出来,主动热情地去招呼水手,敏锐地观察对方,看他们对自己的热情劲儿是不是很信任,最终把水手拉到自己店里。有时候对方是个老朋友,但水手根本想不起这人的模样,但这人却热情地拉着他的双手。有时候对方就是一个陌生人,不管不顾地拉着水手往自家店里拽,让水手感到格外吃惊。为了能和水手拉上关系,这人甚至慷慨地请水手喝上几杯"神酒"。小酒馆很干净,汉字招牌上还写着英国水手们给店主人起的绰号。对一个名叫"好人汤姆"或"好人吉米"的店主人,您怎么能不信任呢?于是,水手走进小酒馆，在酒桌前坐下来，喝起店主人送上来的"神酒"。没想到"好人吉米"早就事先在"神酒"里下了迷幻药，几杯酒下肚，水手就感觉头昏脑涨。这让水手感到极为恼火，他开始高声咒骂，时不时还左推右搡，但新结识的朋友们却毕恭毕敬地任由他推搡，因为他们知道好戏还在后头呢。

果然，难听的骂人话越来越含糊不清、语无伦次，动作变得极不连贯，眼睛也睁不开了。这位水手最终沉睡过去，当地人从容不迫地把他的衣兜翻了个底儿掉。待他酒醒过来，却发现自己独自一人躺在空旷的院子里，躺在一堆厩肥上。他又气又恼，却不知道该找谁去发火，这位身材健壮的外国人只好迈着踉跄的步子，朝码头走去，要是哪个当地人主动和他搭话，他准保会把这一腔怒火撒到对方头上。不巧的是，当地人都非常克制、冷静。见他走过来，大家主动闪开，给他让道，任凭他粗鲁地左冲右撞，却不搭理他。要是他把摆在地摊上的蔬菜一脚踢开，那位留着长辫子的摆摊者会心平气和地用中文告诉他，这一粗鲁行为该受谴责。如果他拒

不听劝,卖菜的小贩也就不再理他了,只是把被踢散的蔬菜重新摆放整齐。在他看来,这位粗鲁的外国人只是一头危险的动物,根本不必和他说理,自己弥补损失就好了。

尽管如此,顽皮的孩子们却跑过来,嘴里喊着:"打倒番鬼!"拿他做的坏事寻开心,就像看到小丑做鬼脸一样。他稍一抬手,就能把孩子们吓跑,但他们很快就跑回来,一边笑着,一边拍着巴掌。如果他身上还有点钱,几个小孩子会把他带入骗局里。上帝保佑您,天黑之后,千万别去我给您描述的这座小广场,要是去了,您会看到三十来个欧洲同胞:其中有喝醉了在那里呼呼酣睡的;有高唱着下流小调,围成圆圈跳舞的;还有靠着墙,耷拉着脑袋,摇晃着手臂,目光呆滞的酒鬼。所有这些人都可沦为这个世界上任何人的玩偶。

有人曾尝试着给当局施压,要他们关掉那些卖"神酒"的酒馆,这一举措恐怕只是对外国人更有利。不过外国人都是野蛮人,甘愿让天子的臣民们去用"神酒"灌醉,或被洗劫一空。

别有天地(二)

周日

有一天,伯驾先生的一位助手突然来到我房间,伯驾先生要我马上去会客室。一位行商正坐在会客室里,康复期间,我曾应邀在他家吃过晚饭。这位可敬的行商是公行里的首富,他是受一位大人物之托前来医局的,但一开始并没有道出委托人的名字,他递给我们一封用中文写的信帖,帖子结尾附着英译文。信帖内容如下:

家有小女,年方十七,实不相瞒,现患眼疾,故向贵局寻求良方。她眼内生一重瞳(白内障),挡住视线,此乃五六岁腹部患疾后所致。重瞳已遮挡双眼,虽多处寻医问药,但小女仅有光感,其余一概看不清楚。瞳孔兴许未受损,仅被白膜(白内障)覆盖而已。久闻伯驾医生大名,如华佗再世,望能拨冗,为小女治疗眼疾,摘除白膜。即便治疗无甚效果,鄙人亦不胜感激。但小女前来就医,实为不便,望告知是否务必前来医局。谨表谢意。

在我到来之前,伯驾医生已了解对方要出诊的请求,但还是委婉地拒绝了。严格的规定还是必要的。当地的女子已经慢慢地适应要前来医院就诊的习惯,即使那些富裕家庭的女子也不例外,要是有人知道我们为某位女子破例违反院规,那么所有女子都希望能享受出诊的待遇。就在我进入客厅时,伯驾牧师正向来人解释:"各位行商一直鼎力协助医局,我对此深表感谢。德高望重的浩官也是慷慨资助医局的赞助者之一,我对此难以忘怀,为了感谢你们,我同意派我的得力助手出诊。"说到这儿,他指指我:"他完全有能力治疗这种眼疾,如果他愿意的话,就让他去您朋友家治疗吧。"

行商早已站起身来，向我行礼，双手在胸前作揖，以示敬意，就像西方传教士所做的见面礼那样。

接下来，他只是说要把医局的答复如实转告给对方。

第二天，粤海关部的翻译带来口讯，他奉广州提督伦琮之命[1]，向博学的伯驾医生转达谢意，并接受医生的精心安排。

"提督大人查过黄历，认为本月12日是做手术的吉日。大人届时将在府上恭候尊敬的欧洲年轻医生。"尊敬的年轻医生就是指我，本月12日就是下周三。亲爱的帕特里克，我得承认，我既盼着这个日子早日到来，可又有点担心。

不过，还是让我先给您解释一下本信开头那段文字，否则说不定您会被吓住，顺便再跟您说说欧洲人和中国人之间的关系。中国人恪守本国的法律体系，说来确实有点意思。

刑法的唯一基础在这里就是等级责任。只要有人犯罪，有人违法，就得有受过的，有抵罪的。要是罪犯逃走了呢？那就惩罚他的家人。要是有人提起公诉呢？那就由司法官员介入，下情上达，从低微的司狱到地方官，再到总督、刑部、议政大臣，有些大案甚至要呈递给皇帝本人。因此我们看到，只因有人犯下谋反罪，整个村庄都会被烧毁，全县要缴纳罚金，全省要服丧戴孝，达官贵人会被革职降爵，天子本人以此向公众赎罪。

有上述解释做铺垫，您就会明白为什么要设立公行。在广州夷商有时候会闹出严重的骚乱。但骚乱并没有得到应有的惩罚，一是因为没有人知道肇事者是谁，二是因为有些势力在暗中保护这些人。刑法体系的正常秩序因此而遭到破坏，一个致命的例子足以证明犯罪可以逃避惩罚。尤其是在贸易方面，因当局惩罚不力，广州城内偷漏罚款、虚报货物品名、进口违禁商品等行为有恃无恐，日渐增多。于是，朝廷便设立公行，要公行为欧洲商人做中介和担保人。公行由十三家行商组成，其实这十三家行商每家都曾有过走私行为，他们要么接受颜面丢尽的处罚，要么承担起这个危险的职责，除此之外，别无其他选择。与夷商达成合作之后，他们便纳钱捐官，无论是欧洲商人的诉求，还是总督大人及两位抚院或钦差大臣的批复，都由行商负责转达。各行商要承担连带责任：就夷商而言，若某一夷商有欠款，行商要负责偿还；就当局而言，夷商的应付款项如关税等要由行商负责支付，有些过错若衙门差役认定是外国人犯下的也要由行商承担。如此说来，他们责任重大，尤其是对粤海关监督承担着更大的责任。海关监督总是对行商敲诈勒索，而且数额巨大。面对海关监督时，行商都要行跪拜礼，还要伏地叩首，因为担任海关监督的人都是朝廷高官。即使傲慢的监督大人要他们平身，他们也不敢抬眼看他，只把目光放在他那身官衣最下面的纽扣上，要是忽视这项严格的礼节约束，即使最有钱的行商也免不了遭受一顿棒打，就像惩罚一个苦力那样。

---

[1] 这是作者综合几位地方要员的经历杜撰出的人物，在此参照粤语拼音译为"伦琮"，从名字上看应是一位满族人。此外，作者在后文用拼音标出此人的官衔为提督使。

每个行商都有三个名字，甚至可以说有四个名字，因为行商的汉名译成西文后多少会有些差别。因此，浩官（商名为伍浩官）本名叫伍绍荣，行名为"怡和行"。爽官（提督大人指定他为通夷特使）的商名是吴爽官，本名叫吴天垣，行名为"同顺行"。十三行其他行商也都分别冠有商名、本名和行名。

您也许会认为，组织得如此严谨的垄断机构会带来丰厚的利润，形成唯我独尊的社团精神，但事实并非如此。有时候，公行个别成员极为贪婪，他们任意牺牲集体利益，只满足个人的私利，甚至对于自己所承担的中介事务都不上心。不仅如此，为赚得一点蝇头小利，他们把自己所享有的贸易特权出让给朋友和熟人，允许他们打着商行的幌子，与夷商直接交易。由于出让自己的特权，再加上海关总督敲诈勒索以及各种苛捐杂税，行商会因此而破产。一旦遭遇破产，行商要偿还所有债务，短时间内很难恢复元气。

行商其实就像是贸易口岸的官员。一旦进入行会，无论是发财还是受穷，行商们都无法离开行会。他们的身份无法改变，就像牧师一样。我们认识几位行商，在行会干了很长时间，家财破亿，想退出行会，却未能如愿。

周六

现在您已知道我们这位爽官朋友的地位，要是给您讲讲我在这位尊贵商人家里享受的第一次晚宴，您会更开心。

那是在我刚刚康复的时候，伯驾先生暂时把我安排在双鹰国（即奥地利帝国）洋行的一位朋友家里。我在那里生活得既舒适安逸，又单调乏味，居住在广州的欧洲商人过的都是这样的生活。不过，要让我心安理得地去过这种日子，我还真是感觉诚惶诚恐的，现在这种挥霍无度的生活和我以前过的苦日子反差太大了。详细一说，您就明白了。按照头天晚上定的时间，仆人进来叫醒我，扶我下床，随后端来几桶水，喷洒在我身上，帮我擦洗，我懒洋洋地任凭他擦洗。接着就到吃午饭的时间：一盘咖喱鱼或咖喱鸡、鸡蛋、油炸小吃，几片冷肉，火腿或酱牛肉，再配上一些几乎一成不变的配菜。饭后，我读书、画画，或者学中文。到吃晚饭的时候，我们大家会聚集在一起。亲爱的帕特里克，晚饭真是太丰盛啦！相比之下，都柏林行会从来没有安排过如此丰盛的晚宴。先是两三道浓汤，佐以马德拉葡萄酒、雪利酒和波尔多红葡萄酒，每瓶酒外面都包着一个潮乎乎的棉布口袋，以保持酒的清新口感，随后是一道烧鱼，大家按照习惯佐以啤酒。用过这道菜之后，晚餐才算正式开始，菜肴有烤牛肉、烤羊肉、烤家禽肉，还有必

不可少的牛峰肉（因为在中国，当地人有办法让牛长出牛峰）和每餐必备的火腿肉。有时候为了换换口味，还会再上一盘鹅肝或山鹑肉糜，这道菜是花大价钱从欧洲进口的，这道名贵菜肴要佐以波尔多红葡萄酒和索泰尔纳酒。把这些菜撤掉之后，就开始上甜食和烤野味了。雪鹀、野鸡、野鸭等当地的野味都摆上桌来，这时仆人开始轮流给大家斟香槟酒、波尔多红葡萄酒。随后就是辛香类菜肴：鲱鱼、孟买葱头、奶酪、沙丁鱼，此外还有不少餐后酒，有助于消化食物。

最后，大家都只喝啤酒，直到身穿白衣、脚蹬蓝鞋、辫子上系着红发带的仆人端上甜点时才罢甘休。仆人摆好甜点之后，就退下去。这时，每个人都按照自己的喜好和酒力选喝葡萄酒，有些人出于礼貌，只是略微抿一口；另一些人则斟满酒杯，一饮而尽。最后，大家来到客厅，继续享用利口酒和咖啡，这顿奢华的晚宴就算接近尾声了。您想想看，晚宴的各道菜肴，甚至连烤肉用的木炭都是从欧洲进口的，当然还要支付进口关税，您兴许能猜出得花掉多少银子。

行商河道旁的小城堡

享用如此丰盛的晚餐之后，去乘轻型划艇一点也不为过。通常我都是和公司里两三个最棒的划桨手一起出去，不是去繁花似锦的花地公园（对夷人开放那天去），就是去河南岛，到那儿去参观一座寺院，等有机会再给您详细描述这座寺院。

不论是去哪个地方，出游有时确实很惬意。轻型划艇就是一种无甲板的小船，类似两头尖的独木舟，可以配双桨、四桨或六桨。小船往往在极浅的水域划行，桨手要有一定的经验，才能轻松自如地把船划起来。有时候，船桨在水里扎得太深，船一动，桨把就猛然打在桨手的胸口上，甚至把他扫出船外，落入水中，那副样子别提多尴尬了。嘿，这种倒霉的事还真让我给赶上了，不过几天过后，虽然再次遭遇失败，但我已成为一个很不错的桨手，今天我敢向牛津大学最出色的水手发起挑战，即使在惊涛骇浪中航行也无所畏惧。

那么，晚上要乘划艇去哪里呢？我想可能要去行商河道或去周边的运河。该怎样向您描述眼前这既绚丽又奇特的景色呢？这里有一排漂亮的中式房子，前廊有小圆柱，还有晾台、栅栏，倒像是一排透明的笼子，配着绿色和蓝色的百叶窗，屋外到处都是盛开的鲜花；屋内有镂空的隔栏，里面的人看上去影影绰绰的，颇像挂在丝网上的蜘蛛。在稍远一些的田间处，几间孤零零的茅草屋被遮掩在阔叶香蕉树下。这边长着一簇簇典雅的竹子，那边在一棵枝繁叶茂的百岁

大树下，立着一座青砖小庙。一座小山丘上建着几座小亭子，种着意大利石松。一石一阶搭成阶梯小桥，一根根三角形桥墩支撑着桥面，形成一个个尖拱形。还有哪些景色呢？当然还有数不清的细节，个个都十分别致：别墅露台上坐满了年轻女子，她们在遮阳伞下，在挂满鲜花的露台栏杆后面，朝我们微笑，就像澳门的葡萄牙女子透过微微打开的百叶窗朝我们微笑那样。

养鸭人轻舟荡漾，一大群鸭子在小船附近游来游去，只要养鸭人一招呼，四散的鸭子就会游回来；还能看到制造小木船的船坞，一只竹筏子在船坞前漂动。村庄坐落在绿色的田野里，从远处望去，颇像英国乡村的风貌。稻田后面，小舢板在水面上滑动，很快就湮没在葱郁茂密的植物当中，浅黄褐色的船篷看上去颇像一只怪兽。一帮子穷苦人卷起裤腿，在河里捞淤泥做肥料用，搅动淤泥时，用脚抓出小鱼、小虾、鳌虾和虾蛄。

这些房子总让人捉摸不透，而我恐怕永远也甭想踏进房门，但这并不妨碍我去想象。我不停地用好奇的眼光去窥探这一所所房子，祈求阿斯摩太[1]出手相助，把这涂着油漆、绘着彩图的墙面变成透明的，将轻薄的屋顶暂时拨开。风似乎已把屋顶的四角卷起来，屋脊上立着牛角、弯月及想象中的轻舟造型；一扇百叶窗没有完全放下来，丝绸帘子卷起来，阳台上的门半开着。

---

[1] 犹太传说中的恶魔之王。

我由此隐隐约约看到，在这半明半暗的房间里，有吊灯或灯笼在闪着亮光，摆着一件高大的瓷器，家中供奉的佛龛前面燃起一柱香，一张鎏金漆桌上摆放着象牙雕刻或花丝镶嵌摆件。看到这些造型奇异的奢华摆件以及其他令人意想不到的物件，惊得我浑身震颤发抖。

我的伙伴们（确切地说，是我寄宿的主人）总是嘲笑我这种痴迷中国的"瘾"，其中一个伙伴最终萌生怜悯之意，安排我去一个行商家里吃晚饭。

然而，有一点您恐怕很难理解，在这种情况下，习惯做法是直接要对方请客，出于礼貌，中国人是不会拒绝的，但傲慢的欧洲人是不会回礼的。于是，一天上午，东印度公司的一位代理商给爽官写了几行字，一周过后，我收到一封"帖子"，就是用红纸写的对折请帖，外面印着烫金花饰，上书"呈送医局，致尊贵的医生、令人敬仰的学者"，帖子内还写着几句话：

本月初七为小弟吉日。初六，洗觥待客，初十，觥斝酒液，故斗胆派坐轿前往贵府。

欣闻兄长学识渊博，愿就吉日安排事宜当面求教，恳请兄长赏光，鄙人深感无上荣幸。

爽官叩首呈递本帖，敬请大驾光临。

道光十六年七月初一

秀官马佐良的帖子

这张帖子满是恭维话，这是毫无疑问的，而且恭维到明显是在说谎，甚至是带着揶揄的口吻说谎，因为请客的东道主并非不知道我的年龄，他比我年长20岁，可竟然称我为兄长。不过，鉴于很难对他做出评价，单从语气上看，他这人的学识似乎令人生疑。

尽管如此，这又有什么关系呢？此前一直在想象着，当地一所所神秘的房子里究竟会是什么样子，我终于有机会踏入其中的一所房子。美食家有一句箴言："告诉我你吃什么，我就能说出你是谁。"[1]这话还是很有道理的，我将和当地的一个头面人物建立起密切的关系。

两天过后，又有人送来一封红请帖，我以为是出了什么差错，其实不然，东道主只是再次提醒我吉日聚会一事，希望我能"赏光"，看得出帖子用词还是经过斟酌的。

吉日聚会当天中午，有人送来第三封帖子。乍一见到帖子，我以为发生了变故。恰恰相反，爽官再次盛情邀请我和他一起吃晚饭，并郑重地问我能否出席晚宴。我回复了帖子，并向他表示谢意。两个小时过后，我们出发前往他家。

主人在家里迎候我们，看他那副样子，感觉他等得焦虑不安。以前我们没有见过面，见面时，他并没有像通常那样行拱手礼，而是说了一句常用的客气话："素仰芳名！"这句话翻译成英语就是："在下久闻您那馥郁芳香的大名。"

客客气气地寒暄过后，他领着我们朝宴会厅走去，宴会厅是正房的主厅，房主人就住在正房里。

宴会厅呈长方形，相当宽敞，一条过道通向一个月亮门，月亮门两侧各立着一只古瓷瓶，瓷瓶里插着绚丽的鲜花，散成扇状的孔雀羽毛插在鲜花后面；过道左右两侧各摆放着两张苏拉特木八仙桌。第五张八仙桌，即爽官的主桌摆放在大厅的最里端，大厅入口一侧有一个小戏台，位于大厅的另一端，正好面对着主桌。在整个晚宴期间，小戏台一出接一出地上演各类节目，有翻筋斗的，有走钢丝的，有演奏乐器的，但没有哪位宾客正眼去瞧他们。

虽然每张八仙桌可坐四至六人，但当晚每张桌子仅坐两位客人，以便留出空间，好让其他宾客观看节目。我们刚一落座，仆人马上端上杏仁露，这只是礼节性的开场饮品。

过了一小会儿，仆人端上一盘盘凉菜，各色凉菜摆在雕着细腻人物造型的烫金小盘子里，大部分菜品我都没有见过。主人客气地给我介绍了几道菜，其中有飞鱼，晾干后切成细丝，蘸醋吃；有蘑菇类的真菌（名叫石耳，据说是僧人必吃的菜）；有米饭鱼，色泽很白，味道也很鲜美，像油炸格林威治银鱼那样烹制；有做成肉酱的鹿脚筋；有切成圆片类似肉皮的一道菜，名叫日本皮，要在水里浸泡很久才能嚼得动；有禽肝和禽胗，烹熟后切得很碎；还有油炸后撒上盐的甘蔗虫。桌子上还摆着几个果盘，有桃子、香梨、核桃，都是我见过的，还有小蜜橘、金橘、荔枝、龙眼、黄皮和枇杷等，这些中国特有的水果摆在桌子上显得很提气。小蜜橘和金

---

[1] 这是19世纪法国美食家布里亚-萨瓦兰在美食专著里写下的名言。

橘是成串端上来的，熟透的荔枝颇像一大串草莓，荔枝壳不硬，柔软的果肉里包着两三粒硬核。黄皮倒更像葡萄或茶藨子。枇杷有点像欧楂果，但口感有些涩。

所有水果都放在银制小盘子里，摆满了整张桌子，但桌子中央则留出空位，用来摆放热菜。一道道热菜被摆上来，但很快就被撤下去，撤菜的速度就像桑丘在海岛任总督时所见识的那样，他对此感到极为震惊。[1]

我是不是又该描述一道道热菜啦？您大概会觉得不开心，这哪里是朋友的来信，纯粹就是餐厅的菜单呀，但我还是要描述一下这些菜肴。一道道热菜在客人眼前端上来，每端上两三道热菜后，便稍微停顿一会儿，再接着上菜，直到八道炖菜一起端上，才不再停顿。这八道炖菜有富贵鱼翅球、冰糖燕窝、烧鹅掌、炖麻雀头、烧青蛙、炖豪猪（配甲鱼肥油一起食用）、炖鱼肚（与海藻一起炖）、炖沙锥（用孔雀冠做点缀）。还有烧海参，这些海参是从马来西亚及太平洋岛屿捕捞的。

接下来，又端上来十二至十五碗汤，汤里有鸳鸯肉、鸡肉、山鸡肉、鸽子蛋，还有一种软塌塌的细长食物，我最初以为是粉丝，正准备下箸品尝，随口问了一下菜名。

"您尝尝看？"主人用广式英语问道。

老朋友，那其实是虫子呀，就是蚯蚓，真的是蚯蚓。我推开饭碗，确切地说，是把饭碗倒扣在桌子上，但却竭力保持镇静。

"不尝了，谢谢。"我回应道。

在那天神奇的晚宴上，闹出的笑话还不止这一个。您肯定知道，中国人吃饭的时候，不用叉子，而是用两根小木棍，并形象地将其称为"筷子"。筷子长八九寸，用乌木或象牙制作，打磨得很光滑，筷尖为银制。用的时候，一根筷子放在右手拇指与食指之间，另一根筷子用拇指与中指合力夹住，才能把食物送到嘴里，这需要一定的技巧。与此同时，左手拿着汤匙，把右手用筷子夹起的食物连同汤汁一起送入口中。您瞧，要把筷子用好了确实相当复杂。

爽官坐在我右边，不动声色地观察我的一举一动，而我也全神贯注地看着他的举动。晚宴刚开始的时候，我差点和他一起站起来，因为他郑重地站起身，举起酒杯，要为我的健康干杯。不过，那双筷子确实给我带来不少麻烦，他用筷子顺顺当当地把滑溜溜的菜肴夹起来，而我费了半天劲也夹不起一片香肠或火腿。在嘲笑过我的笨拙样子之后，这位可敬的行商倒开始可怜我了，见我一直在费劲地夹燕窝，就主动把一大块黏乎乎的燕窝喂到我嘴里。我让您去想，这样喂到我嘴里的食物我会喜欢吗？尽管如此，我还是一直在竭力忘却时光和烟草给人带来的摧残——中国人年纪轻轻的，嘴边上就已露出难看的皱纹了——我闭上眼睛，把好客的东道主送到我嘴里的礼物接受下来。

---

[1] 典出塞万提斯的《唐·吉诃德》。

然而宾主的客套做法远未结束。根据礼节安排,在晚宴进行到某一阶段时,宾主要相互敬酒,相互祝福。待轮到我祝福时,我也要按照如下礼仪去做:两位指定要相互祝酒的客人应同时站起来,双手捧着酒杯,来到大厅中央,接着把酒杯放到唇边,再慢慢地放下酒杯,与此同时向对方鞠躬,直到让酒杯碰到地面上。身子躬得越低,就越显得有礼貌。这种装腔作势的样子要做三、六、九次,要看敬酒人打算做多少次。对方只需留意敬酒人的举动,见敬酒人准备喝酒了,他也要同时把酒喝下去,然后两人把酒杯倒扣过来,以表明酒已一饮而尽。双方鞠躬之后,再坐到自己的座位上。不过,在入座之前,他们还要在礼节方面来一番较量,不停地作揖打躬,互表敬意……到该结束时,两人突然同时坐下来,宛如从同一根弹簧上弹出的两个小木偶。

噢,我忘记很重要的一点,还有一种做法也很常见,敬酒双方要喝交杯酒。爽官表露出要和我喝交杯酒的意思,我对他用筷子给我夹菜的做法已经烦透了,便故意装作没有听懂。

有个做法也很奇怪,这一做法是要主人放心:出席晚宴的客人都非常满意。每张桌子正中间摆上四只盛满菜肴的饭碗,上面再摆三只饭碗,也盛满菜肴,最上面摆一只饭碗,形成一个金字塔形。尽管主人再三请客人们享用饭碗里的菜肴,但大家都不去碰这些菜,这是约定俗成的做法。接着,饭桌上的菜肴都被撤掉了,每张桌子都有好几道备用的菜,又端上来甜点、果酱,

其中有一盘用鲜笋做的沙拉，还有类似汤羹一类的食品，但味道不太好。闻到香味，我就知道端上来的是米饭：一碗碗米饭这时才第一次摆在大家面前。在平常人家里，米饭是重要的食品。

见米饭摆在面前，我就更感到担心了，因为想起欧洲人当中流传的一种说法，说中国人吃米饭的时候，是一粒一粒地夹到嘴里吃。但是用上筷子，这种看似难以操作的吃法，其实纯粹是一种空想，最终证明我的看法还是对的。在冒险下嘴之前，我又看着主人是怎么吃米饭的，只见他把饭碗放到嘴边，张开大嘴，用筷子把米饭扒拉到嘴里，可不是一粒一粒的，而是一大口一大口的。除了给人狼吞虎咽的感觉之外，这一做法是完全可以理解的。

为了给米饭添加点作料，大家在饭里拌上鸭肉、咸鱼，或者放几匙酸汤。

最后，端上来的是盖碗茶，茶里既不加糖，也不加奶，丰盛的晚宴就以这杯茶结束了，随后大家用清水洗手。

"难道大家都只喝茶吗？"您的少校叔父也许会这样问。我知道您叔父是"反禁酒协会"里受人尊敬的代表，不过您可以告诉他，我们还喝葡萄酒，用的是鎏金酒杯，附带杯耳，很像古人用的觞。葡萄酒要温热过后才饮用，因为中国人认为凉的饮品有损健康。当然还有米酒，比如绍兴酒、加饭酒，以及其他许多含酒精的饮品，但都蒸馏得比较差。我们甚至还喝了当地的烧酒，不过烧酒烈度较低，而且陈酿时间不够。

您还可以告诉少校，在喝酒的时候，中国人还玩一种助兴取乐的游戏，有点像意大利人玩的"猜拳"游戏。猜中对手所伸手指的数目，就算赢了，便可强迫对方去喝酒。一般来说，要是划拳的人感觉自己头脑不清醒了，就会主动要求停下来，不再继续玩这种危险的游戏，中国的绅士们还是相当有分寸的。

总之，这顿饭吃得很累，整个晚宴持续了七个小时。虽然席间客人可以趁着上菜的工夫起身在大厅里走走，还可以抽上一两口烟袋，但在这么长时间里，吃下各种怪异的菜肴，闻着难闻的气味，真是一项艰巨的任务。大蒜在中餐里用得很多，而且味道很冲。大部分菜肴都会用到蓖麻油，而在西方蓖麻油只当作药用。除了米饭之外，几乎所有的菜肴都是用12至15种原料混合烹制出来的。餐厅里混杂着各种原料的气味，而客人的胃里同样是诸味杂陈。

不过有一点应该承认，中餐的口味总体还是寡淡的，但有些油腻。颇得西方美食家赏识的"酱油"在这里仅拿来当作调料用，酱油并不能给中餐寡淡的味道带来多大的改变。至于说中餐油腻，在时人眼里，腆着将军肚、垂着多重下巴的人才美，就像穿金戴银那样，让人显得阔绰，这已形成根深蒂固的风气。

有几款菜肴很怪异，比如鱼翅和燕窝，之所以烹制这类菜肴是出于两个原因：一是这类传统食材价格极为昂贵，能上这两道菜的东道主肯定是财大气粗；二是据说这类食材有特殊功效，就像在西方要让那些风流不起来的唐璜们吃松露一样。

直到深夜我们才返回住所，一条条街道上寂静无声，到处都是漆黑一团，只有富庶人家门

前挂的灯笼透出一丝亮光。灯笼上用彩笔书写着宅邸主人的姓氏。因为时间太晚了,几乎所有的官道口都关了,钥匙拿在巡防手里,每过一个道口都要和巡防理论一番,不过使几个小钱就能让他们变得通融、客气。

有一位朋友因身体不适,未能出席爽官举办的晚宴,回到洋行的住所时,我们到他房间去看望他。我正要对他详细描述晚宴的一道道菜肴,他要我打住,用手指了指摆在房间各个角落里的菜肴,我们享用过的大部分菜肴都送过来了一份。中国人热情好客,待客时比西方人想得更周到,甚至把菜肴送到缺席的客人家里。

第二天,我们每人又收到爽官送来的文书,他对未能按报答我们功绩的规格来接待我们而表示遗憾。对于这样一封文书,我们务必要回复,于是大家便照猫画虎,把西文能用来修饰的华丽辞藻都搜罗起来,写了一封回函,称颂他的盛宴无与伦比,对能出席这一盛宴,我们感到无上荣幸。这也算是这篇美食颂文的尾声吧。

周一

几天过后，依照法国人的风俗，我觉得还是应该去回访东道主，以当面表示谢意。奥地利洋行至爽官府邸这段路并不远，爽官府邸就坐落在中华老街的最北端，在这段不长的路上，碰到一件事，让我终生难忘。在一个富庶人家的大门口外，堆着一堆垃圾，里面有一个破烂的背篓，内装一件白乎乎的东西，过往的行人从背篓边上跨过去，也不瞧上一眼。待我走近时才发现，那件破背篓其实是一个用细柳条编的摇篮，一个婴儿似乎在摇篮里睡着了。看着众人无动于衷的样子，您猜怎么着，我真的惊呆了。不过，孩子已经死了，看他那模样，好像刚刚死去，还不满一周岁。

这只摇篮太小了，根本就装不下孩子的遗体，是有人硬把他塞进去的。他的头略微有些浮肿，耷拉在摇篮边缘上，由于孩子上身压在一边，摇篮另一边就翘起来。我一动不动地看着这幅凄惨的场景，把其他人的路给挡住了，过往的行人也都停下脚步，惊讶地看着我，不明白为什么我这个外国人会露出一副吃惊的样子。在他们看来，这似乎是一件很平常的事，因为他们厌恶尸身，这与他们尊敬老人、敬仰逝者的做法形成强烈的反差。

别有天地（三）

周四上午

昨天是我约好拜访提督的日子，上午 10 点钟，翻译在医局大门口敲门，一顶漂亮的轿子停在门口，四位身强力壮的苦力守在轿子旁，准备抬我前行。

于是，我踏进这顶用竹子、帆布和油纸制作的轿子里。被人抬着走的感觉真是惬意，坐在轿子里，弹性十足的轿杆让轿子轻轻地摇晃着，既悄声无息，又不会遇到麻烦的碰撞，整顶轿子好似独自沿着街道缓慢滑行。相比之下，坐在轿子里的感觉真是妙极了，因为有时候我要步行穿过熙熙攘攘的小街，那时总会碰到步履匆匆的莽汉，他们边走边喊："让一让！"

什么也挡不住他们的脚步，我提心吊胆，生怕他们迎面撞到我脑袋上；那些卖烟草的人为炫耀自己的产品，不停地抽烟，浑身散发出臭味；小街里经常能碰到乞丐，每遇到他们，我赶紧躲进街旁的店铺里；在街上随便走走，不经意间还会在街角处踩到麻风病人身上，他们蜷缩在地上，我还以为是一堆破布呢，直到被踩到了，他们才露出光秃秃的脑袋，发出嗷嗷叫声，这真让我感觉浑身不自在。

而昨天则恰恰相反，透过轿帘所看到的一切都显得那么美好。我注意到地面特别干净，店铺门前的红、黄、蓝色招牌的颜色格外亮丽，就像漂亮的舞台布景一样。轿子经过之处，行人纷纷躲开，因看不到轿子里面，他们把我当成戴着红顶子或鎏金顶儿的"满大人"了。路过肉铺街（这里每个行当都有自己的专属地界）时，我瞧了一眼肉铺里摆的猪肉，肥瘦相间，整齐地摆放在砧板上。遗憾的是，看上去最鲜嫩的肉却是狗肉，当地人并不反感吃狗肉。不过，有时也会看到一两只猎犬嗅出气味，追着杀狗的屠夫，一阵狂吠，狗的直觉令人钦佩。关在笼子里挤在一起的鸭子发出呱呱的叫声，与猎狗的报复性狂吠遥相呼应，此起彼伏。再稍远一点，传

来一阵喷水声，我就知道已来到鱼市旁，鱼贩们把活鱼放在木桶里，不断向桶里注入清水，以保持鱼的鲜活，这种做法很聪明。经过烟火匠店铺街时，听到金币银锭的撞击声，让人惊讶不已，一间间店铺里总是挤满了老主顾，真给人一种财源滚滚的感觉。总之，在欧洲人眼里，中国的街道（当然是商业街）确实呈现出这样一种丰富多彩、嘈杂纷呈、光怪陆离的场面，还没等我看够呢，转眼就来到城北的老街，来到这位病人的府邸前。

　　这边的街景完全不一样。这一带街区相对冷清，四周寂静无声，街上行人也不多。几个僧人在挨家挨户地化缘或募捐，但不知在收什么钱。有的僧人手里拿着钱袋子，有的拿着纸条和毛笔，募集到钱时，他们就在虔诚的施主家外墙上贴一张纸条，写上几个字，也许为了报答施主的功德吧。

广州城内的一条老街

我们很快就来到一座三进大院的府邸前，前院的小门漆成暗红色，门上还留着几个鎏金汉字的痕迹，在门环不断的拍打下，个别字体已辨别不清，这几个汉字也许是标明府邸主人的官阶。

总之，这座府邸看上去很破旧。由于中国高官在某一外任职位上仅就任三年，自然不会花心思去修缮临时居所，更愿意把钱花在自家的祖宅上，将来告老还乡时，可以安度晚年。要不是知道这一点，我见到这座破败的府邸也会感到很吃惊的。

我的向导下了轿子，走到门前用力敲门，门很快就打开了。四五个戴着官帽、衣着整洁的仆人从府邸里跑出来。向导给仆人递上名片，对他们说（如果我没听错）："我和名医先生前来拜访大人。"

接过名片的人朝府邸里走去，其他仆人看着我下了轿子。翻译不等回话，就示意我跟着他走，我们来到第二进院子门前。门很快就打开了，一位年轻、英俊的龙骑兵迎着我们走过来，非常客气地向我们致意。

他在汉人里算是个头高的，头戴一顶棕褐色的绸缎软帽，用黑色丝绒折成宽檐，顶上镶着一颗六面水晶顶珠，表明他官位三品。[1] 此外，他身穿的官服胸前有一块补子，上面绣着老虎，说明他是一位武官。[2] 他的马褂（您可以理解为礼服）袖子宽松肥大，一直垂到小臂处，下摆垂至臀部，用合山锦缎缝制，这是一种棉丝混纺面料。官服里面套了一件丝绸刺绣上衣，袖子和下摆都比马褂长。这类服装都是右衽，用盘扣系住。裤子用南京绉纱缝制，浅蓝色，上面绣着相同颜色的图案，宽松肥大，颇像希腊独立战争期间士兵穿的军服，也是把裤管从膝盖处收进靴子里，但他穿的并不是皮护腿套，而是黑缎长靴。鞋底足有两寸厚，外面涂着三层白漆，显得亮光光的。对于脚下的鞋和头上的辫子，纨绔子弟总是花费心思精心打扮。不过，这位迎接者的辫子显然不完全是真发，他的辫子既粗又长，一直垂到膝盖窝。

他就是效力于提督阁下的佐领曹熹。他面带微笑，嘴上说着动听的恭维话，欢迎我们来到提督府，并带领我们走进去。我们随即跟随他来到会客厅。

我们走进会客厅时，伦琮正坐在一把号称"木王"的紫檀木座椅上，中国人认为紫檀木是最珍贵的木材。他把脚搭在座椅前的搁脚凳上，这把凳子也是紫檀木的。一杆旱烟袋斜放在他膝盖上。两位副手戴着官帽，毕恭毕敬地站在他面前，向他禀报下情。他摆出一副高傲的派头，似乎在认真听下属讲话。伦琮没戴官帽，他的帽子挂在一个木雕帽架上，帽架摆在大理石台面桌子上，桌面还铺着绣花丝绒。我们在月亮门槛前驻足等待，我因此得空去观察厅内的家具。

客厅的陈设很简单。一张长沙发，几把扶手椅和若干把竹椅子，五六个小茶几，一扇漆器屏风，两盏牛角灯笼，主要家具就这些。当然还有一个条案、两个瓷瓶及摆在座椅前面的痰盂，

---

[1] 从清朝官员的顶戴划分看，三品应为蓝宝石顶珠，五品官才用水晶顶珠。
[2] 依照清朝官服等级规定，三品武官的补子为豹子，四品武官才用绣虎补子。

客厅

这几件家什我没有算进去。墙上挂着一副缎子楹联，上面写着我熟悉的格言，因为在很多公共场所都能看到这两句格言：官清民自安，百行孝为先。

就在我辨认格言的时候，两位下属恭恭敬敬地退下，伦琮稍微动了一下身子，算是回应他们。不过，曹熹向他禀报医局先生前来拜访时，伦琮即刻起身，不顾年龄和官位尊严，疾步朝我们迎过来。这时，我看清他的面容，塌鼻子、高颧骨、嘴唇突出、面部棱角分明。他蓄着山羊胡，唇上的胡须已经花白。蓄胡子是年长者所享有的特权，但不是从事武官职业的标志。他身上的官服和曹熹的官服一样宽松肥大，但更加华丽。两人身上都戴着一大串念珠，只有一至九品官员才能佩戴这种念珠。念珠由108颗宝石或珊瑚珠组成，挂在脖子上，一直垂到腰间。

伦琮对我说了一大堆恭维话，译员赶忙翻译给我听，老将军还给译员留出时间，让他把话转达给我，他说我是受瑞鹿庇护来到这个世界的，说我年轻博学，还说我功德圆满，堪比满月。这些客套话我根本没有仔细听，作为回应，只是祝愿伦琮大人寿比南山，祝福他兴旺发达，宛如金星在星空中闪耀。您肯定猜得出，这种富有诗意的祝福语绝不是我编出来的，是翻译用英语告诉我，应该这样回应伦琮大人，我只不过欣然默认罢了。

过了一会儿，大家才说起我来访的正题。提督对我说起他女儿，语气中带着一种深深的屈辱感，一再抱怨自己命不好，未能养育子嗣，这确实是中国人难以慰藉的事情。说起这个话题，我又依照翻译的建议，说了许多安慰他的话。待就此话题找不出其他话说时，他称呼我为"老爷"，要我尽力来帮助他，治好女儿的眼疾。因为这个眼疾，他都招不到上门女婿。好像我到这儿来并不是专门给他女儿做手术的，难怪他对给女儿做手术这么上心。我答应设法为他女儿治好病。伦琮一再向我表示感谢，随即叫来一位仆人，带我们去他女儿的闺房，即第二进院子的正房。曹熹对无法陪我们前去表示歉意，因为中国人有礼数约束。

在此向您描述典型的中国美女还是颇像小说的写法。伦琮的女儿雅茜和您见过的葡萄牙年轻女子或混血女孩没有多大差别。虽然她身着宽松的服装，但从系领口的方式来看，她那娇小的身材相当匀称。她头发乌黑，肤色天生略黑，但涂了美白胭脂，双肩低垂，小手极为可爱，留着长长的指甲，外罩金属指尖套。即便她身边没放着琴，仅凭指甲套，我也能猜出她是一个音乐家，她身边的座椅上铺着红色坐垫，上面放着一把琴。

她听见我们的脚步声，便站起身来。我惊讶地发现，她完全没有中国小脚女人那种步履蹒跚的姿态，这时我才想起满族女人是不缠脚的。因此，满族女子步态轻盈、婀娜多姿，也不必去忍受那种痛苦的折磨。为了裹出小脚（汉人将此称为"金莲"），富庶人家的女子从小就要忍受折磨。这无异于一种自残行为，裹脚布妨碍了血液流通，伤了脚骨，还会引起炎症，造成创伤，即便伤口清理得再干净，也无法根除自残所带来的弊病。

还是言归正传，说说这位年轻漂亮的患者。除了没有"三寸金莲"，中国古代诗人所讴歌的美女特征都完美地体现在她身上：面若桃花白里透红（当然，她涂了胭脂），纤腰似柳叶般

柔软，红唇宛如水灵的粉桃，亮眼犹似一泓清泉。发髻并不能完全拢住她那满头黑发，于是编成辫子，从圆脸两侧垂下来。从神态上看，她显得谦恭、矜持、顺从、聪慧。她父亲大概告诉她，我是她的救命恩人。闻听父亲的话，她就要跪下身来，向我行叩头礼，用前额在地板上叩九下。我没想到她竟然要行如此隆重的大礼，赶忙上前阻止。接着，我把一张矮凳搬到朝北的窗前，轻轻地拉她坐在凳子上，她顺从地坐下来。

　　为了让闺房更明亮，我正要卷起百叶窗，这时伦琮一边拦住我的手臂，一边把雅茜小姐的丫鬟唤过来。两个戴着头饰的年轻姑娘即刻从帘子后面闪现出来，原来她们正躲在帘子后面偷看呢。她们突然出现在我眼前，我由此猜想，她们即便不是出于热心，也肯定是出于好奇心才躲在帘子后面。那个长得最好看的姑娘，我听人喊她"芬苏"，肯定巴不得想看一看一个外国人究竟长什么模样。我无法告诉您她的想法，因为我也不知道。

我也不会给您详细讲述手术的过程，只不过在刚开始治疗时，有一段时间非常关键，我想让您也感受一下这个时刻。

您知道人们常把白内障和瞳孔浑浊混为一谈，但对瞳孔浑浊却没有更有效的治疗方法。我首先要做的就是检查她眼疾的性质，具体方法就是依照迈特扬[1]的教导，让患者闭上眼睛，轻轻地揉搓眼皮。在场观看的人都知道检查的重要性，他们盯着我的脸，察言观色，不放过任何有可能透露我想法的表情变化。一时间我感觉有些担心，因为滴入眼睑里的颠茄和天仙子液并未产生我所期待的效果。伦琮似乎看出我的心思，朝我投过来焦虑的目光。但当我放下心来，并通过翻译告诉提督白内障完全可以治愈，看到老提督闻听此言那副高兴的样子，真是令人感动。他不知道该说什么话来表达自己的心意，只是一个劲儿地对我说"请，请"。

还有一个场面也很感人，我要不吝笔墨详述一番。我拿起斯卡帕[2]针，准备实施拨障手术，并通过翻译告诉雅茜小姐，手术时会略感疼痛或不适，但她要一直睁着眼睛，盯着一个地方看。她微微一笑，说了几句话，我能猜出大概意思。只见伦琮坐到女儿对面的凳子上，拉住她的手。原来她是想一直盯着父亲的面孔看，虽然她的眼睛还看不清东西，但这绝对是最温柔的目光对视。手术进展得很顺利，而且做得很成功，感谢上帝。

知恩图报是中国人的美德，我告诉大家小姐的眼疾肯定可以治愈，并要求照料小姐的人平时要多加注意，在场的所有仆人似乎都想跪到我面前。我赶紧收拾好药箱，想尽快离开这个场所，面对这片敬意，我感觉很不自在。不过伦琮还是对我说了一大堆恭维话，把我比作中国古代的神医，夸我"仁心济世"，"有一副菩萨心肠，将来定能成为佛祖那样的人物"，还说我"功德无量"。

然而奇怪的是，这些浮夸的说法所表达的竟是一种发自内心的真诚感受，就像英国人在表达这一情感时，握紧我的手，好似要把我的手握碎一样。

在喝过茶——这是拜访人家时的收场礼节之后，我起身准备告辞。伦琮执意要送我到府邸大门口，一路上还不断恭维我，在我登上轿子时，他还一再说"请，请"，随着苦力抬着我渐渐远去，他和我道别的嗓门也越来越高，他认为只要我能听得到，诚挚的道别声就要一直喊下去。

我无法做出回应，全由翻译来应付，他从轿子里探出身子，恭敬地朝提督大人转过头，高声喊着客套话，要是再多持续几分钟，他肯定会把嗓子喊破了。而我则舒舒服服地坐在轿子里，一言不发，看着这两个人滑稽地喊着客套话。

就在我即将穿过内城之际，偶然看到一幅令人震惊的场面，虽然我以后还有机会得到许可进入内城，但这场面极为难见。一个男人双手被绑在背后，辫子钉在高台上立起的一根柱子上，看上去像是一个受苦人。

---

[1] 迈特扬是外科医生兼法王御医，编撰有一部治疗眼疾的专著《眼疾论及用药方法》。
[2] 安东尼奥·斯卡帕（1752—1832），意大利著名解剖学家，眼科医生，被誉为"意大利眼科之父"。

一大群人围着这个可怜的倒霉蛋看热闹，其中大部分人似乎在拿这事寻开心。正因为如此，我最初还以为他们模仿法国人和英国人在公共场所演滑稽戏呢。看热闹的男女观众眯缝着眼睛，嘴巴咧到耳根处。遭受惩罚的人似乎面带窘意，毫无伤心的神情，感觉自己只是遭人戏弄的对象。

这真是一个难解之谜，可我又想知道谜底是什么，于是便让轿夫停下来，其中一位轿夫喊来翻译。翻译得知我对这件事很好奇，便到人群里打听出了什么事，很快就弄清楚事情的原委，转身回来讲给我听。

原来一位卖熟食的小贩在流动货摊前睡着了，原本坐在他身边的老板娘也不知去向，一个路过的人便坐在空凳子上，招揽顾客，卖出东西后，把钱揣进自己腰包，他一边冒充店主做买卖，一边狼吞虎咽地吃着货摊上最好吃的熟食。这时，老板娘回来了，见他偷吃东西，便高喊："抓小偷啊！"这家伙起身想逃跑，但很快就被人逮住了。大家就地组成一个审判庭，鉴于这只是一个轻罪，也就不必惊动官员，这家伙倒因此而免遭更严厉的惩罚，因为大家只是罚他示众一个时辰。

别有天地（四）

周一

毫无疑问，我成功了。小姐的眼疾完全治愈，我是今天上午才得到消息的。

医局的人告诉我，有人在候诊大厅等我，刚才会诊结束后，我就离开候诊大厅。回到大厅时，见两位仆人手捧一托红布，我感到有些意外，但很快就认出他们是伦琮大人家的仆人，我以为他们手里拿的是一件礼物。然而，我们这里通常是免费为患者治疗的，即便有钱人要付给我们薪水，我们也不会接受，每天都有退钱的事。而穷苦人也会拿出自己积攒的铜板来酬谢我们，由于我们一视同仁，给穷苦人退钱时，他们就不会有羞辱感。就在我准备把提督大人的仆人打发走的时候，他们一句话也不说，只是把那托红布铺在地上。这时，一间诊室的门打开了，那个曾患眼疾的姑娘走进大厅，身旁并无丫鬟搀扶，而我此前在她眼睛上蒙的纱布也被拿掉了，她父亲身穿官服，跟在她身后。这一次，不管我愿意还是不愿意，父女俩像膜拜佛祖那样跪倒在我面前，我说什么也无法阻止他们俩。

要想理解这一举动的含义，就要知道在中国，女子待人接物要绝对矜持，严格的礼教规定男女授受不亲，尤其是她们绝不可打破禁忌，擅自离开闺房，去接触蛮夷和欧洲夷人，因为这些人不过是该受鄙夷的贱人。不管是什么样的身份，何况雅茜小姐身份高贵，公开前来医局向我表示感谢，这都会让她名誉受损的。

但她坚持要这样做！此外，她还想借此机会，展示我给她带来的光明意义重大，身为诗人，她谱写了一首十六节诗，讴歌自己重见光明的经历。要知道在中国，女孩子往往很难得到良好的教育，女诗人就更加罕见了。假如我能完美地翻译出这首诗的美感，我会让您去领略此诗的意境。

在诗中详细描述过手术细节之后，这位诗神讲述了我如何用一根银针拨开"泪的源泉"，倾诉了自己在康复期间的种种感受：

> 三日卧床榻，无食亦无感。
> 不觉腹中空，无望又无憾。
> 浑身力耗尽，吾命似逃远。
> 光亮突闪现，重生于涅槃。
> 冲破黑暗夜，摆脱噩梦缠。

复见光明日，如返人世间。

陶醉惊喜中，笑迎福美满。

眼见众亲友，圣光应颂赞。

接下去的诗句都是恭维话，我真不知道该怎样得体地将其翻译出来。苏东坡曾写过一首绝妙的诗篇（写于公元12世纪），表明中国在那个时候就已经开始施行白内障摘除手术了，我毫不怀疑这首诗的真实性，不过诗中的描述有夸张之嫌。您也许不喜欢这种格调，因为科学本身并未从中获得多少收益。苏东坡称赞当时的一位眼医，说他实施拨障术时谈笑自若，用针拨开"空花"（白内障）时，"运针如运斤，去翳如拆屋"。

苏东坡的五言诗句是600多年前写给眼医王彦若的，雅茜小姐将诗句誊抄在一把烫金扇面上，作为惯于向女子献殷勤的欧洲人，我只好把这个礼物收下来。所录诗句的下面还写着一行很美的赠言：

墨菲·德尔默先生：愿扇子掀起的凉风能驱走暑热。伦琮之女雅茜赠。

扇子背面画着一幅小画，四朵花型各异的牡丹竞相绽放，画面的一侧写着一行字：

伦琮之友曹熹谨绘朱红、墨绿、淡黄及透白色芳香牡丹，以表敬意。

接下来就轮到伦琮大人出面了。在一张绘着花朵的纸上，他用漂亮的书法写了一份夸夸其谈的证明书，列数自己所承担的职务，在朝廷的升迁过程，希望仍能在"宦海"中，即在"仕途官场"上获得进一步升迁的机会。

接着，他再次叙说欠下我很多人情，对我的奉献精神表示无比钦佩。

他在文中补充道："他的德行远胜于一般医生！相比之下，最著名的医生令人汗颜，他们只图高额报酬，历经数月，未见病人痊愈，即把人打发掉！患者未见治愈，他们却在到处吹嘘。而这位外国医生，远涉重洋，不图名利，一心为患者治病。这样的典范世上难寻！"

然而，这事并非到此就结束了。在他们向我表示谢意时，伯驾先生和翻译都在场，通过翻译转达，我才得知提督和他女儿要我抽时间去林呱[1]那里。林呱是广州的劳伦斯和雷诺兹[2]，有人出钱要让他为我画一幅肖像。

---

[1] 林呱本名关乔昌（1801—1854），清末时广东曾流行画风写实的外销西洋画，林呱是当时最著名的肖像画师。
[2] 托马斯·劳伦斯（1769—1830），英国摄政时期最著名的肖像画家；乔舒亚·雷诺兹（1723—1792），英国18世纪肖像画家。

您的老同学的肖像将会庄严地摆放在室内圣坛上，宛如一幅圣母画像摆放在那里，有人告诉我，心怀感激之情的主人每天都会拜倒在肖像前。帕特里克，还记得在牛津大学新学院念书时，您曾一拳把一个人的脸打成乌眼青，可这张脸将要被人当神一样供奉起来，想到这一层，您不觉得懊悔吗？可我想起这事儿，就觉得您那挥拳之举绝对是在亵渎神明。

周三

林呱的画室坐落在中华街上，这条街两侧都是本地商人开的店铺，林呱的画室和其他店铺没有多大差别，只不过门上方钉着一块黑色招牌，上面用白字书写着艺术家的名字：美颜肖像画家林呱。这不过是招揽生意的自夸之语，但幸好画家作画严谨，画出的肖像还是极为逼真的。他往往也说自己配不上画家头衔，只不过大家都心照不宣这么称呼罢了。

在这里，艺术家其实和商人没有什么两样。林呱是英国画家钱纳利的学生，是最早接受西洋画法的中国艺术家，但他并未刻意创造自己的流派，而是雇用一些画工，让他们随意去画，再由他把这些画品卖掉。他的画室是一幢三层小楼，一楼是画店，店内四周摆满了玻璃橱柜，将已画好的水彩画一幅幅地摆放在柜子里；店内还摆放着欧洲文具店里卖的那类商品，如颜料盒、画笔、宣纸簿，每一包宣纸簿有100页。这种宣纸和东印度公司制作的有所不同，是用丝绸或一种桑树的韧皮纤维制作的。用嫩竹子制作的纸也很常见，制作时要把嫩竹用水泡软，然后放入石臼捣烂；还可以给纸张抛光，先用刷子刷，再用大理石鼓碾压。添加明矾和鱼皮胶可以让纸张变得更白，更有韧性。

我们过去一直以为中国墨是用墨鱼里的墨汁制作的，其实它是用油烟制作的，还要做加胶处理或添加一些辅料，如麝香等。最好的中国墨产自徽州。通过辨别味道，中国人就能知道墨的优劣，这也难怪，鉴于麝香价格昂贵，只有品质最好的墨才会采用麝香。

中国著名的文房四宝，即笔、墨、纸、砚，承载着每个中国人对文学的崇敬之意，这敬意虔诚得令人震惊：要是有人不小心踩到写着字的纸上，也会被看作一种失礼的举动。

林呱的画室位于二楼，室内陈设简单，八到十个艺术家正在作画，他们挽起袖子，把辫子盘在头上，以免妨碍画画。即便有人走进画室，画师们都在耐心、细致地绘画，谁也不会抬眼去看来访者，更不会因有人走进安静的画室而中断自己的工作。他们很乐意向来人展示自己的画作，演示自己的画法，作画时手法利索、细腻，一丝不苟，令人感叹不已。在选择画纸时，他们格外挑剔，容不得半点瑕疵，接着在纸上涂一层明矾，就像作水墨画那样，便于为画面上色。这一过程要反复做五六次，这样做也许是为了防潮，让画面上各种微妙的色泽变化能保持得更长久。

所谓绘画其实就是描画，采用透明画纸后，描画就变得更简单了。每一位画工都有一套印刷好的画稿，作画时只需从中随意选一个自己喜欢的元素，比如小船、官人、飞鸟等，以描绘成一幅完整的画面。

绘好画面轮廓之后，画工小心翼翼地把颜料研碎，尤其是各种红色颜料，因为这些颜料块很密实，接着加水将颜料拌匀，再添入明矾，还要加胶，让颜料能服帖地挂在画纸上。与我们所采用的树胶相比，这种胶的好处是颜料干得慢，因此更便于修改润色。

在有些画作里，局部描绘极为细腻，这往往会让欧洲人感到惊讶不已。看到画面上似米粒大小的人物画得如此细腻，甚至连衣服上的织线都看得一清二楚，真是令人吃惊。有些微景画就是这样画出来的：画师右手拿着粗细不同的画笔，将细画笔垂直握在手中，中国人写字和画画都是这样握笔的；粗画笔则用食指和中指夹住，平行于画纸。只有细画笔上有颜料，画师将笔尖轻轻贴在画纸上，好似根本就没有碰触到画纸，随即以灵巧的手法，快速用全干的粗画笔将细笔尖点下的湿颜料拉成一条条直线。这一技法非常巧妙，是画师经反复操练后掌握的诀窍，其娴熟程度令人叹为观止。

除了水彩画师之外，这间画室里还有几位绘制风景油画的画师及刻制微雕的工匠。工匠制作的微雕确实非常完美，但他们并没有任何优越感。

尽管如此，无论是水彩画师，还是油画师，在很长时间里，他们一直无法超越西方绘画，这与左右中国艺术作品的准则有关。这些画师只是机械性地临摹画面，而不是设法去表现物体的外在美，仅限于写实。在他们看来，所有透视手法都是骗人的，所有产生立体效果的阴影都是无用的斑点。他们在这方面的想法倒是与伊丽莎白女王的观点不谋而合，女王也不喜欢御用画师用难看的暗影来玷污她那神采奕奕的尊王容貌。您不妨到大不列颠博物馆去看看女王那幅肖像画，正是那个古怪想法导致她的面容呈现一片光辉。

中国画通常都缺乏透视效果，虽然在绘制人物肖像或一组人物画像时可以用不同手法来弥补这一缺陷，包括增大色调的光泽度，着重刻画人物的表情及姿态的真实性，但中国风景画看上去却显得很怪诞、很滑稽。画面上从未展现过物体的正面，远景和近景同样鲜明突出，而且比例也完全一样。至于说细节画得是不是逼真，就要看艺术家的兴致了，他的画笔真是随心所欲，能让鱼在雪松枝头上游动，让鹳在河流之间戏水。

画室四周墙壁上挂着一幅幅画作，漫步于画室当中，每走一步都能看到这类突发奇想的作品，但有些画作是仿照欧洲版画绘制的，这些画作倒让人看出中国艺术未来的前景。仿画的轮廓画得准确，与原作不相上下，色调也描绘得精准，色调的渐变处理得很到位，比我们想象的要好很多。

　　在我们这些外国人看来，中国画的题材反而更有价值。画面真实地再现了社会各个阶层的生活，情趣格调也很高。这边是一幅采茶图，采茶女用纤细的手指轻轻掠过芳香的茶树叶；那边是一幅朝廷命官流放发配图，命官骑着马，神情抑郁，面色凝重，朝大雪纷飞的边远地区走去；这边是一幅吟诗图，一位游吟诗人坐在湛蓝的湖边，祈求湖中的波涛给自己带来灵感；那边是一幅以诗会友图，在花园当中一棵棵矮树丛旁，在面带微笑女子的簇拥下，诗人向女子们吟诵赞美诗，女子们则一边抽着烟袋，一边听他朗诵。

　　中国艺术家依照自己的习惯和创意赋予画面某种寓意。在一对不幸的恋人身旁，他们会画上一只受重伤的小鸟。如果是在描绘一份和谐、充满希望的爱情，他们会在甜蜜的情侣周围画上一群互啄的飞鸟、比翼双飞的蝴蝶、含苞欲放的花朵，轻拂的和风从花蕾上掠过，组成神秘的结合。当然，还有许多充满诗情画意的爱情描绘，我们这些人往往很难理解其中的含义，因为在习俗、口头传说及自然发展史方面，我们从未用过类似的象征手法。

登上一段台阶，我们来到林呱大师本人的画室。画室四周墙上挂满一幅幅肖像画，大部分画尚未完工。许多肖像画画的都是欧洲的水手及身着"蓝装"的海员，但也能看到穿着华贵礼服、戴着高礼帽的袄教徒，甚至还能看到几幅中国人的肖像，画中人胖乎乎的、露出怡然自得的样子。还有几幅他的学生从钱纳利那里"借来"的习作，但钱纳利坚称从未借出、送过或卖过这些画。两人在一段时间里一直保持密切的关系，如今竞争起来也就更加不留情面。依照钱纳利的说法，林呱是一个庸俗的家伙，一个失败的三流画家，不但将其画作窃为己有，还盗走了他的作画技巧。不过林呱则为自己辩解，说他曾是英国画家最得意的门生，甚至一度成为画家的助理，但不能总是仰仗画家的庇护，要适时自食其力。如同所有的粗言恶语一样，这些话都是各自出于商业竞争考虑才说出来的。钱纳利的才华要在林呱的之上，他的一幅肖像画要价150

银元，而本地有点名气的画家只索要 15 至 20 银元，况且贪图便宜的人根本不识货，他们往往宁愿选林呱做肖像画师。双方的积怨也因此变得越来越深重。

抛开双方的争吵不谈，确实很难找到像林呱这样待人热情又彬彬有礼的画家。为了我的肖像画，我几次前往林呱的画室，从第一次接触开始，就向他展示我的旅行画册。林呱很愿意认我做同行，还特意送给我一组素描画。等过几天我再向您详细介绍这组画。今天上午时间有点紧，因为已经到会诊时间了。我在此简单描述一下林呱的相貌，算是了却我欠他的人情债。

林呱中等身材，体格健壮，胖乎乎的圆脸，目光犀利，善于察言观色。他虽外表憨厚，但我怀疑在其善良的内心里还隐藏一丝讥讽和狡黠。第一次见他手握画笔时，我才发现他也是按照中国人习惯，持笔的手攥成拳状，让画笔垂直于画布上，我想尽力说服他，说我们的握笔方法更好，手法会更轻盈……在耐心听我讲解之后，他回应说："哦，是的，我只是一个蹩脚的中国画家，知道得并不多……"随后，他又补充道："那您也像我这样握笔试试。"谦恭的语气中带着嘲讽的意味。

我还真得承认，在这方面该轮到我说自己知道得并不多了。假如我是一个画家，而不是阿斯克勒庇俄斯[1]弟子的话，林呱的回应倒真让人感觉如鲠在喉。

大家一致认为林呱画的肖像很像我本人，肖像已在伦琮家里摆放好几天了。我也是在他家里看到这幅肖像的，因为我现在可以诊视为由，比较自由地出入提督府邸。其实，雅茜小姐现在已经不再需要我给她诊治了。她父亲对我始终抱着感激之情，待我格外客气，为了能更好地领会他的好意，我加倍努力学习汉语。此后不久，我就能和这些心地善良的人聊几句话，而不需要曹熹给我们做翻译。曹熹对我很友善，或者说对我抱着好奇心，他对目前这种结果感到很开心。我是不是没有告诉您，雅茜小姐是指婚给曹熹的，也就是说曹熹是伦琮大人的准女婿。

周一

在创作组画《浪子生涯》时，荷加斯[2]描绘了一个堕落青年的生活场景，和荷加斯一样，中国艺术家[3]也想通过一组素描画来描绘一个鸦片瘾君子的生活。组画一开始，画着一个年轻、

---

[1] 希腊神话中医术高明的医师。
[2] 威廉·荷加斯（1697—1764），英国著名画家、版画家、讽刺画家和欧洲连环漫画的先驱，组画《浪子生涯》由 8 幅画组成，绘制于 1735 年。
[3] 上文说到林呱送给作者一组素描画，但并未明确说明组画由谁创作，故作者在此用中国艺术家代指创作者。

　　有钱的人,他身体健壮,自家房子也装饰得十分奢华。他身后有一张大理石桌面的桌子,上面摆放着从欧洲进口的座钟;人物右侧有一只半开的钱柜子,露出金条和堆放的纹银;左侧有一位随时听候吩咐的仆人,稍远处,一位用人正在为主人备烟。这就是组画的开篇,宛如用画笔绘制的训诫之序言。

　　翻看下一幅画,就会发现主人变得略瘦一些,但脸上依然闪现着青春的活力。这位抽大烟的主人烟枪不离手,几位艺妓围在他身旁,唱着小曲,让他陶醉于骄奢淫逸之中。她们身上穿着华丽的服装,手上戴满了黄金首饰。由此不难看出,这个倒霉的主人正朝败家的路上一直走下去。

　　他确实很快就再也无法陶醉于吸食鸦片了。他的模样变得可怕,面色苍白,一副疲惫不堪的样子,背也驼了,牙齿也快掉光了,脸庞变得黝黑,整天浑浑噩噩的,游手好闲,无所事事。第三幅画展现的依然是他这种百无聊赖的状态:他坐在一张粗糙的床上,目光呆滞,烟枪、鸦片盒及烧烟泡的用具乱糟糟地堆放在手边。他的大小老婆刚好走进屋来,走在最前面的大老婆见钱柜子里空空如也,便露出不悦的神色,紧随其后的小老婆惊讶地看着昏头昏脑的主人。

土地变卖了，房子也变卖了！一张烂席子勉强能遮盖住几块破板子，败家子最后就剩下这么一张床了，而脚下的鞋子破烂得只能趿拉着。他面容憔悴，嘴巴歪斜，坐在破板子上，费力地喘着气。老婆孩子饿着肚子，衣衫褴褛地站在他面前。老婆气恼地把烟枪及烟具都扔到地上，不谙世事的孩子以为他们是在耍闹，拍手笑着。但这个醉心于鸦片的人根本不顾妻儿的死活，依然无动于衷，看都不看他们一眼。

即便穷得快活不下去了，这个可怜虫仍然控制不住那可怕的欲望，在街上捡到几个小钱，马上就跑到可恶的烟馆里，买些鸦片残渣吸食，以缓解鸦片烟瘾，这些残渣是有钱人从烟枪里刮下来的。这就是第五幅画所展现的题材。

第六幅画让我们看到这场悲剧的结局。这个倒霉的瘾君子越吸越上瘾，无法自拔，最终跌入痛苦的深渊：如今他已变成一个可怜的傻瓜，连鸦片都买不起了，只能反复吸食烟屎，烟屎的味道极差，且有腐蚀性，他只能靠喝茶来减缓烟屎的毒害作用。妻儿坐在他身边，把丝线绕成线团，挣点钱养家糊口，希望这点可怜的收入能帮助他们渡过难关。

我给您介绍的这几幅组画却遭到一位欧洲商人的嘲笑，那天我故意把这组素描画放在他眼前，就是想听听他的看法。这个微不足道的小插曲却让我们展开了一场奇特的辩论。我从未听

过有人以如此冷静的思辨、如此坚定的信念来为鸦片贸易的正当性做辩解，这位欧洲商人绝对是代表英国人想法的典范。下文就是他的论点，我删掉其中不少内容，但大致意思差不多：

  有人夸大了鸦片对人身体健康所造成的直接损害。只要不过量吸食，鸦片就不会对人身体造成损害，甚至比每天喝烈性酒所遭受的损害还轻。东印度群岛上的住民也是鸦片吸食者，他们吸食鸦片的名气甚至比中国人的还大，群岛上的许多家族都在吸食鸦片，但他们身上并没有出现遭受鸦片毒害的现象，依然精力充沛，十分勤劳，身体也很好，比如苏门答腊的富商林恩家族以及巴堂·雅塞家族就是这样的。
  清政府对子民的生命漠不关心，公然容忍溺婴现象，不去发展公共慈善事业，任凭囚犯饥寒交迫，过着非人的生活，这都证明虽然皇帝及其大臣在禁售鸦片，但他们并未把保护民众、提升民众的道德观念当作己任。他们竟然默许各类烈性酒大行其道。他们禁止在天子地界里种植罂粟，也不过是走走形式罢了，皇帝的敕令并未得到认真执行，而官府贪污腐化更让政令形同虚设。地方官员向皇帝上陈的奏折也表明罂粟种植已在多个省份的山区及平原上蔓延开来，这些奏折都被翻译成英语，汇编成册后在广东出版。云南、贵州、广东、福建、浙江及山东等省的鸦片产量竟高达几千箱。况且我们并不了解其他省份的情况，如果当局不设法打压内地的鸦片产量，那么这些省份完全有可能会向国内部分市场提供鸦片。
  中国一方面在沿海口岸严格控制印度鸦片进口，一方面又容忍国内罂粟种植，这一特殊政策与法国国内为保护甜菜而限制甘蔗进口如出一辙，与英国所实施的禁止进口欧洲大陆粮食的规定类似，也与德国葡萄园主反对进口法国葡萄酒的举措相仿。这与道德没有任何关系，只不过是经济偏见引发出的灾难性后果。皇帝和谋臣依然把白银看作衡量国家经济状况的手段，甚至还将其当作国库必备的资产。在他们看来，当进口大于出口，贸易逆差要用白银结算时，中国就处于入不敷出的状态。然而，酿出这样一个结果的只有鸦片贸易。自1796年起，中国禁止鸦片贸易，鸦片进口转入走私，而走私肯定不能接受以货易货，于是买主便使用白银支付。在那一片走私海域，白银、西班牙元和旧银元是信誉度最高的货币。从那时起，白银日渐减少，其价值也越来越高。以前一两纹银值1000文铜钱（铜钱是中国人日常所用的货币），如今则要1400—1500文铜钱才能兑换一两纹银。朝中官员如礼部侍郎朱嶟、兵科给事中许球、太常寺少卿许乃济先后向皇帝上书奏折，阐述这一局面。当然他们对鸦片所造成的恶劣影响也提出自己的看法，认为鸦片涣散了士兵的斗志，也让文人变得萎靡不振。但这只不过是次要的论据，财政问题才是焦点，道德败坏、纲常不正都不是主要问题。那些严厉抨击鸦片的人不是也主张弛禁鸦片，实施以前那种对进口鸦片征收高额关税的政策吗？这些人也不在少数，这就是明显的证据。因此，他们声称要用出口货物来换取这种商品，这样白银就不会外流，只要有人在吸食鸦片，国库收入就会不断增加。

　　这些善良的人可能没有想到，一旦白银在国内持续升值，出口贸易必然会受到很大影响，甚至会自行停顿下来。接下来就会像以往一样，要依靠进口，但这一次进口的将是白银类的贵金属。这正是中国所面临的局面，欧洲经济学家甚至不必举例去证明这一点，中国人自己也意识到这个问题，因此他们不会竭力反对进口外国鸦片。

　　这位欧洲商人接着补充道："对于我们来说，我们当然不必把清政府的道德观念当真，也不必被他们这种愚蠢的禁令吓住。不过，为了确保贸易平衡，英国政府至少也应停止进口真丝和茶叶，虽然这种报复举措有悖于文明贸易的利益。但英国肯定不会这样做，绝不会主动去关闭一个年均贸易额达 600 万—700 万英镑的市场，这个市场给印度和英国带来了 500 万英镑的收入，为此英国甚至会孤注一掷发动一场战争，因为战争的胜负并非不可预测。占领两三个重要口岸之后，就可以向清政府灌输亚当·斯密及其他经济学家最精妙的学说。只要派出一支装载 3000 步兵的舰队，再派两艘武装汽船做支援，就可以最低的代价，轻而易举地占领这几座口岸。当然还有另外一个更快捷的方法，就是派舰队北上黄海，进入渤海湾，两天之内即可包围北京城。皇宫就像美洲种植园主的木棚一样不堪一击。接下来，我们就要让中国割让出沿海的一座岛屿，以便能把一座优良港湾控制在我们手里。我们的贸易前景将会因此得到充分的保障，贸易增长的势头也就无法阻挡了。"

我觉得他这番说辞充满了诡辩，他的说法表面看起来似乎有些道理，但实际上他是在美化我们的贸易政策，为强迫他国接受我们的贸易政策做辩解。在我们这个时代，还有哪种道德利益强大到足以抵挡住商业利益呢？然而，近几百年来，没有哪种贸易能拓展得如此迅猛。东印度公司两位暗中捣鬼的代理人（华生上校和惠勒副董事长）想出从印度向中国出口鸦片的主意。鸦片消费量每年增长十倍，1767年，中国的鸦片进口量仅为200箱，1773年的进口量也仅为1000箱左右，从那时起，英国人开始掌控鸦片贸易。1800年，清政府对日益泛滥的鸦片毒害已感到极为忧虑，开始明令禁止鸦片输入，并停征关税。在此之前，鸦片是作为药物进口的。东印度公司下属商行的经理们接受清政府的禁令，并将这一情况上报给董事会。清政府分别于1809年、1815年及1820年多次颁布禁烟令，而且加大了禁烟力度，然而在1806年，中国已进口3210箱鸦片，价值为150万英镑。在正式贸易渠道被堵死的情况下，走私活动日益猖獗，如今走私鸦片量已达30000箱。不知道这种凶猛的走私势头何时才能得到遏制，但有一点是肯定的，两国政府应携手合作，共同付出极大的努力去摧毁这种交易体系，但越来越多的资本已投入到这个体系之中，麻洼、比哈尔和贝拿勒斯等地已将40000箱鸦片投放到加尔各答鸦片交易市场上。

印度当局将罂粟种植全部垄断起来，这一做法给地方政府带来2000万卢比的收入。最漂亮的船舶都被特意改装成运送鸦片的货船，与在东方海域上航行的各种货船并驾齐驱。道光皇帝及其谋臣目前所采取的对策依然相当平和，但是一旦采用严厉的对策，势必会影响到这种带来丰厚利润的贸易，您想想我们该怎样保护这种交易吧。

别有天地（五）

18xx年（第二年）2月

清政府只发行一种货币，即铜钱。铜钱内含锌和铅，是一种合金铸币，中间设一方孔，可用绳子串起来，挂在腰间，或像念珠那样挂在脖子上，出门购物时方便携带。

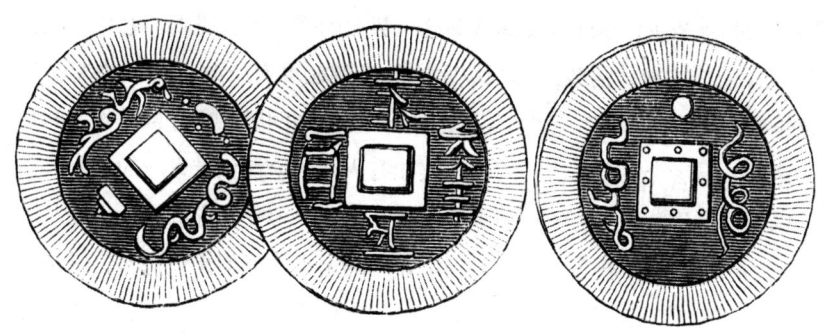

然而，真正流通的货币是一种十文铜钱，值一分银（每十文，准银一分），也就是说，这个货币单位价值为另一重量单位"钱"的十分之一，一钱等于十分之一两。"两"是中国纹银的计量单位，相当于三块半克朗，或七法郎九十生丁。

现在，您估计我值多少银两呢？我知道这个问题很难回答，不过问题刚刚得到解决。我只想知道您的估价会不会和我的朋友伦琮出的一样高。我很难猜出他怎样来看待我和伯驾医生的关系，他的想法显得十分荒唐，不过有一天，他直接去找伯驾医生，要是医生肯把我转让给他，他愿意出4000两银子。

这个价钱确实很诱人，我认识的欧洲朋友可能会对没机会做这样的交易深感遗憾。善良的伯驾医生最初以为提督大人搞错了，甚至将此当作一个绝妙的笑料，但一贯出言谨慎、行事务实的医生很快就改变了自己的想法。他的思虑也让我陷入沉思，这个小插曲虽然看似很无聊，却让我卷入一场相当奇特，甚至相当危险的博弈当中。您没在我身边，真是万分遗憾，您的建议或鼓励对我来说极为珍贵。

您知道我是在什么情况下结识这位帝国官员的，在之前写给您的信件中，我已经做了介绍。最近这半年来，我一直没有给您写信，您自然不会知道，我和这位可敬的老人在情感交流方面取得很大进展。他向伯驾医生出价只是想印证我们之间的友谊，并以此来表达谢意。

伯驾医生认为也许能从这项安排中获得实利，更何况我的中文无论是口头表达还是书写能力都取得明显的进步，这让他感到极为吃惊。我们俩在一起聊了好几个晚上，我这里简要描述一下他的想法，他认为一个欧洲人能进入这个神秘的帝国，在帝国内从事考察活动时又能得到伦琮大人的庇护和帮助，应该感到格外开心，因为他所从事的研究既能满足他本人的好奇心，又对大家都有好处。依照他的说法，中国依然处于闭关锁国状态，从目前的发展势头看，西方文明最终将会突破帝国的封闭障碍，每一天我们都在朝这一目标迈进。我们已能预感到西方要打开中国国门的强大势头，也能感受到抵御这一势头的障碍多么脆弱。怎样才能粉碎三亿人那惰性的抵抗呢？怎样才能让清政府那根深蒂固的专制制度有所改变呢？外来思想还需要多久才能与本地思想融会在一起呢？显然，没有人能回答这些问题，不过可以肯定的是，这将是西方伟大思想运动领导者今后要考虑的问题。假如有人能够给他们带来新的光明，带来令人信服的批评意见以及证据确凿的事实依据，那么这样的人还是很受欢迎的。

实际上，确实有一些传教士分散在帝国广袤的国土上。他们无惧迫害，以满腔的热忱投身于宣教布道事业，却被迫和基督教徒们一起躲藏在最偏远的地区，住在牧羊人或农民的棚屋里，

随时都会有生命危险,却依然坚持不懈地传教。

在他们看来,这是唯一值得献身、值得冒风险的事业,但他们又能给人带来什么样的光明呢?过去传教士有许多宣教布道的途径,他们坚持不懈、满怀激情,巧妙地利用这些途径,但自从雍正皇帝诏令驱逐传教士之后,再也没有哪个传教士能享有这样的便利条件了。

重新承担起他们的任务,展现出更自由的精神,或积极向上、富有启发性的精神,如有可能的话,还要创出一种影响力、一种信任度,这对欧洲大家庭的利益有好处,这正是伯驾先生力主我承担的角色。然而,我深知自己身上的缺点,恐难以实现他所设立的目标,不过从另一个角度看,在他所设想的冒险当中充满了大胆、新奇、诱人的东西,这也让我浮想联翩。

伦琮之所以提出这个建议,是因为他在广州的三年任期行将结束。他在等待皇帝的任命诏书,皇帝将把他派到很远的地方。即使他不把那种父爱般的怪念头表达出来,我也知道他希望能让一位医生留在自己身边。作为医生,我了解他的脾气秉性,而且还两次缓解了他的痛苦。为了带着我去履新,他甚至不惜违背禁令。他提出这个要求,我只需同意即可,但我会同意吗?化装成本地人进入不对夷人开放的地区是不是太冒险了呢?只要伦琮大人活着,我就能得到他的庇护,混在随从里也不易被人发现,但如果他去世了,而我尚未离开禁地,那又该怎么办呢?"这是一个值得考虑的问题。"这恐怕是哈姆雷特的答案吧。

18××年3月17日

决定命运的那一时刻终于到来。好像是为了舒缓我的恐惧,并让我放心地度过一个过渡期,皇帝陛下下达了任命诏书,临时委派提督伦琮前往中国东南沿海,监察各主要港口,重建被走私及海盗破坏的秩序,而不是把他派往中部省份任职。

收到皇帝的任命诏书时,他先在供台上设下神龛,点燃香烛,将圣旨供奉起来,对着圣旨叩拜九次,然后再详读诏书。此后不久,我来到他家。他再次邀我随同他一起履新,我当即就同意了。这项使命顶多几个月就会结束,在此期间我总能碰到欧洲水手,即便发生意外,我也可以轻易逃脱。况且身为副将的曹熹会随他的准岳父一同前往,如果遭遇不测,我想他会出手相助。我还没有完全摸清这个年轻人的性格,他对我的态度有时让我感觉很友好,但有时却又带着敌意。在某些场合下,我感觉他是在阿谀奉承,或者是在套近乎,但有时为鸡毛蒜皮的琐事也要背着我。我一直觉得他唯恐失去未婚妻,我的这种感受是不是太妄自尊大了,还请您见谅啊。后来，我猜测他是想和我联手在提督家里搬弄是非。他对我半信半疑的态度倒让我觉得他既想博得我的信任，又想在背后给我使绊子。即便是今天，我依然捉摸不透他，但有一点是肯定的，他这人缺乏诚意，待人也不实诚。尽管如此，他没有任何理由害怕我或仇恨我，我认为他绝不会拿我的秘密去做交易。

另外让人感到担心的就是下人的闲言碎语，伦琮要我放心，他会做出安排，把所有知道我是欧洲人的下属都留在广州。我对您说过他没有儿子，况且他觉得准女婿靠不住，于是他把所有的情感都倾注在我这个医生和朋友身上，对于贴心的晚辈而言，老人都会抱着这种情感。在希望得到晚辈照料和敬重方面，老人可能会有一些私念，这个则另当别论。您对此表示怀疑，或者感觉有些失望，而我却极为自信，甚至有可能过于轻信别人了。咱俩该怎样保持一致意见呢？伦琮还是希望我好，而且待我像亲生儿子。这毕竟是明摆着的事实。

伦琮的故乡在江西景德镇的一个村庄里，村庄就坐落在鄱阳湖东畔。雅茜小姐将由亲戚陪着返回故乡。

3月25日

我们明天动身。我穿上中国书生的秀才服，把头发也给剃了，从此以后要严格遵守各种礼仪要求，还不能乱讲话，以免暴露我的身份，这才是最难的。幸好现在大家讲话时基本上都是在说客套话。只要对别人的举手之劳不吝奉上感激的话语，就能体面地摆脱窘境。因此，礼节做到位，就不会引起他人的注意。因此，我整天都在重复那些客套话，如"费心""谢不尽""烦劳""得罪""不敢、不敢、不敢"。假如对方说的话让人感觉过于奉承，我就要说"岂敢"，言外之意是，您说得没错。

不知道哪位放肆的法国作家竟声称"该死的"这个感叹词是我们语言的底蕴，也许这倒应该是汉语特殊表达方式的底蕴，然而，倒霉的是，不管我说什么，这个底蕴是远远不够的。

亲爱的帕特里克，我再给您写最后几行字，这些话早就该直接告诉您。写下这几行字就是在向您道别，我内心由此萌生一丝伤感。希望这不是一个预兆。

不过，从在广州度过的最后一晚来看，所有的一切对我来说都是好兆头。和商行的朋友们一起吃过晚饭之后，我们乘船顺流而下，那时差不多快九点了。生活在小船上的人，即以船为家的水上居民——又称"疍家人"都已入睡了，他们的舢板静静地停泊在水面上，但那里的大帆船却依然灯火通明，呈现出一派热闹的景象，船舱窗口闪着亮光，宛如猛兽那闪着绿光的眼

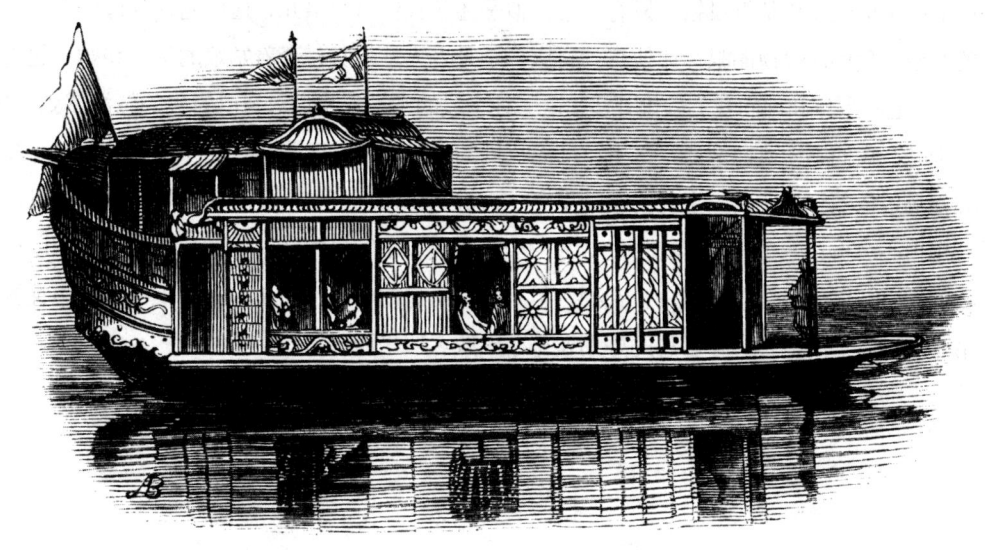

睛。挂在舷缘和帆索上的彩色灯笼在平静的水面上投下粉色、蓝色、紫色的光晕。一根根高耸入云的船桅好似茂密的森林,把远处的广州城都遮挡住了。透过船桅的缝隙,我们隐隐约约看见各商行的窗户,看到英国商行前的枝形路灯。这幅画面显得格外奇特,令人惊叹不已。

一艘艘花船上依然灯火辉煌,其中一艘里面传出欢快的歌声和奇妙的音乐,好奇心促使我们想知道船上究竟在搞什么活动。

船工灵巧地把我们的船停泊在一艘华丽的花船一侧,透过半开的船窗,我们看到一间类似宴会厅的船室,几个衣着华贵的男人正在享用一桌精美的菜肴,身边围着七八个打扮得花枝招展的女人,她们乌黑的头发上插着艳丽的玫瑰花和橙子花。然而,我们的观察并没有持续多久,因为这几位放荡的公子哥虽然貌似没有看见我们,但凭直觉感觉有外国人在瞄着他们。说时迟那时快,所有的窗帘齐刷刷地落下来,那速度比挥动魔棒更换背景还要快,四周一下子就变得漆黑一片,刚才还看着通亮船舱的眼睛难以适应,瞬间什么也看不见了,大家茫然不知所措。过了一小会儿,眼睛才适应周围的亮度,我们隐约看见十来个人影,正从船舷边的防护网探出身来,他们一边呼喊,一边打出威胁的手势,要我们赶紧离开,有几个人甚至抓起长长的竹子扎枪——中国水手最常用的武器,连招呼都不打,就朝我们直接扎过来。我们赶紧抄起船桨,把船划走了。

我们随后靠近另一艘花船,整个过程还算比较顺利。帆船的船主们正围坐在桌子前,几个浓妆艳抹、花枝招展的女人,面带微笑陪在他们身边。他们看见我们,并认出我们,但并不想为这点小事劳神。他们举止落落大方,显得格外谦恭,表明他们是有身份的人,况且那种不屑一顾的样子证明我们猜得没错。只有一个人似乎还拿我们当回事儿,这位老人身边坐着一位年轻的姑娘,我们乱寻摸的眼神让他感到讨厌,于是老人站起身,牵着姑娘的手,和她一起走出宴会厅。他心平气和地向我们做出让步。这一绅士般的举动让我们对自己冒失的做法感到羞愧。

于是,我们不无遗憾地离开这里,结束夜间的乘船之旅,返回商行。早晨醒过来时,夜间一幅幅场景依然记忆犹新。亲爱的帕特里克,再次向您道别。如果长时间得不到我的消息,您千万别担心。再过一个小时,我将化身为一个中国人,不能再和您这样的蛮夷联系了,以免坏了我的大事。以后我会送给您一个礼物,但不是写给您的信件,而是一个学识浅薄、愚钝笨拙的书生平西所写的笔记。今后您的好朋友德尔默改名叫平西了。

书生平西的旅途见闻 第二部

一

帝国海军 - 走私快速帆船 - 伦琮彰显帝国军威 - 阿娘鞋岛和虎门 - 扒龙 - 抓捕 - 三桅帆船的闹剧 - 糊弄人的英勇举动 - 战事公报

我们的舰队由 30 艘战船组成，每艘战船配备 50 名水兵，由总兵或武官指挥，总兵手下还有四名副将。战船载重量仅为 250—300 吨，长度为 80—90 尺，连船壳板包括在内的宽度为 12—15 尺。

战船船首高昂，平头，无破浪装置，装备两块斜桁形状的舵效板，显得有些怪异。船尾下方设开口，船舵从开口探出，船舵是一个很大的装置，靠绳索来操纵控制。

船帆是用编织的麻布制作的，船帆的接缝处都用竹竿固定住。和我们的船帆相比，这种帆抗风能力更强，不过这一优势并不能弥补战船本身的制造缺陷。在航行速度方面，中国战船甚至还比不过我们最差的帆船。

当地的船在捻缝时用一种油灰材料，比我们用的松脂好很多。此外，船体被巧妙地分隔成若干个独立的舱室，这样，船体若出现一个漏洞，只会给局部造成破坏。也许正是因为这一预防措施十分有效，所以目前所有船只都未考虑采用水泵。

　　船锚是用一种坚硬、沉重的木头制作的，他们将此称为"铁木"。依照他们的说法，之所以选用这款木材，是因为它经久耐用。船上没有领航员，完全靠舵手来驾驭船舶、下达操控命令。他们不习惯远途航行，在大海上航行时，不会全速开动战船，只是沿着罗盘方位线，沿着海岸航行，只要没有被鸦片弄晕了头，他们驾驶战船还是得心应手的。

　　说到鸦片，我在此应该把海上缉私巡查所碰到的事件记录下来。皇帝下达的圣旨要求伦琮巡视沿海海域，责令他把那一带海域上的走私商人都赶走。这些人无视中国法律，向中国走私贩卖鸦片。鸦片即所谓的"阿芙蓉"，是用"罂粟"汁液熬成的膏体。

　　于是，伦琮对伶仃洋锚地的状况做了深入了解，走私船即东印度公司的快速帆船将鸦片卸在泊在锚地上的"趸船"上。快速帆船是大型船舶，载重量约300吨，船上悬挂多艘小船，通常都是满帆快速航行，甚至不惧最强的季风。锚地里仅停泊着三艘快速帆船，卸过货之后，帆船正准备启航离开。我们当然不能错过这个驱逐走私商人的良机，伦琮向总督大人报告，郑重宣布要"严厉打击蛮夷，张扬帝国军威"。

　　军令发出之后，他大概听到一阵高似一阵的声响。就在我们扬帆启航之际，传来阵阵鞭炮声、战鼓声、呐喊声、乐曲声，各种响声震耳欲聋。所有战船上的火炮一齐发射，海军号角此起彼伏，相互传达各种信号，为以防万一，有人甚至悄悄地警告走私商人，他们面对的是大清最强大的海军。

这样，我们浩浩荡荡地驶过穿鼻洋岬角——阿娘鞋岛，驶过虎门的各个炮台。炮台上的大炮曾多次被欧洲战舰压制得毫无招架之力。[1]我不由自主地想起中国将领所采取的策略，他们让士兵在石灰地上竖立起几千顶假帐篷，以吓退"阿默斯特号"和"西尔芙号"战舰的船长。这些士兵什么时候才能意识到这种假充好汉的危险做法一点用都没有。

这种大张旗鼓的做法只能得出一个结果：当地走私贩的快艇（又称"扒龙"）会赶紧溜到附近荒岛的小湾里，小心翼翼地隐藏起来。快艇一眼就能认出来：褐色的船身、暗黄色的船帆，船边伸出无数支船桨，有时候我们距离快艇特别近，连船桨发出刺耳的嘎吱声都能听得到。尽管如此，他们看见我们却似乎并不担心，他们在甲板上悠闲自得地打牌，这真让我惊掉了下巴。我问其他人究竟是怎么回事。大清律严格规定，走私疑船若未人赃俱获、逮住现行，就不得抓捕。这种惩罚不力的举措让走私贩有恃无恐，与缉私船周旋更是他们的拿手好戏，根本不把朝廷官员放在眼里。

然而，其中一艘走私快艇冒失地绕过一个岬角，与此同时又超过一艘缉私船，缉私船上的士兵准备甩出铁钩，把走私船抓住。这条蜈蚣船眼瞧着就要被抓住了，船上的几个水手赶忙抄起竹子扎枪，将缉私船顶开，其他水手则拼命地划桨。

接下来在海面上追捕走私船让我们感到格外开心。走私贩个个都像恶魔，他们脸上蒙着黑纱，光着膀子，手里拿着佩剑或长矛，在甲板上来回奔跑，嘴上还不停地发出粗野的叫喊声。走私首领也高声喊着指挥水手。缉私船船头上的回旋炮在旋转炮台上转来转去，喷出的炮弹毫无杀伤力，只是落在 200—300 尺远的水面上。在炮声的激励下，走私贩们依旧在拼命地划动船桨，渐渐地躲过我们的追捕。

没想到这些走私贩逃进一条弯曲狭窄的水道，被我们这支舰队的另一艘缉私船迎面堵住，这艘缉私船一直在我们后面航行，不知道前面发生了什么事。这一下，局势变得复杂起来。尽管扒龙船一直在设法逃脱，但现在只好束手就擒。我注意到，在这种局面下，大清律赋予执法者多大的权力，又剥夺了违法者多少权利。走私贩虽然一直在大喊大叫，但只是希望能全身而退，他们知道如果只是走私，顶多罚些银两，但如果自卫，一旦伤及缉私官兵，那就是死罪。官兵们这一边却反而不留情面、毫无顾忌地攻击走私贩，甚至故意去激怒他们。双方依然在水面上周旋，但官兵们最终从船舷两侧登上走私船。戴着官帽的官兵冲到甲板上，和光头走私贩混杂在一起，有几个走私贩跳入海水，结果成为飞箭和标枪的活靶子。而其他人则被抓住辫子，辫子还要在手腕上绕两三下，想逃也逃不掉了，缉私兵把他们押到船底舱里，捆绑起来，一顿猛揍。

取得如此辉煌的战果，舰队声势浩大地向内海返航，要把内海里讨厌的外国走私贩全都驱

---

[1] 欧洲战舰曾多次对虎门炮台发起炮击，其中有：1637 年由威德尔船长指挥的战舰；1816 年由马克斯韦尔船长指挥的"阿尔塞提号"战舰；1834 年虎门大战时，由律劳卑统帅的"安德劳玛琪号"和"伊莫金号"护卫舰。——原注

逐干净。三艘快速帆船"水鹜号""红色漂泊者号"以及"科瓦什家族号"此前一直停泊在伶仃洋锚地,但前两艘帆船已经离开锚地,只有后一艘帆船依然停泊在那里,这艘快速帆船是这一带海域里最漂亮的,它故意在这儿等着大清的舰队,以便借机耍弄舰队。在看到中国缉私船时,这艘印度船上的水手们紧张地忙碌起来,好像所有船员都害怕了,随时准备逃命似的。船帆一张接一张地落下来,印度水手们一边高喊着,一边用力拉起船锚。总之,快速帆船一转眼就跑远了,我们这种笨重的缉私船根本就追不上。其实,我们也不想追,只不过是装装样子而已,但水手们却在一个劲儿地忙碌着。我们的船行驶得相当快,而被追捕的那艘三桅快船却突然慢了下来,似乎在等我们去追它。与此同时,三桅快船打开船舷一侧的炮孔,露出一排排炮筒。从来没有哪艘船弄出这样的闹剧。虽然没有接到任何命令,但我们的船全都放慢了速度。那艘快速帆船停在水面上,我们的船也都停下来。快速帆船在海岸之间不紧不慢地兜圈子,像悠闲自得的散步者,我们也照着它的样子去做,拿出从容不迫的派头。最终,他们感觉我们不想挑起战事,便再次开足马力,扬帆启航,几分钟过后,快速帆船就消失在海面上,隐隐约约还有

三桅战船

它的影子，好似从远方屋顶上冒出的一缕炊烟。

现在该是我们展现军威的时候了。全船人员忙碌着做好战斗准备，鼓号齐鸣，士兵们拿起长矛，长官们手持利剑，炮手们忙着装填炮弹。四周弥漫着浓浓的火药味，漫无目标地齐射造出很大的声势，岸上的人会不会以为我们正卷入一场殊死的搏斗呢？

在整个过程中，伦琮只是原封不动地照搬旧有的模式，这是一种老掉牙的传统战法。不管怎么说，大清将领大概只图造个声势，做个表面文章，实际情况怎么样对他来说根本不重要。同样，在遭遇失败时，他为避免失败所做的所有努力却得不到认可；如果仗打赢了，也没有人问他是用什么方法取胜的。

几周过后，皇帝将会收到有关昨天战事的禀报，北京的报刊上将发布战事公报，向全国宣布：尽忠职守的提督浴血奋战，打败了外国人，在提督的打击下，外国人灰溜溜地逃走了，内海从此再也不会出现令人深恶痛绝的走私船。

这样一份凭空捏造的战事公报在欧洲会不会描述得更详尽？还是一笔带过呢？

二

**澳门 – 海员的保护神 – 祭牲 – 海岛 – 疍家人 – 海盗聚集地 –
中国的"红胡子" – 海上霸王 – 禁海 – 1810年的海盗 – 寡妇首领 –
女子典范 – 梅瑛传奇 – 黑旗帮与红旗帮 – 和平 – 战俘的回忆**

3月29日

虽然絮絮叨叨的描述让我有些忘乎所以，但我还是想讲述一下澳门的见闻：沿山坡建造的房屋鳞次栉比，狭窄的街道上布满层层台阶，葡萄牙修女的修道院、贾梅士公园、天主教钟楼、天空中飘动的彩旗，尤其是那漂亮的弧形港湾，让人目不暇接。

澳门的集市

  一条条"疍船"[1]在港湾里往来穿梭，在港湾入口处接上行人，一直送到花岗岩堤岸上。
  正是好奇心促使我来到这里。我们的舰队并没有靠岸，不过舰队航行得很慢，在小岛暗礁中艰难地行驶，一座座小岛暗礁好像要把珠江出海口阻挡住似的。伦琮打算向澳门官员传递一个音信，音信也许并不重要，因为送信人只是一个领航员，于是我抓住这个机会，前往澳门。领航员让我登上木船，船上有六名桨手和两名见习水手，其中一名水手还兼做厨师。这几个勇敢的水手费了很大劲才避开暗礁和旋流，驶离这片危险的水域，从献给"天后"无数的供品就可以看出，他们十分害怕这片水域，"天后"是船员的保护神。船上的小厨师在甲板上跑来跑去，把点燃的纸片扔到船前面，想从中探知我们以后的命运，并在"妈祖"塑像前点燃一支支香。蜡制塑像穿着蓝色缎袍，披着五颜六色的彩带。塑像安放在一座神龛里，神龛四周用假花、丝织品、闪光亮片做装饰，一盏油灯在神龛前昼夜燃烧。
  人们用这盏灯火去点燃用香木粉制作的香烛或点燃烧纸。烧纸品种繁多，有镀金的、涂油的、带香气的。他们早晚还要在神龛前为妈祖摆上供品，其中有点心、水果、茶水。水手们见妈祖不喝，往往就把茶水给喝了。
  木船体积越大，行驶在这片海域的风险就越大，因此给神龛摆放的供品也就越多，但不管是一只鸡蛋，还是一大块牛肉，不管是一小把米，还是一块猪脿肉，结果都是一样的，即妈祖没有接纳的供品都成为其虔诚信徒的食物。这样什么也不会浪费掉，眼瞧着世界上最珍贵的东西——食物或任何一种吃的东西，被吞下肚子里，中国人也就觉得心安理得了。

---

[1] 根据宋代《太平寰宇记》的描述，疍民使用一种特殊形式的船只，船首尾皆尖高，船身平阔，其形似蛋，故称"疍船"。

　　从伶仃洋前往澳门途中,一座田园般美丽的小岛深深地吸引着我,我想登上小岛看看。为谨慎起见,领航员要陪我一起上岸。领航员是一位高大、清瘦的老人,他身穿黑色长袍,表情严肃,看上去倒像是一位修士。他带着我沿着一条弯弯曲曲的小路登上岸,小路是从裸露的岩石上开凿出来的。这条开辟很久的小路旁荆棘丛生,随处可见一簇簇野花。攀爬了几分钟过后,我们来到一排渔民的棚屋前,其中一座棚屋是用一艘搁浅的帆船改造的,帆船下面用砖头垫起来,帆船的模样一点都没变,却被当作房屋来用。帆船棚屋四周围着三十来个渔民,有男有女,女人忙着做家务,男人在竹荫下抽烟、聊天。一张张黑色的渔网晾晒在不远处的岩石上,一头水牛在暗绿色的泥塘里来回蹚水,有时抬起头来,朝四周投去迷茫的眼神。无数色彩斑斓的蝴蝶在暖洋洋的天空中飞舞,蝈蝈跳到高高的草叶上,将紫红色翅膀发出的簌簌声甩在身后。

站在小岛的最高处，四周美丽的景色尽收眼底。平静光亮的大海像一面磨光的银盾，映射着阳光，这里或那里不时会冒出一艘小船，慢吞吞地在海面上行驶。连绵起伏的烂头山以及兀立的伶仃峰让远方的景色看上去不那么单调，一座座山顶亮暗分明，太阳照射的地方呈淡蓝色，而背阴的地方则呈深暗色。远处的风景看累了，再回过来看近处的景色，看着眼前这座小村庄，这条繁花簇拥的小路，这座小小的避风港，感觉眼睛一下子就轻松了许多，而我们的小船正懒洋洋地停泊在避风港里。

于是，我开始想象几百万人的漂流生活，将其设想成一种理想的生活方式：在这美丽的天空下，他们顺着河水沿江而下，想在哪儿落脚就在哪儿搭起水屋。他们生活在遭受鄙视甚至压迫的社会阶层，他们就是"疍家人"。其他人都这样称呼他们，因为他们所用的舢板呈椭圆形卵状，但他们的生活真是无拘无束！要想生发更丰富的想象，这里就是令人陶醉的源泉。随意从一处海岸边划到另一处海岸边，在倍感惬意的海滩上停下来；一时兴起便离开海滩；回想起在此度过的时光，就再回到海滩上来；带着神龛、房子和家人，走遍天涯；可以随时踏上旅途，或在中途停下来，而不需要离开自己的棚屋，这个旅途如同生命一样漫长！旅途不正是一个美满的宿命吗？

这正是我自由发挥想象的背景，要不是老领航员看出海上要起风，我还任由想象在此驰骋。老人为拥有一架英国老式望远镜而感到格外自豪，他拿着望远镜朝四面观看。东边的天空还显得很亮，而大海另一端却逐渐暗下来，海面上涌起泡沫——好似某种液体发酵时涌出的泡沫，打破了海平面的平静。这层不断流动的微白泡沫逐渐越涌越多，我们的海员将其称为"猫爪"，泡沫的形状和运动方向每分钟都在变化，最终把整个海平面都填满了，甚至隐隐约约形成微小的浪头。

这种大家所熟知的征兆督促我们赶紧离开这里。我们马上朝岸边跑去，船上的人正等着我们扬帆起航呢，随后我们就出发了，周围的渔民纷纷祝福我们一路平安。

用了这么多笔墨描述这座小岛，却没有写下小岛的名字，因为它的名字我也没记住。尽管如此，在航海图上应该能找到这座小岛，它就坐落在大鳌镇一线的上方，大鳌镇是烂头山最大的城镇。对于地理学家、评论家及追求准确信息的人来说，这也算是讲清楚了。

烂头山又称大屿山，长 15 英里[1]，宽 5—5.5 英里。昨天从澳门返回时，我们就沿着烂头山海岸航行，最终与停泊在汲水门的缉私舰队会合，汲水门位于烂头山东北端。几年前，就在距离那里不远处，在大陆与烂头山之间蜿蜒曲折的水道上，来自欧洲的快速帆船于 7 月至 10 月在这里抛锚停留，以躲避那一带破坏力极强的台风。

---

[1] 1 英里 =1609.344 米。——编者注

渔民的住所（广东省）

4月2日

今天早晨，离开汲水门之后，我们朝一座港湾驶去，伦琮要我注意这个港湾，认为它是一个很值得牢记的地方。

港湾所处的位置极为隐蔽，它三面环山一面靠海，而靠海处又被赤沥角岛封闭住，是防风浪的天然港湾，这个特殊的飞地也由此成为最理想、最隐蔽的港湾。因此，在19世纪初，这里便成为海盗的聚集之地，在中国的沿海一带，海盗活动一直十分猖獗。

这些海盗的故事听起来很怪异，伦琮大人给我讲述了部分故事，曹熹给我讲述了另外部分情节，而且讲得很详细，直到舰队停泊在锚地的第二天才把故事讲完。故事情节非常有趣，当然他也免不了添枝加叶地鼓吹一番。遗憾的是我只能简明扼要地复述故事的梗概[1]。

很久以来，中国沿海地区，尤其是南部沿海地区一直不断遭受海盗的袭扰。繁荣的海上贸易让海盗摩拳擦掌，要大干一番，而孱弱的帝国水师更让海盗有恃无恐。沿海星罗棋布的岛屿与小港湾为海盗提供了理想的藏身之处。况且，由于年景不好，许多穷苦人生活难以为继，

---

[1] 伦琮和曹熹均为朝廷命官，他们讲述的故事代表清朝官府的说法，但与史实可能有一定的出入。

只要有人揭竿而起，马上就能一呼百应，得到穷苦人的响应。从沿海地区新招募的人都十分守纪律。

中国的史书记载着几位著名的海盗，他们凭借掠夺来的财富，富可敌国，成为地道的"海上霸王"，甚至比天子的势力还要强大，一度把帝国派来的舰队打得落花流水，从此也敢跟皇帝叫板，甚至公开宣称要与皇帝平起平坐。17世纪中叶（1640—1646），郑芝龙就是这样一位著名的海盗。郑芝龙出身平民，在很长时间里一直为澳门的葡萄牙人效劳，葡萄牙人还给他起了一个天主教名，叫尼古拉·加斯帕，随后他在台湾又为一位荷兰人做通事，再往后，他成为一位日本商人的贸易代表，日本商人还给他配备了一艘大帆船。商人去世后，他把大帆船据为己有，为帆船装备了武器，很快就成为一个海盗团伙的首领，另一团伙的首领还与他结为同盟。从此以后，谁也拿他们没有办法。皇帝感受到了威胁，便派人秘密地与郑芝龙接触，使出招安的计策。郑芝龙背叛了同伙，向朝廷献出另一头领的首级，换取朝廷任命的南安伯头衔。他善于利用朝廷赋予他的权力，把海外贸易活动牢牢在控制在自己手里。

这个危险的臣民已被胜利冲昏了头脑，甚至想给他儿子国姓爷（郑成功）登基称帝铺平道路。这也太过分了。皇帝以加官晋爵为幌子把这位胆大包天的海盗骗至北京，郑芝龙竟拿出未

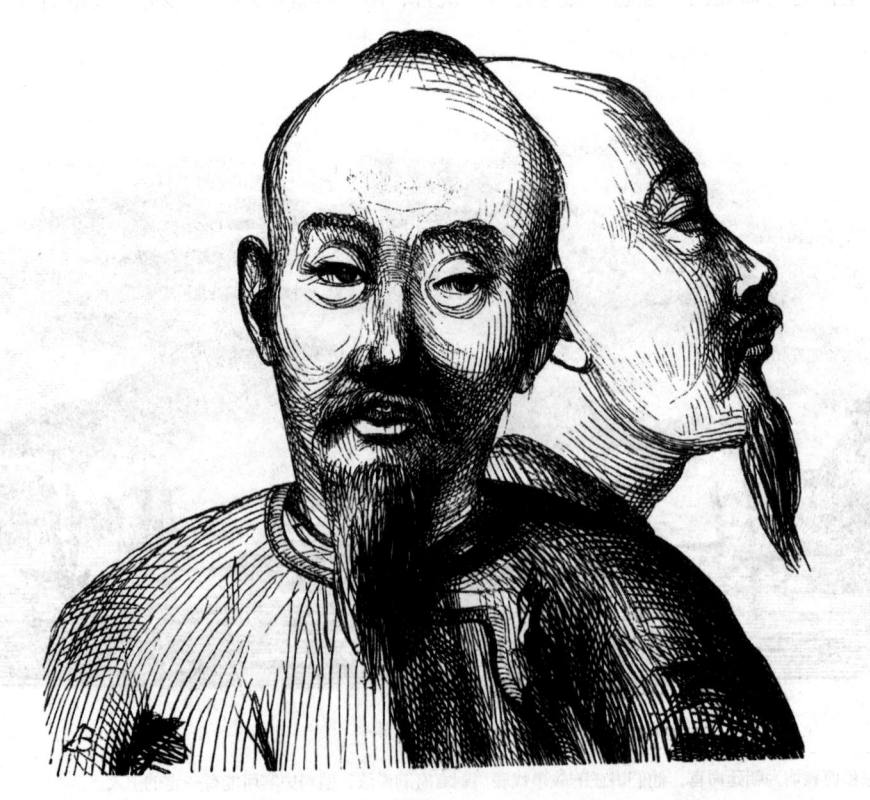

来君主的派头大张旗鼓地走进皇宫，却从此再也没有走出紫禁城。

他儿子此前曾发誓，如果朝廷背信弃义，必将招致凶狠的报复，他在这事上没有食言。从此，沿海地区的海盗变得更加猖獗，直至1650年，海盗掠夺活动才逐渐平息下来。那时候，满族人已入关，建立起新王朝。清兵攻打广州，南明帝抵挡不住清军的进攻，便命郑成功南下勤王，这位海盗由此成为辅佐南明的最后一位将领。尽管广州军民竭力守城，但最终还是被清军攻破。于是，他重新回到海上，率领600多艘舰船继续抗击清军。他率船队经河流深入内陆地区，在各城镇征税，甚至会洗劫整座县城，并打算有一天能在沿海某省独霸一方。不久之后，他围攻南京，清军费了九牛二虎之力才挫败他的围攻，不过他在撤退过程中，依然先后打败了前来围剿的三支清军舰队，随后割掉4000名被俘清军官兵的耳鼻，又把他们奉还给清朝皇帝。天子见自己的败兵蒙受如此羞辱，极为震怒，随即让人砍掉他们的脑袋。

在大陆上反清复明的斗争遭遇失败之后，郑成功收复了台湾，并在那里建立起一个合法的王国。岛上居民只缴纳极少的税金。他们又和以往一样，在中国沿海掠夺，这是维持台湾开支的主要手段。清政府想尽一切办法，使出一切手段，都对付不了郑成功，于是，康熙皇帝的四大辅臣便颁布迁海令，放弃所有岛屿，终止海上贸易，命沿海居民内迁12里。这道迁海令真是令人难以置信，然而更让人难以相信的是，这道敕令竟得到不折不扣的执行。在往后的七年当中，敕令所颁布的举措变得越来越严厉，致使沿海地区渔业废置，田园荒芜，许多港口都被列入敕令管制的清单，在传教士汤若望的一再恳求下，澳门被排除在敕令之外，况且澳门也有自卫能力。

郑成功去世后，禁海令仍然没有撤销。他儿子在台湾平静地维持自己的统治，他孙子后来又继续统治，直到1683年，康熙皇帝统一台湾岛。

海盗的第一个辉煌时代就这样结束了，但在120多年之后，又有一支海盗团伙公开起兵造反，大清水师与海盗团伙展开激烈交战。我们不能由此就推断，在那一个多世纪里，海盗在中国海域里销声匿迹了，只不过那时候他们还没有成气候，没有结成同盟，没有组织严密的军队，无法向执法机构发起挑战。

1802—1803年，海上掠夺活动有增无减。各海盗团伙甚至结成同盟。1806年，他们已拥有五六百艘帆船和2.5万战员。到1810年，他们的战员已扩充至7万人，大清水师即使汇集全部兵力也无法歼灭这些海盗。

海盗团伙由六个帮派组成，即红、黄、绿、蓝、白和黑帮，各帮团伙公然打出自己的旗帜，并受各自认可的首领指挥，他们的总头领是郑一。这位海盗头领公开表示打算夺取交趾支那[1]，不过被1807年的一场台风夺去生命。这时出现一种很怪异的现

---

[1] 越南南部地区的法文名称，中文旧称南圻。

象。郑一的指挥权并没有转给他的副手，而是转给他的遗孀。这个女人性格刚毅、有勇有谋，指挥几千人马淡定自若，要求属下严格遵守纪律。虽然这项纪律带有明显的女性色彩，但下属们却毫无怨言地接受下来。

纪律要求所有人未经允许不得擅自上岸，否则必将遭受严惩。所有掠夺来的物品将登记在册，均等分配。若犯下重大过错或做出品行不端的举动，将被处死。截获的银两不作为战利品分配，而是交给首领，首领将五分之一赏给截获者，其余的则留作公用。从农民手中购得的食物或给养必须当场支付，否则将被处死。对于掠夺来的女子，他们将索要赎金，但不得虐待她们，只有最漂亮的女人或没有人支付赎金的女子才会被分给单身的海盗，但这个海盗也要花上一笔钱。买到女人的单身汉马上就可以和她成亲，他们还特意在帆船里为这对新人设立一个单间。强暴或放荡行为都将受到惩罚。

不是任何人都可以随便加入这个奇特团伙的，团伙从许多自愿者里挑选最合适的，即便其中有些人刚参加过海战，或给团伙带来丰厚的资金，假如他们不想在船上连续待上 8 个月，团伙也不会招募他们。

在严明纪律的约束下，海盗们变得格外强大。大清水师的将领们接二连三地接到敕令，要他们彻底歼灭海盗，但每次出征都被海盗打得落花流水。于是，皇帝下达死命令：要么取胜，要么以死殉国，但他们依然大败而归，只好自尽身亡。清政府想起康熙帝未亲政时四大辅臣为应付郑成功所采取的对策，再次实施禁海令，所有船只不得出海，直至朝廷颁布解除禁海令。这次海上封锁就是要断绝海盗的财路，海盗为此感到极为恼火，于是采取更加野蛮的报复手段，在20个地段同时发起烧杀抢掠行动，为了能生存下去，他们化整为零，分成若干个小舰队。整个沿海地区笼罩在一片恐怖之中，各个城镇都要向海盗纳贡，海盗船从附近海域经过时，当地居民还要向船队致敬，不肯纳贡的城镇就会遭受海盗的洗劫：他们杀死老人和孩子，掠走妇女，抢走死人的尸骨，以换取赎金。这一行径在外国人看来极为荒唐，但是在中国，一个讲究孝道的人肯花大价钱赎回过世曾祖父母的尸骨，出的价钱甚至比赎回亲兄弟的还要高。

那个年代流传着许多有关海盗的血腥传说，其中最有名的就是梅英的故事。我是在曹熹给我的一本史卷上看到这个故事的。根据作者的描绘，这位女子是官员杨克宁的女儿，长得貌美如花，却也因此给自己引来杀身之祸。海盗头目郑一嫂的副手、可怕的张保仔[1]看中了她，把她掠走，但梅英不畏强暴，断然拒绝张保仔。张保仔极为恼火，把梅英双手绑在身后，并用绳索把她吊在桅杆上。尽管全身疼痛难忍，但梅英仍然大肆嘲弄张保仔。海盗恼羞成怒，把她从桅杆上放下来，抄起短剑柄狠狠地击打梅英，甚至把她的牙齿都打掉了。这个勇敢的女孩子假装服软了，但刚被解开绳索，就把嘴里的鲜血吐到张保仔脸上，以此来羞辱他，随后纵身跳入大海。

描写这段传说故事的作者接着写道："第二年，沿海地区恢复了和平，我路过梅英的故乡，对她所遭遇的不幸深为感动，随即赋诗一首，以示缅怀之意：

> 刚烈之魂已消匿，
> 上溯九湾忆往昔。
> 弱女羞辱强盗时，
> 谁人敢怒抗顽敌？
> 唾血玷辱下流痞，
> 纵身投海无畏惧。
> 贞洁英灵似霜冰，
> 各岛上空缓步移。

---

[1] 张保仔（1783—1822），原名张保，广东新会县江门镇水南乡人，1810年以前为广东沿海著名海盗，后投诚成为清朝水师军官。

"吟诗过后,我在那里伫立瞻望了好一会儿,随后又朝四周仔细看上一眼,周围的山冈满目青翠,远处的大海碧波荡漾……我浮想联翩,感觉卸掉了自己心头的包袱。"

中国是一个以史资政的国家。皇帝见战无不胜的水师竟然拿海盗毫无办法,可禁海政策又不能持久执行下去,于是便效仿先祖的做法,向葡萄牙海军求助。皇帝向旅居澳门的欧洲人郑重承诺,恢复他们以往所享受的特权,葡萄牙人便派出六艘军舰,协同天子一起围剿海盗。虽然搬来洋兵救援实属下策,但海战一直在持续,帝国依然没有任何胜算,要不是因为海盗内部发生内讧,海盗的势力会变得更加强大。

作为海盗首领的副手，红旗帮的张保仔与另一干将、黑旗帮头目郭学显[1]闹出纠纷。他们起初只是中止了合作，后来又渐生嫉妒，甚至一度相互动起手来，张保仔被打败了。从那一天起，海盗强大的联盟便土崩瓦解。皇帝抓住这个天赐良机，颁布特赦令，郭学显动了心思，被清政府招了安，后来还更名换姓，当上了朝廷官员。

在经过几个月的征战之后，郑一嫂和副将认为他们所面临的局面十分危险，而且手下的将士也萌生要妥协的意愿，海战很难再打下去了，于是便主动向政府表示愿意达成和解。政府委派一位下级官员上船和他们谈判，双方都作了一些让步和承诺，接着就要派人去广州与总督共同签署协议，互换批文。但没有人敢于承担这个重任，郑一嫂只好亲自出马，仅带几位贴身侍女，冒着生命危险，前往广州谈判。政府遵守了承诺，没有食言，总督宣布所有条件都是有效的，并亲自前往岸边迎接被招安的红旗帮。张保仔也和郭学显一样，被授予高级将领官衔。两人卖力为朝廷去围剿残存的海盗，这些人当初都是他们的盟友。

郑一嫂带着掠夺来的财富，退居到澳门，后来一直在那里生活，没有显赫的地位，或许也没有遗憾，只是靠经营一家鄙陋的赌场过活。

为了让我散散心，曹熹找来一位老水手，让他给我讲讲当年他被张保仔虏去时所遭受的折磨。在曹熹的问询下，老水手详细地讲述了海盗的暴行，话语间依然流露出恐惧感，海盗毒打他们，赶上闹灾荒时，不给他们东西吃，硬生生地饿着他们。每次登岸洗劫一座城镇之前，海盗头子要先定出奖赏，抓回一名人质将获得奖励，最多可以奖励十块银元。被虏来的女人遭受非人的残酷折磨：海盗系住她们的头发，把她们吊在甲板上，随后就把她们丢在那里，让她们忍受风吹日晒，夜里也不给她们遮盖。在严刑拷打得知她们的身世之后，再定下赎金，赎金为600至6000块银元。

沿岸的城镇和乡村每年要向海盗纳贡两次，不管什么样的船舶，一年都要纳贡一次。海盗给纳贡的船舶颁发一个类似通行证的文书，文书由某一海盗头目签名，其他海盗头子会认可这份文书。

但他们对大清水师的将士和水手则毫不留情，在遭遇大清水师顽强抵抗，或其相中的货物被水师悄悄劫走时，他们就会大开杀戒。对于俘虏来的男人，海盗往往会对他们施以酷刑，要么是为了得到一笔赎金，要么是强迫他们加入海盗团伙。最常用的酷刑手法是把俘虏的双手捆在背后，直接吊在桅杆上。这样吊着人会感觉非常疼痛，这还不算，海盗还用鞭子抽打他们，有的人甚至被活活打死。

老水手说亲眼见到一个从官船俘虏来的士兵遭受折磨，海盗把他的双脚钉在甲板上，狠狠地抽打他，打得他满嘴流血，接着又把他押解到陆地上，让刽子手砍掉他的脑袋。还有一次，

---

[1] 郭学显，乳名郭婆带，为黑旗帮海盗首领，佣兵数万之众，后向清政府投诚，受封为把总。

海盗把俘虏吊在桅杆上，将他开膛破肚，而他的心脏竟被海盗们沾着罗姆酒给吃掉了……听到这残忍的描述，我再也忍受不了了，但他们却认为这是中华文明遏恶扬善的举措，18世纪西方的传教士和学者曾竭力宣扬这个文明，我认为宣传这个文明也是对的。

就在老水手向我讲述的过程中，曹熹见我听得胆战心惊，感觉很好笑，好像觉得我被暴行吓唬住很好玩似的。

三

**福建省 - 中式厩肥 - 厦门及其侨民 - 算命先生 -
风水之道 - 魔镜 - 知书达理的典范 - 辫子的用途 -
礼仪队列 - 彩台上的女子 - 神秘人物 - 妖艳 - 凤凰**

我们沿着福建陡峭的海岸继续航行，福建是中国最著名的省份之一，倒不是因为它拥有辽阔的土地（约 5.7 万平方英里）和众多的人口（1400 万），而是因为福建省民风奇特。福建省内山多，土质硬，矿产资源丰富，出产铁、铜和锡。有人猜测省内山岩底下有可能蕴藏着金矿和银矿，但政府禁止开采。

福建人的性格也很特别，在中国其他地区找不到像福建人这样能干的水手，这样敢于冒险又会做买卖的商人。他们离开故乡，到海外去闯荡的途径更便捷，他们勇于去海外冒险，去谋求财路。当然饥荒是促使他们背井离乡的重要因素，他们不甘待在家里忍受饥荒，而是与饥荒抗争。福建人正直、主动、手巧、节俭。广东省内做剃头匠、做仆人的几乎都来自福建省。成千上万的福建人跨海前往台湾，去开垦那里富饶的土地。

自从沿着山峦起伏的海岸航行以来，帆船每次停泊下来，我都要上岸看一看，因此得以在广东沿海看到成片的盐田、大片的甘蔗园以及辽阔的海岸滩涂地，滩涂地上星星点点地长着野生植物。我还看到沿海的几座岛屿，如大甲岛、上川岛、遮浪岛、南澳岛、东海岛及海陵岛。

天气晴朗的时候，从海面上向岸边的村镇望过去，第一眼感觉村镇的外观很吸引人，鳞次

梛比的房屋形成一个小村子，房子都坐落在小海湾深处，有一个炮台拱卫，炮台表面看上去很壮观，但实际上却难以起到防护作用。村子背后，在圆形小山丘上耸立着一个小堡垒，堡垒已破败，显然已废弃不用，这个防御工事纯粹是徒有虚表的摆设，只有几个饿着肚子的流浪汉守在里面。不远处有一座塔，还算比较高，装饰得也不错，另外还有一尊雕制得很粗糙的"妈祖"塑像，直接雕制在了岬角高地的岩石上。

但如果被从远方看到的景色吸引过去，走进村镇一看，那么最初的美好感觉会荡然无存，街道里那股令人窒息的臭味就让你忍受不了，这绝不是肯特郡或萨塞克斯郡马厩里散发出的那种味道（马厩的味道很冲，但不觉得不卫生），而是一种融合着各种腐烂物质的厩肥的味道。中国人总是在沤肥，其他地方也都一样，这已成为一种农耕癖好，比如这地方的剃头匠会把剃下来的碎头发收集到袋子里，然后再卖给农民。狭窄的花岗岩平地上仅有少得可怜的可耕地，农民在这片耕地上播种、灌溉、施肥，看着这幅景象，我们也就理解农民为什么要精耕细作，他们希望能够靠自己的劳作换来好收成。但不管收成多么丰富，也养活不了十倍于土地容量的人口，因为可耕地实在太少了。

沿海的小港口以及周边的岛屿过去曾是海盗的聚集地，以后仍有可能成为海盗的窝点，比如澳角渔港及其周边的龙虎狮象四屿。我们在渔港西侧抛下锚，并整整停留了两天。伦琮派人仔细搜索周围海域，远征船队声势浩大的阵势已把坏人都给吓跑了，海盗闻风丧胆的消息已禀报给皇帝，因为到目前为止，我们还没有看到一个海盗。

有些官员怀疑我们船上有内奸，只要我们一行动，他们就给海盗通风报信，好让海盗及时逃脱。我不知道这种说法是否可信，也看不出哪些下级军官是可疑的。不过有一点是肯定的，受准女婿私下鼓动，伦琮大人禁止传播有可能动摇军心的谣言，违者将被处以笞刑。

4月13日

厦门坐落在一座很大的岛屿上，一湾深港的左岸成为这座城市的一部分，我们已在这里驻扎了好几天。城市对面有一座名为"鼓浪屿"的小岛，岛上的炮台拱卫着厦门的出入口，威慑着任何胆敢贸然闯入厦门的船只。厦门与鼓浪屿之间的航道宽四分之三海里，深12㖊[1]。港口设施很不错，为船舶装货卸货提供了很大便利条件，有些船甚至可以直接系泊在商社前面。港口的自然条件十分出色，是避风良港，进出水道也很安全。凭借这些优势，厦门成为当时中国最大的货物集散地之一，当地人是公认最勇敢的水手，也是最果敢的人。厦门人到了台湾之后，找到了谋生的手段，帝国其他地方的人都会以这样或那样的身份从厦门富商手里进货。这些富商拥有300多艘大帆船，往来穿梭于台湾海峡，向台湾运去一批接一批的厦门人，再运回一船接一船的稻米，他们甚至驾船北上，为北方地区运去食糖和茶叶。厦门人有浓厚的返乡意

---

[1] 英制长度单位，1㖊约合1.8288米。

识。无论命运把他们推向哪里,只要挣到钱,他们就会返回故乡,把积蓄花光,哪怕再次背井离乡,到外面闯荡也在所不惜。

这类习俗的特点往往也引起人们的思索:即使故乡并无吸引人的特色,可离开家乡的人仍然对故乡抱着美好的回忆,而厦门人的做法恰好印证了这一结论。厦门四周只有山岩和沙砾,返乡者历经千辛万苦回到故乡,但家乡能给他们的只有开销大且拥挤的生活,远不如在其他地方过得舒服,但他们依然义无反顾地回到厦门,无论距离故乡多么遥远。

这座城市本应成为对欧洲人开放的最大港口,它过去曾经就是这样的港口。荷兰人在占领台湾时期,就与厦门保持频繁的贸易交往,一度把厦门看作福建省的大集市。从1670年起,英国人也来到这里,但当局横征暴敛,致使他们开展贸易活动困难重重,在经过几次尝试之后,最终放弃了这座城市。英国人在广州落下脚之后,分别于1685年、1734年以及18世纪后几十年当中,尝试着与厦门重建中断的贸易交往,但每一次,厦门地方官员总是想方设法打击他们的走私活动。西班牙人也没有获得更优惠的便利,尽管他们可以正常出入厦门港,因此他们只好把贸易活动局限在澳门,但西班牙人至少有办法报复中国人,当厦门及上海的商船每年途经马尼拉时,他们就狠狠地敲诈勒索中国商船。

4月17日

无论在城内,还是在郊外或海边,都会看到一座座寺庙,寺庙是为陆地和海上的各路神仙建造的,让信神者前往寺庙祭拜。其中最著名的当数佛寺,寺前竖立着巨大的神像。厦门人十分迷信,这大概与他们四处奔波的生活方式有关。不管是在启程穿越危险的海峡之前,还是平安返回故乡之后,他们都会到寺庙里祈求佛祖保佑,或感谢佛祖呵护,这种做法也是很正常的。在这一点上,水手、商人和赌徒拜神的愿望都是一样的,希望神祇能在关键时刻出手相助。

因此,占卜师或算命先生在这里备受民众信任。在码头上、街区里,总能看到流动的算命铺子,一位看上去受人尊敬的老先生守着铺子,铺子外表刻意弄得神神秘秘的,但却明码标价。算命先生往往既是大夫,又是占星师,在一小片红纸上开出药方,或写下预言,然后郑重地交给前来求卦的顾客。剩下的事就都听天由命吧。

占卜师大多是半吊子文人,拿出一副阿谀奉承的样子,刻意摆出得到神灵启示的派头。占卜桌上摆着全套家什,无论走到哪儿,他都带着这张桌子。那套家什里有一块亮闪闪的铁板,上面用黑墨或红墨写着几个神秘的字符;有几支粗细不等的毛笔;有装着一束竹签的木筒,竹

厦门近郊庙前码头

签上刻着神秘的符号；有一个纸槽，里面摆着一卷卷纸，纸上也写满了文字；还有算命书，里面书写着占卜艺术的训诫。

占卜师像个学究似的，坐在椅子上，椅子背设计得相当高，以引起路人的注意，椅子背后挂着一块招牌，招牌也做了一番装饰，上面写着他的姓名、求签算卦的价格，还写着吹嘘自己才华横溢、精通风水之道的浮夸文字。占卜师常常把风水这个词挂在嘴边。风水的意思就是要道明以后冷暖如何、风向变化、雨量大小、高温持续多久等，这些都是占卜师需要解决的问题。

在向算命"先生"提问时，求签算卦的人通常会依照下面的步骤来做：先按照价目表把一定数额的钱放到先生面前，再从木筒里抽一根竹签，从纸槽里抽一卷纸，交给算命先生。先生把竹签和纸卷上的字符抄在镜盘上，随后再加入一些特殊的符号，竹签和纸卷上的字符就变成一个普通的汉字。将一个个汉字组合在一起，形成一句咒语，但这些话通常晦涩难懂，需要算命先生加以解释。算命先生这时就可以随意编排了，但又不能编排得无懈可击。他以或多或少准确的判断来解释这段晦涩的咒语，甚至装出很真诚的样子，有时还会咨询在座的其他人。其他人的赞同意见会让算命先生的解释显得更有分量，不管他的解释是宽慰人的话，还是吓唬人的诳语。求签算卦的人认真地听他解释，这在一个极为注重灵性的民族身上显得尤为出人意料。

有一天，我还有机会看到中国人是如此有耐心，如此懂礼貌。我们好多人挤在一个看台上观看划船比赛，一个商人模样的人坐在我前面，我好几次注意到他不时会摇一摇脑袋，嘴里低声抱怨着，小声诅咒着，他嘀嘀咕咕的声音太小，根本猜不出他是在对谁说话，尤其是万万没想到竟然和我有关。在那儿坐了两个小时之后，我站起身，打算换个地方，这时我才发现这人的辫子一直被我压在胳膊下面，只要稍微动一下，这个倒霉的邻座就得扭一下头，换一个姿势，直到我再次动一下身子，他才会跟着变换一个姿势。这种无以伦比的耐性让我觉得好笑，但也确实让我钦佩不已。

满族人入主中原后,强迫汉族人留辫子,辫子也由此成为汉族人俯首称臣的象征。男人都留着长辫子,让人感觉滑稽可笑,这种滑稽的场景我看过不止一次。辫子可用来做很多事情,各种用途都极为怪诞。我见仆人用辫子掸去家具上的灰尘,就像在用一把鸡毛掸子似的。一个农民用辫子抽打公猪,赶着它往前走。在农历谢神节[1]期间,前来拜神的人特别多,可以说是人头攒动、摩肩接踵,我看见一个鲁莽的小伙子悄悄地把三个广州人的辫子系在一起,这三个人正聚精会神地看烟火,竟然没有察觉到,但当活动结束,大家都四散离开时,他们也打算就此分手道别,可辫子却把他们仨拴在一起,瞧他们那副窘迫的模样,真是让人忍俊不禁。

4月19日

我在厦门的街道上转了转,然后打算回到船上,这时身后响起一片喧闹声,我想折返回去看看究竟发生了什么事,陪同我的县衙倒也乐于满足我的好奇心。感觉他对这一带很熟悉,他带着我穿过一条条小巷,最终来到一座露天剧场前,许多好奇的观众和我一样也跑来看热闹。我感觉这好像是在为一座新建的寺院举行开光庆典仪式,礼佛队列朝新落成的寺院走去。队列很快就出现在我们眼前,这是我见过的最美的庆典场面,真是让我目不暇接。

---

[1] 潮汕地区民俗,每年农历腊月初八,当地各村举办隆重的谢神节。

中国街道的布局让礼佛队列看上去一眼望不到头。参加庆典仪式的有许多社团和行会，我都叫不出名字，但和我们那里一样，各个社团和行会也都打着形态各异、色彩不同的旗帜，或者拿着标杆及雕刻精美的权杖。在各艺术行会之间，有一支军人队列，士兵们手里举着军旗，随后就是女人礼佛队列（也许是仙女吧），仙女们坐在彩台上，有的彩台上还罩着绿色植物装饰。虽然她们脸上胡乱地涂着胭脂，眉毛画得漆黑，嘴唇上抹着厚厚的红颜料，但看上去并不难看。她们的头饰很漂亮，上面镶嵌着花朵、金饰、宝石和真丝流苏，流苏上还挂着珍珠结，再配上漂亮的真丝绣花裙子，就显得更加楚楚动人。她们的目光里带着一副镇定自若的神态，让人感到震撼不已。穿上如此光鲜亮丽的服装，佩戴如此美丽的饰物，要是没有勇气的话，哪位女子敢这样做呢？况且，厚厚胭脂遮住她们那羞红的脸蛋，怎能让人猜透她们内心的情感呢？

在庆典活动中，孩子们也扮演着角色。我们不时会看到一位小将军，年龄只有六七岁，身高不过三尺，骑着一匹类似苏格兰高地那一带的小种马，身背箭筒，手持弓箭，从我们眼前走过。还会看到中国神话中的人物，比如像朱庇特那样的主神，以及像尼普顿那样的海神。

随后出现的队列我就有点搞不懂了。所有参加庆典仪式的队列都显得极为奢华，礼佛者都穿着绫罗绸缎，队列里旌旗招展，繁花似锦，张灯结彩，兵器闪亮。这时队列当中却出现了两个衣衫褴褛的穷鬼，每人肩上挑着一根扁担，扁担两头各有一个方箱子，里面放着许多小阳伞。这究竟是一种象征呢，还是一门手艺？我还真的不知道。陪同我的县衙及其他人也说不出所以然来，我也不敢再追问，生怕暴露自己的身份。

看热闹的人也都很有意思，有人挤坐在房顶上，一个挨一个地趴在窗前，甚至扒在墙头上，这真的让人难以想象。每幢房子的二层通常都是女子的闺房，姑娘们争先恐后地来到窗前，手里摇着扇子，展露出自己绰约的风姿。即便是最活泼的安达卢西亚女子也不会比她们打扮得更漂亮。在这些女子当中，通过头饰可以看出哪个是年长一些的，哪个是待出嫁的姑娘，年长的女子头上裹着一块丝巾，而未婚姑娘则让两鬓头发贴着脸蛋垂散下来。虽然这绺青丝让她们看上去略显羞涩腼腆，但未婚女子对自己的举止并未感到难堪，况且也不想对那些盯着她们看的痴情男子报以微笑。已婚女子一般都戴着凤凰头饰。凤凰是中国传说中的神鸟，凤凰造型头饰让神鸟头朝下，低垂至额头，双翅展开，伸展至两鬓。

至于说男人，他们湮没在人群里，毫无任何显著的特征。许多男人都赤裸着上身，从远处望过去，好像人人都叠在一起似的，光秃秃的脑袋一个紧挨着一个，从高处往下看，整条街就像是一个装满樱桃的篮子。有些人在同一位置上连续站了两个小时，感觉有些吃不消，想换个地方，却动弹不得。他们稍微一动就把过道给堵死了，于是衙役就用短鞭把他们赶回到原位。

四

船上的鸦片 - 无用的悔恨 - 蓝眼睛的危险 - 西洋呷板 -
地理教义 - 欧罗巴、英圭黎、佛兰西等 - 红毛人 -
欧洲人为什么受鄙夷 - 猜测英国财富的来源 - 伪币制造者

由于整天和水手们待在一起，趁他们聊天的时候，我就多听，多观察，来了解这个国家的国民，了解他们都有什么样的想法。

船上几乎所有我认识的人都沉湎于一种陋习：差不多所有人都把大部分光阴用在吸食鸦片上。尽管朝廷禁止民众吸食鸦片，但收效甚微，上自船长，下至最卑微的水手，所有人都沉瀣一气，公然违抗军令，违抗皇帝的禁烟敕令。无论我走到哪儿，都能闻到鸦片的味道，想躲也躲不开。我坚持不吸鸦片，倒让大家感觉很惊奇，他们甚至用疑惑的眼神看着我。

尽管如此，有时候也会有几位内心深感自责的下级军官来向我诉苦，说很难改掉这个陋习。当然，无论是表达悔意，还是深表遗憾，他们都是因过量吸食鸦片后身体出现不适才来找我给他们治病，并借此机会诉说自己的苦楚。在给他们治病的同时，我也顺便开导他们，甚至旁敲侧击地批评他们，对于这种责备他们倒也能接受。

有一天，一位年纪最大的姚姓船长来找我，一个劲儿地向我诉苦："我是一个可怜的废人，我一直想改掉自己的陋习，可就是改不掉，真是要命……"接着，他在佛龛面前跪下来，嘴里不停地念着"阿弥陀佛"，以缓解自己的内疚之情，然后转过身来对我说："您瞧，我没有朋友。我的船有一天在菲律宾普洛岛屿附近失事，船上的酒肉朋友竟然不敢出手搭救，把我给甩了。凭着眼下这个差事，我勉强能活下去，但我还要养活一个家呀，全家人都指望我呢，可我却让大烟和无所事事的恶习给毁了。"

一位白发苍苍、身心疲惫的老人说出发自肺腑的话，听来让人感到痛心，然而在我和交谈之后，他再次沉醉于鸦片之中，以忘记自己内心的苦楚。

应当说，姚船长特别好心地关注我，是因为他猜出我的角色，担心我会面临很多危险。有一天他微笑着对我说："我感觉您不是书生，您长着一双蓝眼睛，您是牧师……"

他把我当成传教士了，但"牧师"这个词他用的是西班牙人的叫法，面对这个危险的暗示，我很快岔开了话题。从此，他不再刻意从我这儿打听更多的消息，而是常常和我谈起欧洲人和他们的军舰。他们管欧洲军舰叫"西洋呷板"，这个称呼大概是英语"船长"一词以讹传讹的说法。他还见过阿美士德勋爵[1]的舰队，英国舰队给他留下了深刻的印象。中国人内心的想法是，洋人以贸易为借口，实际上是在准备入侵中国，将来总有一天会推翻大清，但这一想法他们却深藏不露，外表只显露出鄙夷洋人的样子。在不暴露身份的前提下，我尽量安慰这位老船长，让他不必为此担心。我对他说："如果洋人真想发动战争，他们为什么一再缓和双方的敌对态势呢？相反，您不是见过他们来过中国后又和平地撤走了吗？他们是我们的朋友。您觉得他们是什么人呢？"

姚船长摇摇头，不同意我的说法。他说："他们派来的这些大船根本就不是商船，船上都装着大炮。假如他们只是来做生意的，那我们会热烈欢迎。不过，无利的事谁也不会做，他们为什么要开着战舰来中国呢，肯定是想征服整个中国。况且，未向皇帝如实禀报英国舰队来华的官员都受到了严惩。朝廷要是没有看出洋人的真实目的，也就不会去惩罚这些官员了。"

我想知道姚船长是否了解欧洲各国。他微微一笑，在我眼前画出一幅世界地图，这是中国人地理概念里世界的模样，他这么做也是向我表明，他完全理解我的好奇心。在这幅地图上，大清国占据着很大的地域，这也情有可原。大清国之外画着四海，四海里画着若干座岛屿，算是世界的其余地方。至于说欧洲，即欧罗巴，其地理描述摘自《海国闻见录》，姚船长和伙伴们对这本书评价很高，该书对欧洲的描述有以下文字：

> 英圭黎一国，县（悬）三岛于吝因（瑞典）、黄旗（丹麦）、荷兰、佛兰西（法国）四国之外海。自吝因沿海而东绕俄罗斯，自俄罗斯而东至西密里（西伯利亚）也，皆为北海；不能行舟，海水不解，故为冰海。
>
> 自吝因而南，至乌鬼诸国，皆为大西洋。吝因者，西北海之国，亦系红毛种类；红毛者，西北诸番之总名，略与俄罗斯至京师者相似。

这本书的作者还描述了英国人：

> 英圭黎为荷兰属国。服饰相似。国颇富。男子多著哆啰绒，喜饮酒。妇人未嫁时束腰，欲其纤细，披发垂肩，短衣重裙，出行则加大衣，以金缕盒贮鼻烟以自随。[2]

作者对法国的描述也很有趣：

> 法兰西人，又称佛兰西或佛郎机人，初奉佛教，后奉天主教，常去邻国大吕宋（西班牙）居之，时常与邻国及"红毛"（荷兰人）发生战事。英人出兵协助红毛，法兰西人随后败之。

---

[1] 阿美士德勋爵（1773—1857），英国外交官，曾于1816年代表英国率团访华，然而清廷与英国双方因为在礼节上出现分歧，使团未能谒见嘉庆帝。

[2] 这段文字摘自梁廷枏编写的《海国四说·粤道贡国说》之卷五，而非《海国闻见录》。

西洋人或夷人着白便帽及黑羊毛礼帽，以摘帽为礼。衣着及饮食与大小吕宋（西班牙和马尼拉）人相同。[1]

在说到世界其他地方时，姚船长的地理概念既不准确也不完整。在他展示的这张地图上，非洲大陆紧挨着西伯利亚，而朝鲜则毗邻一个无名的国家，这个国家也许是加拿大或是阿美利加（北美洲）。

中国人对外界了解得非常少，分不清外国人的种族，把所有外国人都看作红毛人。他们憎恨红毛人，对外国人抱着一种轻蔑的态度，从话语中就能感受到这种态度。政府也在煽动民众的排外情绪，每年都颁布许多法令，禁止民众与外商做生意，因为外商都是"邪恶之人，且道德败坏、不可救药，他们在海外、在遥远的国度没有接受过良好教育，也没有经受过中国文明的熏陶"。不过，应该承认，中国人之所以鄙视欧洲人，也是有一定缘由的。中国人见到的欧洲人绝大多数都是商人，只有极个别从事其他行业的人。欧洲商人唯利是图，甚至舍弃安逸的家庭生活，牺牲尊老爱幼的传统，抛弃对故土的迷恋之情，抛弃所有高尚的情操和真实的情感，因此中国人把他们看作卑贱的小人，他们那种贪婪的秉性遭到中国人的鄙视。难道中国人做得不对吗？

就在我依然琢磨这个问题时，姚船长给我带来寻找答案的方法。这位处事圆滑的人以为凭借对我的好感，就能赢得我的友谊，但最终还是让我猜透他的心思，从中看出其内心隐藏的动机。

他和另一个侯姓船长来找我，两人向我仔细打听有关欧洲钱币的事情。我说得很含蓄，并将话题扯得很宽泛，先把住在广州的欧洲人所讲的相关内容复述给他们听，同时给他们讲了半天大西洋的事情，激起他们要远涉大西洋的欲望。他们以为欧洲遍地都是金银，就像中国随处可见花岗岩一样。于是，我对他们说："不过，你们得当心，一旦踏上征程，可要好几天，甚至好几个月都看不到陆地。"这句话一下子就把他们的热情给浇灭了。他们高声喊道："要是遇上大风大浪，我们在哪儿去躲避呢？在哪儿抛锚把船停下来呢？要是遭遇海难，我们在哪儿能找到避风港呢？"

话说到这儿，他们又回过头来询问有关欧洲钱币的问题，并要我教他们用锡和铅造币。他们觉得英国人就是靠这个秘诀发财的。我告诉他们不但我没有这个能力，世界上任何人都没有这个能力，这让他们感到非常失望。他们仔细想了想，还是不相信我说的话，一再坚持说，英吉利人在广州造了许多豪华的房子，在海上有那么多大船，没听说他们有什么发财的门道呀，他们肯定有点石成金的方法，能把普通金属转化为金银。

我无法说服他们，此时才发现由于没有点石成金的本事，我在他们眼中也就失去了威望。我原本以为他们视金钱为粪土而敬重他们，此时这一情感也瞬间化为泡影。鄙视财富与造伪币的欲望是水火不相容的。

---

[1] 《海国闻见录》里没有这段文字。

五

福州府 – 古桥 – 闽江 – 千趣阁 –
斗鹌鹑斗蟋蟀 – 中国野味 – 鸬鹚捕鱼 –
水鼠 – 打发时间 – 流动赌场

我们的舰队沿着福建海岸继续向北航行,福建沿岸多礁石,沿海住民都被怀疑从事海盗活动。我早就按捺不住自己的好奇心,要上岸去看看,况且由于船上设备较差,在海上航行真是饱受折磨。于是,我请伦琮大人允许我在福州府待上几天,要是没有太大风险的话,我打算从福州动身前往武夷山——著名的红茶产地。在去武夷山之前,为了不引起别人的注意,我暂居在一位地方官员家里,伦琮特意指定姚船长陪我一同前往。其实我也知道,他是被派来监视我的,但他在执行这项指令时极有分寸,也很有礼貌,因此我对他倒也没有恶感。

福州府的城市规模比广州和厦门的都要大。我们经闽江进入福州府,闽江是一条很宽的河流,其入海口散落着一座座岛屿,其中一座岛屿由20个小岛和暗礁组成,当地人将其称作"鳄鱼"岛,再往前就是东甲岛,那里的锚地和伶仃洋一样安全可靠。在稍远处,出海口的左岸,耸立着一座要塞,要塞对面有一座小镇子,镇中的寺院还有点名气,当地人称它为"琯头寺"。

当时最大的帆船可以沿闽江上溯至福州府,福州府与爪哇、琉球及日本的贸易规模已经做得很大,主要出口丝绸、麻织品、宝石、棉布、钢材、麝香和水银,进口丁香、桂皮、胡椒、檀香木、龙涎香、珊瑚等。

姚船长认为有责任让我玩得开心,于是便带着我去参观这座城市的一个个美景。福州城内古代建筑并不多,也没有太多的历史遗迹。当地人都热心于从事贸易活动,自然不会过多地关注古代遗迹,不过无论是生机勃勃的贸易活动,还是闽江上的一波波浪潮,都无法与横跨闽江的古桥相媲美。古桥建在福州城外的河湾处,古桥上的中式凉亭遗迹依稀可辨。该桥名为"万寿桥",这个名字很有意义,桥长420步,由35座巨大的花岗岩桥墩支撑着。闽江是湍流最急的河流之一,这座古桥完全是靠自身重量来抵挡湍流河水的冲击,西方为加固桥梁所采用的方法,这座古桥在建造时一项都没有用。

在福州府的南部,为了护卫整座城市,当地政府建造了闽南要塞,只要说起这座要塞,当地人都会表现出一种由衷的敬意。要是沃邦和科霍恩[1]看到的话也会赞不绝口的,整座山冈上

---

[1] 塞巴斯蒂安·德·沃邦(1633—1707),法国元帅、著名军事工程师;曼诺·科霍恩(1641—1704),荷兰军事工程师。

第二部　书生平西的旅途见闻 | 105

覆盖着郁郁葱葱的树木，一座座堡垒呈阶梯状分布在山冈上，各堡垒之间都砌着石头台阶，沿着台阶爬到山顶上也不觉得太吃力。

由山顶放眼望去，四周的景色非常美，一块块大麦田和小麦田形成无与伦比的天然景色，金色的麦浪在山石的衬托下显得格外妖娆，山石间生长着一棵棵松树和桑树，散落着一片片小花园，四周还有一块块稻田和橘树林。从要塞处向远方望去，闽江河谷呈现出一派诱人的景色。有一位富商在城外建造了府邸，要是站在府邸的望台上，向四周瞭望，景色显得更加迷人，这里还是观望古万寿桥的最佳位置，这座府邸被称作"千趣阁"。

福州府近郊宅邸内的千趣阁

我们在福州府无所事事，整天玩纸牌、九柱戏、多米诺骨牌和跳棋。但这里的跳棋规则和欧洲的不同，和所有的水手一样，姚船长是打牌的高手。每次他输了，我都很开心，一是赢了他的钱；二是听他咒骂自己手气不佳，那些夹杂着英语-印度语的骂人话是他在新加坡学的。我们还养鸟，比如养斑鸠和鹌鹑，整个上午的时间都用来斗鹌鹑、斗蟋蟀。

斗蟋蟀非常有趣，尽管有时候结局很糟糕，但反而让大家感觉轻松下来。斗蟋蟀游戏是这样安排的：先选两只个头大小差不多的蟋蟀，再根据蟋蟀的状态，每个玩家投下赌注，接着再把两只蟋蟀放入一个小瓷罐里，瓷罐直径为六七寸，玩家用一支羽毛或带绒毛的小草棍去引逗蟋蟀，让两只蟋蟀往前走，去冲撞对方，蟋蟀相互碰撞之后，往往就变成死对头。蟋蟀一旦被激发出怒气，就会将其爱记仇的天性施展出来。它们会拼尽全力，拿出勇猛的斗志去厮杀，待一方获得决定性胜利时，游戏才结束。

鹌鹑比蟋蟀更好斗。先在簸栏里撒一把谷子，然后把两只鹌鹑放入簸栏。只要其中一只鹌鹑开始叼食谷子，另一只鹌鹑就会出于嫉妒而朝对方勇猛地扑过去，而此前玩家已经精心地挑逗起这只鹌鹑的嫉妒心。两只鹌鹑在几分钟之内相互发起攻击，扇动翅膀，用爪子抓，用尖喙啄击对方，攻击速度令人眼花缭乱，直到被咬败的鹌鹑最后飞跳起来，或者躲到主人的手里，角斗才算结束了。

尽管在福州府市场上能看到许多野味在出售,我也尝试着把打猎当作一种乐趣,但这确实算不上一种乐趣,对于一个英国人来说,打几只待在原地不动的野鸡或野鸽子真的一点也不好玩。不过,中国的飞禽倒是和我们那里的飞禽极为相似。树篱的枝头上栖息着许多麻雀;喜鹊的叫声在树丛中回荡;松鸦体态优美,羽毛也很好看。天鹅是一种诗意十足的飞禽,它们往往是猎人捕杀的目标,不过对美味佳肴极为讲究的人是不想捕杀天鹅的,因为天鹅肉难以下咽。依照传统说法,天鹅临死前会发出格外凄美的叫声,但我敢保证,对于那些想吃天鹅肉的贪婪者来说,这一叫声绝不会变得更悦耳,因为他们这是在亵渎维纳斯所珍爱的飞鸟。被烹熟之后,天鹅肉有一股哈喇味,既油腻,又嚼不烂,烹饪的时候,要放很多胡椒及其他香料,才能把那股难闻的味道盖过去。

在福州府附近郊游时,不时能见到水獭,但很少见到野兔,好几次看到了野鸭,这并未给我们的郊游带来更多的乐趣。况且,用惯了性能稳定的猎枪,再用火绳枪和霰弹枪,猎手很快就感觉没意思了。若使用性能稳定的猎枪,猎手可以突然伏击隐藏不动的猎物,冷静地将其杀死。

捕鱼的乐趣则丰富多了,尤其是带上一群训练有素的鸬鹚去捕鱼,那场面真是太有意思了。一支由七艘小船组成的捕鱼小队载着45只鸬鹚,出发去捕鱼,我也加入到这支船队里,看着

鸬鹚捕鱼

这些聪明的禽鸟扎到水里,每次出水时长嘴上都叨着鱼,给人带来极大的乐趣。渔民在鸬鹚颈部套一个项圈,能让鸬鹚自主呼吸,但却无法把捕到的鱼吞下肚子。项圈上系着一根细绳,细绳的另一端系在鸬鹚的一只脚蹼上,如果鸬鹚在水中游戏忘记回船时,渔民就用带钩的鱼线钩住细绳,把它拉回来。假如有鸬鹚偷懒,待在船上不想下水捕鱼,渔民就用竹竿轻轻地拍打它,在这无声的驱策下,鸬鹚便开始入水捕鱼。在感觉疲倦时,鸬鹚就会主动返回船上,休息几分钟。由一个捕鱼地转入另一处时,鸬鹚便在船舷上栖息,凭借本能分立于船舷两侧,以保持船的平衡。

我还看到当地人捕捉水鼠,他们采用的方法和我们苏格兰渔民在湖里捕捉鲑鱼的方法类似,就是用"光照法"。经反复冲刷后,水道中的淤泥在地下形成天然洞穴,水鼠在夜里就躲到洞穴里。渔民把一盏隔成五彩颜色的灯笼放在水鼠的洞口处,受灯光的吸引,水鼠跑出洞口,接着就被灯光给晃住了,任由渔民去抓,既不逃走,也不反抗。

虽然已有这些消遣活动来打发时间,但姚船长还是想出其他娱乐活动,让我耐心等待去武夷山的行程,可这行程却一拖再拖。尽管我内心已做好准备,让自己安心睡觉,从晚上11点一直睡到第二天早晨9点,不过在白天里,起码有七个小时,我仍不知道该做些什么。我真的羡慕那些快乐的无业游民,身着破衣烂衫的流动赌场主,随便走到哪儿,摊开赌具,很快就会有好多无业游民围过来。

六

难以拒绝的要求 – 武和夷 – 崇安县 – 闽江 – 红茶之乡 – 茶树种植与采摘 – 清明节 – 手套的功能 – 欧洲人的偏见 – 制茶

我现在才知道姚船长为什么一再推诿。在答应我的第一个请求之后（中国人绝不会直接拒绝你提出的任何请求），他却不敢履行承诺，只好派人给伦琮大人送去口信，伦琮很快批准了他的请求，从而打消了船长的顾虑。于是，一艘装满食物的八桨船马上就备好了，好像用戏法变出来似的，我们登船朝建宁府崇安县进发，我一直打算探访的著名山峰就坐落在那里。

古时候，据说武和夷是王室家族的兄弟俩，出于怜悯之心，他们拒绝继承父亲的王位，甚至放弃自己应得的遗产，隐居到深山里，这条山脉位于福建和江西两省的交界处，后来整条山脉就被称作武夷山。昨天，我们参观了一座寺院，几百年来，寺内香火不断，以纪念这两位先祖。闽江把这一带方圆120里[1]的山脉分割成两部分，夷山坐落在江北岸，而武山则位于江南岸。头采茶的品质最佳，大概是因为头采茶受阳光雨露滋润得好。星村镇是武夷岩茶的集散地，是全县最大的茶叶市场。我在这里记述这一路的回忆。

刚出发那几天，天气很不好，暴雨倾注而下，雨水最后都涌进我和船长的船舱里。雨水浸透了我们的衣服，而且把我们携带的部分食物也给浸湿了，况且四周的景色都是灰蒙蒙的，令人感到失望。这一地区是连绵不断的青山，从山脚到山顶都是满目青翠，当薄雾让山形变得影影绰绰时，一座座山峰宛如大海里滚滚而来的浪涛。沿江路过很多村庄，村民们身披蓑衣向我们呼喊致意，我真想让船在某个村子前停下来，几次提议要到岸边的村庄里看一看，但姚船长对我的提议故意装作没听见的样子，我猜想伦琮大人虽然批准了这次旅行，但却再三叮嘱路上要格外小心。姚船长绝不给我机会去和别人说话，要说话也只能和他说，借口他会说当地方言，其实当地话和粤语差别很大，只是因为他绝不允许我和当地村民直接接触。他预先了解了一下我可能会提哪些问题，不待我提问，他就把打听来的消息告诉我。这其中不是我理解错了，就是提督在暗中遥控。

大雨连续下了三天，由于领航员的错误，我们至少走错了十次路。每一次都是在闽江的河岔口迷路，闽江的支流和主流宽度差不多，很容易迷路。我们驶入一条看似最宽的河道，但驶出一两里地之后，河道又分出新的岔口，一条条支流越来越多，河水也越来越浅，最后竟化分

---

[1] 1里=500米。——编者注

为条条小溪，小溪最终变为灌溉农田的水渠，中国农村主要靠人工水渠来灌溉。在走了许多冤枉路之后，我们不得不按原路返回，但有的河段很难行船，有时还要请当地村民帮忙，在河道边用绳索把船拖拽出来。姚船长用命令的语气，喊村民来拖拽，有些人乖乖地听从他的命令，但有些人却不那么顺从，一边奚落我们的窘境，一边躲得远远的，我甚至还看见有人朝我们扔石子。见自己的权威遭受蔑视，姚船长发起火来，一边咒骂着，一边朝那些不顺从的人挥舞着生锈的老式大刀。这是我们攻防所能用的唯一武器，再不然就拿出宝典，用手晃动着。这是一本袖珍型万年历类的小书，上面记载着许多至理名言，正是凭借这些哲理，人们才修来厚重的德行。

在经历种种倒霉的事情、浪费许多时间、遭遇多场暴雨之后，我们最终抵达红茶产区，下船之后，我们租了两乘滑竿。滑竿也是用竹子做的，但和广州人所用的轿子有所不同，两根长竹竿的顶端横绑一根短杆，轿夫把横短杆放在肩头，扛着滑竿走，滑竿本身重量很轻。我们谈好租用滑竿的价钱，一乘滑竿每天半块银元，但即使谈妥了价钱，扛滑竿的苦力照样会反悔，提出各种无理的要求，还烦扰乘坐滑竿的客人。要是没有姚船长在一旁相助，我真不知道该怎么应对这些蛮横无理的要求，来保护好自己的钱袋子。轿夫们提出要涨价时，姚船长马上回复说要付给他们一顿棒棍，这帮可笑的家伙竟然同意了，当然他们能接受的并不是那顿棒棍，而是同意船长拒绝涨价的要求。这绝对是意大利式厚颜无耻的做法，闻听船长的建议，他们竟哈哈大笑起来，露出被烟草熏黑的大牙。

此次前往武夷山，就是为了看看茶树种植，但绝不是在广州花园里的那种小茶树苗，而是那种大面积种植且长得粗壮的茶树。现在，我的好奇心得到了满足。不过应当承认，我的好奇心也出现过偏差，因为人的想象有时会有一种虚无缥缈的感觉，这一想象似乎让我隐约看到奇妙的东西，而实际上我看到的只是一种自然朴素的现实。

这一地区人口众多，土地贫瘠，几乎没有什么农田，靠农耕技术及田间劳作也得不到什么好收成。这里不产稻米，当地人只好种一些甘薯，有些地方则种甘蔗、草莓、棉花、乌桕、月桂等植物。即使在沙质土地上，至少也要种上一棵松树，哪怕这棵松树长不好，但松树起码能产出木头和松脂。为了能获得好收成，农民想尽一切办法，为了不让大风刮落沉甸甸的稻穗，他们把几棵稻子揽成一束，让稻秆相互支撑。在遭受风灾威胁的地区，他们用同样的方法来处理甘蔗，并将甘蔗叶捆扎在一起，在这束捆扎的甘蔗外面形成一道屏障，好似给甘蔗罩上一个天然雨罩。

但是与茶农对茶树的精心呵护相比，这些举措都不值得一提。茶树这种灌木可以长得相当高，但茶农会对茶树定期剪枝，将其生长高度限制在5尺左右，同时还要经常给茶树修剪。茶树的主干会长出许多茂密的侧枝。茶树叶片呈椭圆形，长两三寸，宽约一寸，边缘有锯齿。茶树花朵直径为一寸，外观很像茶梅花。茶树的果实是一种圆形蒴果，大小如榛子，内含油脂果肉。中国人用茶果榨油，作照明灯油，或用于制作其他工业品。茶油不作食用，因为涩苦，味道不佳，况且有人认为这种油有害健康。

至于说哪种土壤最适合茶树生长，精于观察茶树的行家也很难拿出一致的意见。李明[1]神甫认为茶树最适合种在沙砾地里，而杜赫德神甫[2]则认为，无砾石的沙质土壤适合茶树生长。某位罗马教士断定茶树最适合种植在高地上，土地应该湿润，但又不能是泥浆型土壤，沙质土

---

[1] 李明（Louis Le Comte，1655—1728），法国耶稣会士，1687年被法王路易十四以"国王数学家"身份派遣到中国。
[2] 杜赫德（Jean-Baptiste Du Halde，1674—1743），法国汉学家，虽从未来过中国，却根据多位传教士的描述，整理编写了鸿篇巨制《中华帝国全志》。

壤不会妨碍茶树生长，但砾石型土壤却会给茶树带来损害，因为茶树不耐旱。这位教士的说法有一定可信度，因为他毕竟在福建生活过很多年。

长在背阴处的茶树叶片生长缓慢，在卷动茶叶时就会发现，叶片汁液不饱满也不丰富，远不如在朝阳处生长的茶树叶。阳光有益于茶树的生长，这一点是大家公认的。关于这一点，我从当地人那里了解的情况与肯普弗、戴维斯及布鲁斯[1]的著述差不多，至于说茶树种植，以下是武夷山茶农的讲解，我在此只是把他们的讲述做一个扼要的综述：

每年到农历十月或十一月（即公历11月或12月）时，茶农就要种茶树种子，先挖一个三四寸深的坑，撒上几颗种子，即便如此，也不能确保种子都能活下来。播种三个月后，小树苗就会从土壤里钻出来。

随着树苗不断长大，要在树苗周围培土，施肥和浇水都是必不可少的养护工作。三年过后，就可以在小茶树上采摘茶叶了。随后每年要采摘四次，多次采摘有利于限制茶树的生长高度。六七年过后，茶树就达到生长的峰值。西北风对茶树极为有利，而东风有时会给茶树带来不利的影响。茶树很耐寒，即使连续几天遭遇霜冻，甚至被三四寸厚的大雪覆盖住，也不碍事。茶树最怕的是病虫害。害虫侵袭茶树的树心，能把主干和枝干都给掏空。老茶树还怕一种灰苔藓的侵害，苔藓会逐渐把整棵老树都毁掉。茶树在供人采摘十至二十年之后，才会自然枯死。

在我参观过的茶园里，最引人注目的是那些植株很矮的茶树，其中有些矮茶树只有一尺半高，其叶片却是最繁茂的，当然这些叶片很小，长度连一寸都不到。然而，就在同一片茶园里，在隔开几尺远的地方，生长着较高大的茶树，茶树上的叶片比较稀疏，但叶片要比矮茶树叶片宽两三倍。茶农告诉我们，这两种茶树产出的茶叶差别不大，每株茶树平均可产五两鲜茶叶，烘干后约为一两。在制作茶叶的整个过程中，茶青的出茶率仅为五分之一。茶株之间要留出四尺半的间距，每亩茶园约种300—400棵茶树。政府对每亩茶园征税300文（720文等于一银元）。当地最好的茶叶售价为每石23银元。"石"是马来语名称，系重量单位，约60.5千克。

农历四月四日是清明，中国大部分地区将这一天当作一个节日，因为在年历上，清明被认为是最适合采春茶的日子。如果那一天清晨天空晴朗，露水丰盛，天气干爽、温暖，那么成百上千名采茶工会把茶篓挂在胸前，纷纷涌入茶园。

采摘茶叶开始了，这是一项既细心又费时的劳作，因为叶片要一叶一叶地摘，还要刻意在叶柄处留下一小段残梗，便于萌发新叶。茶农采摘茶叶的速度非常快，一个茶农平均每天能采摘12斤茶叶，他们的双手在茶树上左右飞舞，茶篓很快就装满了，随后立即被清空。采摘时只是发出窸窸窣窣的声响，就像微风吹拂树叶发出的声响，基本上没有其他声音，这个活干起来有些单调。

---

[1] 肯普弗（1651—1716），德国博物学家、探险家，曾于1690—1692年旅居日本；戴维斯（1795—1890）曾于1844—1848年任香港第二任总督；布鲁斯在1823年及1831年在印度阿萨姆发现原始茶树。

在日本，茶农在采茶之前要禁食油腻食品，以免让自己呼出的不洁之气破坏茶叶的香气，根据肯普弗的说法，日本茶农在采茶时还会戴上手套，不让手指直接碰触茶叶。

不过，在中国，戴手套的做法并不流行，手套本身是一种鲜为人知的奢侈品，来到这里时，我才发现这一点。一天早晨，我感觉天气有点凉，不由自主地戴上一副针织手套，根本没想它是不是实用。来到泊靠的第一个村庄时，戴着手套的我成为大家关注的目标，有人好奇地跑过来看，也有人感到惊奇不已，还有人低声议论着，各种猜测铺天盖地而来，我很快就被人当作一个多毛动物，半猫半人，长着一副人脸，披着一身猫皮，因为大家在猜想，我浑身上下都长满了毛，就像针织手套上露出的绒毛一样。好奇者和不相信此事的人甚至来到我跟前，毫不拘谨地要我给他们看看"爪子"，就像要看鬈毛狗的爪子一样，最后他们还请我挽起袖子给他们看。我满足了他们的要求，我摘下手套，众人发出一阵感叹和笑声。这倒让人萌生一个想法，假设一个中国小脚女人，当着二十来个欧洲贵夫人的面，把真丝绣花鞋脱下来再穿上，恐怕也不过如此吧。

本来在讲述采茶的过程，结果话题转到三天前发生的这件小插曲上。采茶结束后，茶农把采摘的茶叶交给制茶工人。制茶工艺差别很大，这要看是制作红茶，还是绿茶。中国人向来只喝红茶[1]，不太关注绿茶的品质，大家也承认绿茶品质差，但只要适合外国人口味就行。

红茶和绿茶之所以会出现差别，这与茶叶的烘干快慢及程度有关，而所用的茶叶则完全一样。欧洲人对绿茶带有一定偏见，认为在制茶过程中使用铜制炒锅烘焙，致使茶叶在烘焙时沾染上了有毒的绿色氧化物。其实这是一个滥用逻辑学的推断，因为我亲眼看到制茶工人使用锻铁大盆来烘焙红茶和绿茶，无论是烘焙白毫，还是拣焙茶，或是屯溪茶及珠茶（我们将其称作"火药枪子弹"），都是使用这种铁制容器。

现在该把这种无稽之谈及其他稀奇古怪的说法做一个了断了，这些说法都是先前去过中国的旅行者道听途说的，有人说中国人训练猴子去采茶，还有人说中国把这项活计留给处女去做。第一种说法不攻自破，因为当地没有猴子。当然我不会用同样的理由去反驳第二种说法，但可以肯定的是，大家更关注当地穷苦女孩的生活状况，因为等她们长大之后，有些工作会需要大量的帮手。

其实直到最近几年，还没有哪个西方旅行者见识过茶叶烘焙方法，这一方法一直是国家机密。我们在上阿萨姆邦的几个省份尝试种植茶树，并雇用了几百名中国工人，才对整个制茶工艺有了完整的了解。

在烘焙红茶之前，要把茶叶放在竹匾上，在阳光下暴晒几个小时，接着再放在阴凉处冷却。制茶工人一把把地抓起茶叶，在掌心里搓揉，直到茶叶变软，变成黑褐色，然后再把茶叶送去炒制。锻铁大盆已在火炉上烧热，炒茶工嘴上蒙着一块毛巾，等着分配给他待炒的茶叶。

炒茶完全靠双手，每次只炒两斤，炒茶工不停地用手搅拌，直到双手无法忍受滚烫的铁制容器为止。而且在炒茶过程中，茶叶在滚烫的铁制容器中噼啪作响，并渗出一种汁液，会给皮肤带来伤害。因此，炒茶是一项很艰苦的工作，一旦开始翻炒，炒茶工中途不能停歇，要忍受令人窒息的烟气和灼热火炉的熏烤。有经验的炒茶工用手感觉茶叶炒出韧劲时，便把茶叶送去做风凉、簸扬及揉捻处理。揉捻工序相对比较简单，女人和孩子都能做。看到工人在平盘上用双手揉捻出茶珠，大家就能对这道工序有一个初步的了解。揉捻过的茶叶会渗出暗绿色的汁液。接着，再把制茶工序重新过一遍：分拣、簸扬、烘焙，随后把茶叶再烘焙一次。这几道工序要反复做三四次。

---

[1] 中国人不是只喝红茶，也关注绿茶品质，绿茶中也有极品。此处为作者误解。——编者注

　　烘焙过后，就要分拣茶叶。要按照茶叶的大小和精细度来筛选。白毫是用嫩梢萌发的叶芽制作的，这种茶价格最贵，但也最容易变质。包种茶是品质略次的茶叶。其他茶叶则以不同名称来分类，比如正山小种、工夫茶、松溪茶、武夷茶。武夷茶是这些茶叶当中最粗糙的，价格也最便宜，因为武夷茶的茶叶叶片很大，长得过老，因此当地人又将其称为"大茶"。

另外，有意思的是，茶叶的名称都有含义。有的名称是暗指制茶的艰辛过程，如工夫茶的意思就是指制茶花费了很多工夫，拣焙茶（一款红茶名字）的意思是"精心挑拣"。熙春茶末是指熙春茶的残渣，是用熙春茶的碎末制作的。熙春茶在绿茶当中排第三位，行家认为品质排在前两位的分别是御茶和松萝茶，松萝是这种绿茶的产地，这三款绿茶都产自江南省[1]和浙江省。

这后几种茶叶也用和炒制武夷茶相同的方法来制作，但手法更细腻，炒制得更精细，花费的时间也更长。经过前几次炒制之后，茶叶要放入密封罐里至少存放五六个月，然后再做最后一次炒制。随后再用靛青和硫酸钙对茶叶着色，靛青用于上色，硫酸钙用来定色。

七

**选墓地者 - 墓地 - 亡者的冥宴 -
和尚及哭灵女 - 狗的处世方式 - 舟山和定海 - 观音菩萨像 -
阿波罗与战神 - 阿弥陀佛 - 普陀山的寺院和僧侣**

这是我们武夷山之行最有意思的一段经历。

在返回福州府的路上，我们在延平府近旁的村镇歇息。那天傍晚天气很好，我到附近山丘上漫无目的地随便走走，无非就是想享受一下散步的乐趣，同时还想体验一下让良师益友累得喘不过气的乐趣。这时，我见远处走过来四个中国人，他们那副匆忙的样子引起了我的注意。他们并未沿着山间小路走，而是随意乱走，忽而爬到一个小山丘上，忽而马上跑下来，忽而又猛然停住脚步。在这走走停停的过程中，有一个人时而看看地面，好像在探测什么东西，时而望望天空，似乎在琢磨星相，有时倒像是在研究风景，就像一个画家在写生一样，但却不时摇摇头，露出不甚满意的样子，随即便和同伴离开那里。同伴们焦虑地看着他的一举一动，焦虑

---

[1] 江南省为清朝建制，范围大致相当于今江苏省、上海市和安徽省，以及江西省婺源县、湖北省英山县、浙江省嵊泗列岛等地。

之中又带着一副谦卑的样子。我一直琢磨着他们在做什么,但怎么也搞不明白。

他们漫无目的地走来走去,不经意间来到我们跟前,但没有一个人正眼瞧我们。他们从我们身边经过时,一句话也不说,我朝他们转过身,做出要帮忙的姿态,如有必要,我也可以帮助他们一起寻找。于是,我跟着他们,想看个究竟。

有两个人总是站在后边,一人手里拿着铁锹,另一人拿着十字镐,还提着一个篮子,里面装着香烛和香纸,这两个人显然是仆人。第三个人衣着更好些,看上去像是主人,显然是有钱人家。他神色焦虑,却又露出屏气凝神的样子,眼睛始终盯着第四个人看,这第四个人看来是一个关键人物。

此人衣衫褴褛,脚上穿着一双撕破的鞋子,鞋底都磨平了,要不是大家焦虑地注视着他,紧盯着他的一举一动,他看上去倒更像是个仆人。他头已谢顶,露出光秃秃的前额,但所剩不多的白发足够扎成一根一尺来长的小辫子。他脸上长着塌塌的扁鼻子,几乎没有鼻梁,尤其是鼻根部位,竟然是平平的。他苍白的嘴唇很薄,紧贴着牙龈,牙齿几乎全掉光了,唇上蓄着一

缕白胡须，与下巴上的白山羊胡连在一起，看上去与众不同。两只小眼睛在浮肿的眼皮下闪动着，露出狡黠的目光，整个面部表情显得很有活力，两只宽大、扁平的扇风耳十分招眼，他这副模样倒真像是漫画中的人物。尽管如此，如同所有的老年人一样，他也带着一种令人肃然起敬的神态。

他不时用手中的木棍敲几下地面，好像在寻找水源，或寻觅隐藏的珍宝，西方中世纪的巫师就用这种方法寻找宝藏。不过，这几个人似乎在想别的事情。那位老人一边走，一边念着咒语，根本听不出他在念叨什么，在我们近旁的一座小山丘上停下脚步。接着，他又仔细瞧了瞧四周，用手中的魔棍敲了几下地面，给仆人做了一个心领神会的手势。接着，他在地面上画出几幅神奇的图案，不知道是什么意思，仆人按照他的指示，在地面上开始挖坑，这坑大概要挖得相当深。但他随后又在思索，让仆人停下来，又去找别的地方，但这一次只是径直往前走，随行的三个人紧跟着他。他们很快就消失在一条沟壑当中，我担心会跟不上他们，等到达沟壑尽头时，我见他们再次停下来。那位老人指着一块略长的四方形地，又朝这块地念了一些咒语。等他念完咒语之后，另外三个人在这块四方形地前跪下来，烧了几张纸，随后两个仆人便开始挖坑，他们要在这儿建一座坟墓。

姚船长马上向我解释，为我解开这个谜："我们也确实碰到了一个孝顺的儿子，父亲去世后，他随同风水师一起为父亲寻找合适的墓地。选墓地是一门特殊的行当。"

第二天早上，我又回到那个地方，头一天挖好的墓穴已经填平。墓穴周围还竖着另外几座墓冢，墓冢的形态不同，豪华程度也不一样，但无论是简易型，还是奢华型，墓冢上都附带着装饰物。这个季节，正是中国人带着供品，为祖先上坟的日子，他们在履行后辈缅怀先祖的责任。他们要修复草坪，在墓冢周围重新翻土，还要用金、红、白剪纸来点缀墓冢。白纸用得最多，因为白色是丧葬常用的颜色，并用白纸做出各种造型：挂满鲜花的枝头、花瓶、灯笼、亭台、飞鸟、昆虫、汉字等。这些造型都用竹竿撑着，再把竹竿插到地里。微风吹过时，这些神奇的造型便随风摆动，每次都会吹掉几个造型。

五六个人围在新建的墓冢前，他们在墓前摆上一些红蜡烛和几柱香，在供台上对称地摆上几只小盘子，盘子里放着不同的食物，旁边还摆放着几杯茶水或烧酒。每人轮流拿两张纸，在蜡烛上点燃后，上下舞动，好让纸张尽快燃烧，随后便几次跪下身来，面对墓冢鞠躬，低声祈祷着。

这些人是为自己的亲人上坟，不过在墓地的另外一处，一个身穿破衣烂衫的和尚在无精打采地为几个有钱人家祈祷。他左手拿着一只小铜锣，右手用一根小铁棍有节奏地敲着，右手小指上戴着一个铃铛环，每敲一下，小铃铛也发出叮铃的响声，这两种响声为低沉的赞美歌声打着节拍。和尚身旁还有一位乐师在吹奏唢呐，那个曲调我曾在一个节日里听到过，几个哭灵女跪在地上嚎啕大哭，不断地用头叩地。这些装腔作势的举动看起来好似对逝者很虔敬，其实反倒让人觉得这种情感一点也不真实，而且没有任何诚敬之意。

　　上午的时光慢慢地过去了。来上坟的人陆续离开这里，整个墓地随后变得空荡荡的，摆在墓冢前的供品让人随便去拿。

　　然而，山丘上的人刚刚离开，几群饿狗便跑过来，大概是被上坟者许愿时烧纸冒出的烟气吸引来的。饿狗吃着盘子里的供品，再不然就舔舔盘子周边洒下菜汤的地面。最先跑过来的狗肯定是最得意的，从它那高昂的脑袋、浑身耸立的狗毛以及傲慢满足的样子就能看出来。它傲慢地竖起尾巴，心满意足地摇动着；其他狗则夹着尾巴，垂着头，耷拉着耳朵。还有几只狗显得可怜巴巴的，但却装出一副无所谓的样子，抬起鼻子迎风嗅着，好像闻到了更美的食物。其中有一只老狗，既瘦又丑，背上的毛都掉光了，拖着光秃秃的尾巴，离开狗群，朝另一个方向走去，步态从容不迫，不是径直向前走，而是拐来拐去地走，故意兜圈子。这是一只狡猾的老狗，知道在哪儿能捞到油水。在确信和其他狗拉开一定距离之后（它甚至偷偷向后瞥了一眼），便像离弦的箭一样飞快向前冲去，其他狗立即追了上去，跟在它后面，朝另一处冥宴——墓冢跑去。

福建省罗星山上的罗星塔

5月27日

英国海军部没有委托我去绘制中国沿海地图，我对此感到有些遗憾，要是能做这样一次绘图旅行，倒是很有意思，因为每天的工作都不会很忙，我也许会准确地绘出定海锚地[1]及福清湾——闽江在这里汇入东海，还能精准地绘出马尾港和松山港。这几座港口很值得研究，便于将来为欧洲人所用，到目前为止，欧洲人尚未停靠过这些港口。至于说福建和浙江沿海数不清的岛屿，如麂山列岛、崙山列岛、韭山列岛等，要想将其一一描绘出来是绝对办不到的。面对这样的工作，即使信心十足的水文地理学家也会失去耐心，甚至根本记不清描绘了哪些岛屿。

最好还是把这份耐心和记忆力留给舟山群岛，群岛的名字取自舟山岛。舟山岛长30英里，宽15英里，[2]首府为定海。我感觉定海还是很繁华的，街道都是用石板铺砌的，集市上的商品琳琅满目，城镇规模一直扩展到很远的市郊。像大多数中国城镇一样，定海也用城墙围起来，进出城镇仅靠几座城门，而城门又把守得很严密。城内的寺院里供奉着大大小小的神像，其中一尊神像是送子观音。送子观音是求子者膜拜的神，她怀里抱着一个婴儿，这尊塑像的模样倒让我联想起天主教圣母的形象，无论是从气质上看，还是从造型上看，都很像西斯廷圣母的形象，我在德累斯顿曾看过这尊圣母塑像。况且，要不是庙内塑像上涂抹着花里胡哨的色彩，寺院的建筑倒也和古罗马教堂有几分相似之处，每座殿堂里都有站立或端坐的塑像。我感觉有些塑像表现的是古代圣贤和教育家，至少从塑像那博学的神态和富有表情的手势中可以看出这一点。其他塑像都是名副其实的鬼神，其中两尊鬼神塑像令我终生难忘：这两尊坐像虔敬地守在庙门前，一尊手里拿着里拉琴，另一尊手握一把出鞘的剑。前一尊塑像是阿波罗，他意气风发，面带笑容，感觉很有感染力；另一尊塑像是战神，他怒目圆睁，瞪着血红的大眼。中国人说那双眼睛是用动物鲜血染红的，为了让塑像看上去更有活力，而这尊塑像镇守庙门就是为了吓唬人。

我还想起一场佛事，我原本以为是省教育学院的活动：三四十个人坐在一条长桌两边，一个类似院长的人物主持活动，他按照一定节奏用一根木槌敲打小鼓，鼓上蒙着一块红布，朗读者（准确地说是唱着乏味曲调的人）则跟随着敲鼓的节奏一句一句地念着。其他人手捧着读本，眼看着朗读的段落，或跟着一起朗读。我后来才知道，这是僧人在做课诵，类似于基督教教理讲授，而不是一堂文学课。

---

[1] 这里的定海锚地是指福建连江县管辖的定海村锚地，而不是舟山岛上的定海镇。

[2] 这个地理数据不是很准确。

寺内景致

尽管如此，舟山岛并不像邻近岛屿[1]那样是僧侣的专属区。类似广州河南岛附近著名寺院里[2]的种种奇观在普陀山上随处可见，但普陀山的奇观更加华丽。整座岛上有60多座寺院，其中有两座为皇家寺院，一座座佛寺散落在风光旖旎的小山丘上，散落在这片美妙的土地上，这片土地好像随意被置放在一个既荒凉又无植被的群岛一隅。大自然似乎与人的创作勤力同心，来美化这座岛屿，而两千多名僧侣以及众多受膜拜的神明却让岛上的生活显得有些拥挤不堪，其实这些僧侣在此闲得无聊。这里散落着上千座美丽的小花园，郁郁葱葱的小径旁开挖出上千窟佛洞，无数芳香的灌木丛散落在凹凸不平的岩石缝里。两座富丽堂皇的庙宇盘踞在两条明媚的山谷里，庙宇屋顶上铺着金黄色的琉璃瓦（这是典型的皇家标志），而山谷的景色宛如梦中的人间仙境，庙宇里供奉着鎏金造像，以确保风调雨顺。

我们当然不会忽略寺院当中的另一类主人，即硕大的肥猪，它们带着一副怡然自得的倨傲样子，在寺院里从这间房缓慢地溜达到另一间房里，对散落在地的食物根本不屑一顾。不过，针对佛教明令禁止食肉的教规，大家猜测寺内的猪与灵魂转生的说法有关，根据这一说法，精英的灵魂将会投胎到祝圣过的猪身上。如果灵魂真能转生，那么确实应该给圣人或令人尊敬的贤者灵魂选择一个特殊的居所。

中国人最喜欢说的祈祷词"阿弥陀佛"在普陀山极为盛行。和尚捻动念珠时只说这句祈祷词，其他的一概不说。在每一条小路的转弯处，在每一座寺院的角落里，在每一窟佛洞的深处，在雕刻着精美图案的大钟上，在栅栏、围墙上，总之不管你走到哪儿，抬眼就能看到这句祈祷词。

普陀山岛南北两端各有一座寺院，这两座寺院的建筑形式差不多。中国人对宗教建筑的理解与我们的不同。中国人并不像西方人那样为宗教建造一个完全封闭的单体建筑，而是为他们所崇拜的神打造出一个乡间别墅，如一个英式花园建筑布局，几所舒适的房屋散落其间。把寺院选建在一个风景秀丽的山上，在山上种下许多树木，开辟出一条条小路，小路两边种上小灌木和开花的灌木丛。绿荫葱葱的小径在奇形怪状的岩石中蜿蜒伸展，虔诚的信男信女沿着小径走进寺内一座座大殿。殿与殿之间隔开一定的距离。比如前文提到的两座寺院就各有四座殿堂，殿堂两侧还有丈室、寮房等房屋。

四座殿堂的第一座是一个门廊式建筑，里面摆放着四尊巨大的雕像，像哨兵在把守着庙门。在这座门厅后面耸立着寺院的主殿，主殿里供奉着三尊珍贵的坐佛像（三宝佛），即三世佛：过去佛表示功德成就，现在佛掌管现时的宇宙，未来佛将主宰未来的世界。过去佛坐在右边，双手放在膝上，让人感觉一种永恒的安宁，而现在佛和未来佛则右手上举，施无畏印。每尊佛像前摆放着一张祭台，上面放着各种供品，还有香烛、瓷花瓶、青铜镂雕祭器，香烛和闪光片纸一直在祭器里燃烧。

---

[1] 此指普陀山岛。
[2] 此指广州海幢寺。

  这三尊坐佛高约 12 尺。主殿两侧排列着佛祖的主要弟子塑像，这些塑像尺寸要小很多，约 8 尺高。在塑像之间的墙壁上挂着长长的缎带，上面书写着警世格言和教义准则。这种警世格言和教义在这个国家里几乎随处可见。

  第三座殿堂是观音殿，观音长出无数只手，表明观音肩负着遍护众生的使命，千手观音是佛教神话中的重要菩萨之一。当众灵魂在十冥王前受审时，观音菩萨出面为灵魂辩护，她颂扬逝者的功绩，尽力去淡化逝者犯下的过错。

  第四座殿堂里有许多面目狰狞的鬼怪塑像，这些鬼怪究竟代表着哪路神仙，我也说不清楚。殿堂内各种神奇的动物、鬼怪塑像造型各异，色彩也很丰富，有的立在地面上，有的塑在金属台座上。这边是一个地神，那边是一位天神，上面是先师孔子，接着是一个个战神，其中有道路之神、火炮之神，还有主管医疗的神医，主管农业的神农，主管丝绸的神蚕。

  诸神的周围是佛门修行的弟子，有已故慈善家、忠臣、杰出文人、忠孝节义的楷模等，每个人物造型各异，最终形成一支由神灵和圣人组成的大军。

千手观音

在第四座殿堂里，有一位护法神陪伴着殿内众多诸神。这位护法神到世界各地巡游，降魔护法，破邪显正。寺院的经书通常也会存放在这座殿堂里。

普陀山南寺[1]的藏经楼收藏着六七千卷经书，其中有佛陀与弟子的对话录，有传授佛法者必须遵循的各种典仪礼数。附近神学院教学时可以利用藏经楼丰富的藏书，儒家讲师在神学院里教授一群学生，他们将来注定要去担任圣职。除了神学院的学生之外，岛上还有许多孩子，由僧侣们直接照顾他们。我询问一下是不是有人给孩子们上课，但得到的答复是否定的，孩子们唯一要做的事情就是每天背诵一定篇幅的佛经。

有说和尚是贪吃的人，虽然他们偏爱素食，但我感觉与圣本笃或圣伯尔纳[2]的信徒相比，佛寺的方丈们也没有什么好责备的。在路过寺院食堂时，这个念头突然在我脑中闪现出来。食

---

[1] 又名前寺，即普济寺。
[2] 圣本笃为本笃会创始人，他所制定的清规戒律对整个西方修行生活产生决定性影响；圣伯尔纳创建圣殿骑士团，亲定章程，以待人严厉而著称。

寺庙

堂显得比其他殿堂更整洁,而且厨房里总是有人,而其他殿堂里往往已是空无一人。有一天碰到一件事,我的这种推测又加深了一步。此前我曾提出想见见大和尚——南寺的方丈,但遭到拒绝,理由是方丈正在念经。几分钟过后,那个向我解释方丈不见人缘由的和尚从我身边经过,手里拿着方丈的衣服和锡杖,可见其实真正的理由是方丈本人还没起床呢。急匆匆的小和尚忘记随手关上栅栏小门,栅栏门把俗人挡在方丈的居所之外。我利用小和尚的疏忽,走了进去,沿着一条敞开式的走廊向前走,走廊内摆放着瓷瓶,鲜花在瓷瓶里开得正艳。我刚走了几步,就见那个冒失的小和尚朝我走来,脸上露出神秘和嘲笑的神态,并将我请出这块禁地。我承认,这难免让我猜测,这些人间幸运儿肯定有更多的理由去躲避俗人的眼光。

八

**地理讹误 – 府厅州县的等级制度 – 从镇海到宁波 –
阿美士德勋爵号到访 – 一位官员的权宜之策 – 桑树与丝绸 –
崇明岛 – 盐田 – 棉纺织工人 – 小作坊 – 互助储金会**

我们真的不能过于依赖地理学家绘制的地图,要是参照道尔林普[1]绘制的地图,我们对舟山群岛的认识就会出现偏差,比如地图上标注那一带水深为100㖊,而实际测量的水深仅有40—50㖊,所标注的经度和纬度也不准确,而且地名也拼写有误,把大榭山写成"太戈山"。在传教士所写的书里也能看到这些不准确的地名,因此在研究中国地理时,总能碰到一些难以解决的问题。

三天前,我们驶入一条河流,杜赫德神甫将其称作"金河",其实这条河的名字叫大浃[2],这条河在入海前突然转了一个弯,把入海口的一个岬角围起来,在河水及海水的合围下,岬角形成一座半岛。那里距离镇海县城不远。

---

[1] 亚历山大·道尔林普(1737—1808),英国地理学家。
[2] 大浃为甬江的别称。

既然说到县,那我们就来看看中国各省的行政划分,每个省都划分为府、厅、州、县四个等级。府相当于省级建制,行政单立,由知府统辖。厅(次级行政机构)有时独立于知府,有时又受知府管辖,独立于知府的厅名为直隶厅。州和厅没有太大的差别,只不过州的管辖面积更小,行政机构更偏重于管理经济。县是最基层的行政单位,但不由省级行政部门直接管辖,作为一个普通的县,它有时候归厅或府管辖,有时在规模上与厅或府不相上下,不过无论是哪种情况,县管理起来不需要太多经费。无论是府州,还是厅县,都至少要有一座用城墙围起来的城市做首府,首府的名字与州县的相同。因此,在现实中,人们会把首府与行政区域搞混,比如福州府作为城市名称,不能只称作福州,在许多地图上,我看到标注镇海县,这个名称是指镇海县城。

镇海县没有什么特别出色的地方,我们沿着大浃一直上溯到宁波,因为正好赶上涨潮,所以只用了两个半小时就抵达了宁波。在这个航段上,有一处地方险情不断,尤其是对于大型商船极其危险,那一段河道非常狭窄,位于河西岸与虎蹲礁之间。在虎蹲礁与大游岛之间有一处锚地,那里浪高水急,风浪变幻莫测,进驻锚地非常危险,船只经过时不必非得在此停靠。

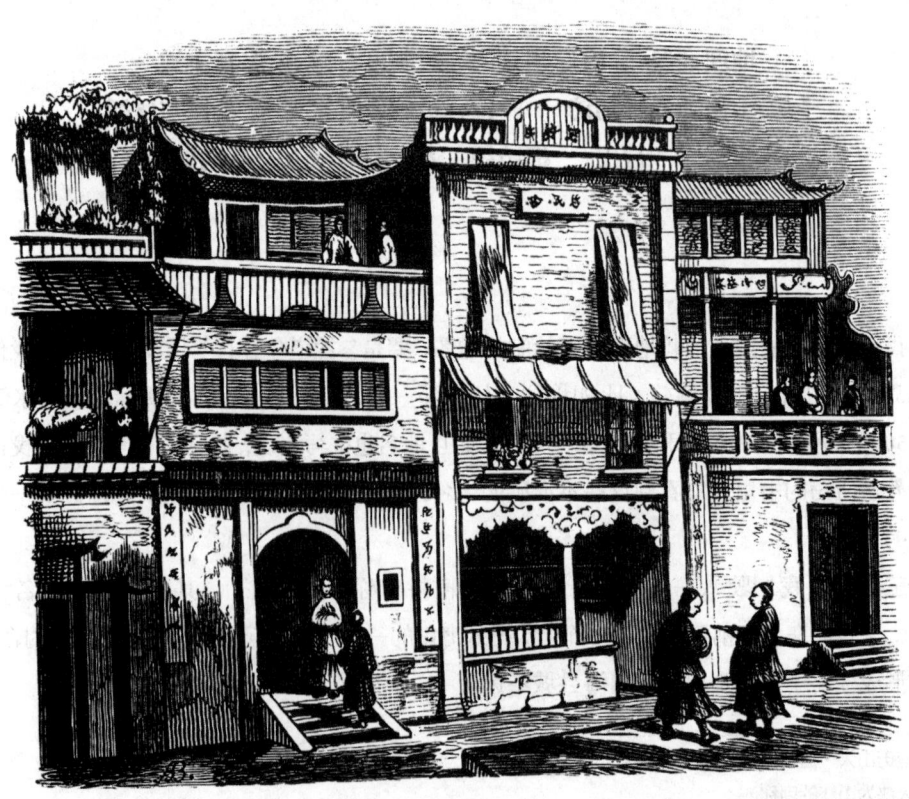

作为拥有 30 万居民的大都市，宁波比广州和厦门更漂亮，城市建造得更坚固。漂亮街区里都是三层小楼，街道也比较宽，虽然在欧洲人看来还不够宽，但这么宽的街道在中国还是很少见的。三个行人并排走过时，不会相互碰到。各个店铺都装饰得很精致，而且也很宽敞，完全超出我的想象。城墙是用凿石垒砌的，维护得很好。方方正正的厚重城墙周长为五千步，三辆马车可以在城墙上并驾齐驱。一条笔直的街道将东西两道城门衔接起来，我实地测量了一下，两道城门之间的距离为 5274 步，约 1 英里。东门前面有一座用船搭成的浮桥，63 只平底船一字排开，并用铁链子拴在一起。

提督亲临宁波，当地政府招待得很隆重，但繁缛礼节让人感觉很烦。东印度公司为打开北方通商口岸，派遣"阿美士德勋爵号"探察这一地区，此船不久前刚刚访问过宁波，我对宁波地方官员对此船到访的印象倒是更感兴趣。

一位名叫马佳隆的军官向伦琮大人讲述了"阿美士德勋爵号"到访的细节，毫不掩饰英吉利人到访给知府及本地高官带来的恐惧感。在我看来，他的讲述也证明，中国人担心遭受入侵，甚至对西方人做生意的目的产生猜疑，西方人来此只是打着经商的幌子。无论是胡夏米[1]，还是郭士立[2]，这两位东印度公司的代理人都无法让浙江总督相信，他们到访宁波纯粹是出于商业目的。作为负责探察英国商船到访意图的官员，马佳隆故意拿出坦诚相见的态度，以便能探察出英国人的目的，即便他本人抱着浓重的猜疑心理。这位清朝外交官讲述了与蛮夷使者会谈的细节，说这些人是"装扮成商人的红毛官员"，这一说法让我和伦琮大人感觉很有意思。

"这些人太狡猾，太可怕了！他们的大船刚抵达某个港口附近，便马上朝各个方向派出一只只小船，去研究地形、设定计划、绘制地图，一两个月过后，他们对那一带了解得比我们还详细。为了对付他们，你必须软硬兼施，给他们设圈套，或送上钱财，才能把他们撵走，可他们软硬不吃……那我们就把该办的事情拖延不办，让他们最终感到厌倦，或用花言巧语来迷惑他们。有一天，为了吓唬他们，我们派 15 艘战船去拦截他们的一艘船，这艘船上仅有 16 名水兵。这些水兵没有携带武器，然而他们竟然冲破我们的拦截线。他们真像长着钢牙利齿的老鼠，见洞就钻，想方设法要进入大清国。我们最终还是说尽了好话，才把他们打发走，但将来要是有更多的外国人过来，统领四海和万里江山（代指'天下'的传统说法）的圣上将很难把他们赶走。"马佳隆就是这样向我们讲述的。

然而，我在《京报》上偶然看到浙江巡抚富呢扬阿[3]就阿美士德勋爵号到访所撰写的奏折，报告措辞夸张，讲述了提督使、总兵、守备及千总等率领部下驱逐蛮夷的过程，甚至说蛮夷灰

---

[1] 原名林德赛（1802—1881），英国东印度公司广东商馆职员。1832 年受东印度公司派遣，化名胡夏米，冒充船主，乘"阿美士德勋爵号"船，以经商、传教为掩护，在东南沿海从事间谍活动。
[2] 郭士立（1803-1851），德国基督教路德会牧师、汉学家。
[3] 富呢扬阿（？—1845），满洲镶红旗人，道光十年（1830）调任浙江巡抚，后升任陕甘总督。

溜溜地逃走了，我至今依然记忆犹新。在呈送给皇帝的奏折中，高官信口胡言，这种欺上瞒下的行为我已发现不止二十次了，因此天子盲目乱发旨意也就不足为奇了。在皇帝看来，他的军队无往而不胜，他的官员尽忠职守，各省呈现出一派繁荣景象。一旦农民暴动、发生饥馑或其他灾难的消息传到他耳朵里，那里的官员就会立刻遭到罢免。官员为了保全自己，就把责任推给下属，让下属当替罪羊。浙江巡抚就是这么做的，他把皇上迁怒于他的罪责推给下属，拟定了一份玩忽职守或疑有叛国行为的官员名单。外国人之所以胆敢为所欲为，完全是仰仗这些人的支持，他还恳请把这些人送去审判，"以确保大清海权不容侵犯"。这项要求多么明智，军机处自然认为这一要求是合理的。有些官员因此被摘掉顶戴花翎，有人甚至被砍掉脑袋，就因为设在广州的东印度公司大班一时兴起，派船在天朝北方沿海做了一次商务探察。

6月9日

宁波的商业极为发达。我在那儿看到好几家销售英国呢绒的店铺，不过店铺里卖得最多的还是生丝或丝绸制品。杭州有许多制作丝绸的厂家，杭州是浙江省首府，位于杭州湾纵深处，钱塘江和大浃的江水汇入杭州湾。

因此，随着我们不断深入内陆，周边所见的树木逐渐换成桑树，茶树已越来越少见了。浙江的桑树和西方的桑树略有不同，况且桑树并不是养蚕所用的唯一植物，中国桑科树种里有许多野生桑树。在桑树不多的地区，养蚕者也用白蜡树来代替桑树。

中国人有条不紊的精神完美地体现在制丝工业的每一个微小细节里，皇后是制丝工业的守护神，就像皇帝是农业的守护神一样。有一本书名为《耕织图》，书中每一页都印上龙纹（皇家的标志），每一幅插图配一首诗，描述农耕和丝织的全过程，其中包括种植桑树、养蚕、缫丝、制绸等步骤。据说诗所讴歌的方法是炎帝发明的，炎帝设法让民众去掌握这些方法，因此而赢得"神农"的雅称。[1] 在浙江的每一个小镇子里，都能看到农工在运用这些技术。

在纵横交错的桑林中心，建有一座养蚕场，养蚕场的位置要尽量远离嘈杂的声响，因为无论是人的喊声，还是雷鸣，或是狗吠，都有可能让蚕宝宝死去。蚕卵尚未孵化时，要格外小心，时刻留意蚕卵周围的温度变化。要根据桑树吐出嫩芽的时间来决定是该催生，还是延缓蚕卵孵化成蚕。用交替调节蚕卵周围的冷暖温度来控制出蚕时间，这样就能确保蚕卵孵化后有食

---

[1] 作者的说法与历史传说有出入。

物可吃。选择什么样的桑叶，喂食多少量都有讲究。最初，要先把桑叶切成碎块，随着蚕宝宝长大，变得强壮之后，就可以喂食整片桑叶。蚕周围的环境要始终保持温暖如春，而且要安静，空气要新鲜。在装满桑叶的蚕簸上，有些蚕开始蜕变，在这只蚕簸旁边，放着另一只蚕簸，里面摆着新鲜的桑叶，鲜桑叶会把蚕吸引过来。等蚕长大后，蚕农就要给它们留出更多的生长空间，即把一只蚕簸上的蚕分摊到其他蚕簸上，起先用一只蚕簸养的蚕到最后至少要分摊到六只蚕簸上。

在生长的最后阶段，蚕体变成浅黄色，这时就要把蚕放到蔟器上，便于蚕吐丝作茧，大约一周过后，蚕茧就做好了。这时就要赶紧终止蚕的后继演变进程，不要让蚕变成蛾，因为蚕变成蛾时会毁掉那只宝贵的蚕茧。因此，除了留作产卵的蚕蛹之外，其余的都要被扼杀在蚕茧内，这时只需要把蚕茧放在铺着盐粒的竹篦子上即可。接着，再把蚕茧放入温水里，将包裹丝线的那层黏物溶解掉，然后直接用绕线车缫丝即可。

中国的纺机看起来结构非常简单，但纺织工匠操作起来格外熟练、细心、专注，欧洲纺织机制造商至今还造不出更好的纺织机。纺织工匠用巧手织出一幅幅绣着精美图案的锦缎和绘着花朵的绸缎，这些绸缎在佩斯利、马格斯菲特和里昂也能生产。不过，中国的皱绸却极难模仿，至今还没有哪个外国厂家将其仿制出来。我们也没有像茧绸那样的面料。这种丝绸面料很耐洗，经多次洗涤后，面料会变得更柔和、更美观。

除浙江省外，还有江南省、湖北省和四川省三个省份也生产丝绸，其丝绸制品极为精美。这四个省份基本处于同一纬度，气候很像处于同纬度的美国各州。这里气候湿润，土壤潮湿，长江及其数不清的支流滋润着这里的土地，当地人用河中挖出的淤泥给土壤施肥，用草木灰或动物尸骨来改良土壤。桑树非常适合间作套种，在一行行桑树之间空隙处种上印度黍来替代稻米，或种植其他谷物及蔬菜。蚕农把很大一部分精力放在防治桑树病虫害上，因为病虫害会给这些娇弱的植物带来灭顶之灾，为了保护好桑叶，蚕农甚至在树枝上涂抹一层精油。

每个村镇每月要公开宣读康熙帝的《圣谕十六条》，以提醒民众所承担的义务。在《圣谕十六条》当中，皇帝提倡"重农桑以足衣食"，把农耕和种桑养蚕提升到很高的地位。至于说丝绸制品，皇帝似乎想将其垄断起来，以便为帝国创造更多利润，他一直在设法限制出口丝绸制品，帝国法律禁止外国商船装载超过 100 担生丝及 80 担丝绸成品。不过，面对难以抵挡的走私活动，这些法律条款形同虚设，而贪婪的走私者倒也弥补了帝国颁布禁令的愚蠢举动，每年会从中国运出 15000 担至 16000 担真丝，其中大部分是绞丝，卖给英国制造商。欧洲制造商更喜欢用真丝来为贵夫人制作长筒袜。

上海，6 月 16 日

自从到达这里之后，我处处都能感受到中国人做事的耐心，他们做工时专心致志，而且把纯粹的手工活当作一种乐趣。我们从南边驶至崇明屿，这座岛屿宛如一艘大船，锚泊在长江入海口的中心，这个地理位置为它赢得一个雅称："江舌"。几个世纪以前，这里还是一片荒芜的不毛之地，判了罪的歹徒都被流放到这里。为了摆脱这一厄运，他们开始动手开荒。闻听他们获得成功的消息之后，许多人离开海岸，也来这里开垦属于自己的土地。如今，大片的农田里水网交织，沟渠纵横，随处可见舒适的住所，有些大村镇商业繁盛。这座岛屿长 20 多里[1]，宽 5—6 里，整座岛屿就像一座遍布着小花园的大都市。在这片繁荣的景象里，渔业所占的比重已经微乎其微，毕竟每年的狂风暴雨及黄海海面上的台风总会给渔业带来很大威胁。岛上居民所吃的鱼都是从大陆运过来的，鲜鱼上面覆盖着碎冰，价格也很便宜。

崇明岛的主要收入靠洗盐、晒盐和种植棉花，晒盐时采用淡水洗盐法。早期来华传教的一位法国传教士对这一方法做了很长时间的研究：

---

[1] 作者在此用的长度单位是古法里，1 古法里约相当于 4 千米。

盐池的土壤呈浅灰色，散落在岛屿北侧几个镇子附近。晒盐的产量相当大，不但能满足全岛人的消费，还可以向大陆居民提供食用盐。大陆有些居民趁着黑夜悄悄来崇明岛买盐，由于私自买盐要冒很大风险，买盐者尽量把价格压得很低，因为一旦被官府抓住，他们的小船和盐都会被没收，而且还要依法被判处四五年的劳役。尽管如此，被逮住的人也有办法逃避惩罚，找一个认识的朋友去拜会官员，悄悄地在他靴子里放上十几两银子，这位"正直"的官员马上改口称，是自己搞错了，把合法的货物当成走私盐了。

棉花种植也给崇明岛带来了丰厚的利润，况且种棉花要比种水稻容易得多。在收割过小麦之后，在麦田里撒上棉花种子，然后用耙子把麦地翻一翻即可。风调雨顺的气候，再加上丰富的露水，种子很快就会发芽，并逐渐长成一丛丛高达两尺半的灌木。到 8 月中旬，棉花开出第一批小花，有些花是红色的，但大部分花都是美丽的黄色。花凋谢后长出一颗如核桃般大小的蒴果。40 天过后，蒴果成熟裂开，从三四个裂缝中露出白色的棉团，形态很像蚕茧。

棉团挂在裂开的蒴果底部，里面包着棉籽，接着要把棉花和棉籽分离开。分离时采用一台轧花绞车，绞车配备两根光滑的压辊，一根是木制的，另一根为铁制，棉团卷入两个压辊之间，棉花内的异物就被排挤掉了，随后就可以对棉花做梳理了。

崇明岛上有许多小作坊。我在岛上看到很多家庭有四五口人，仅仅靠四五个先令的资本来维持生计，其中有修鞋匠、糕点师傅、制陶匠、裁缝、糖水及柠檬水商、流动制锁匠。他们一个比一个殷勤，眼睛总是瞄着潜在的客户，满足于微薄的收入，日子过得很幸福，希望在节庆日子里，能穿上丝绸衣服。他们每天的收入不会超过一两个先令，不过其中一半收入足以维持一家人的生活，结余部分就小心地存起来。随着时间的推移，再加上辛苦劳作，把攒下来的铜钱兑换成银两，或者把漂泊不定、碰运气的工作转变为一个固定的职业，这样不仅生活有保证，而且收入也会更好些。

在这条艰辛的道路上，总能遭遇手头拮据的窘境，但中国人有一种约定俗成的习惯做法，依靠一种特殊的互助形式来渡过难关，这也表明他们在经济对策方面有很强的适应能力。要是一位商人在生意上碰到麻烦，他的几位同行就会和他结成行会，作为行会的成员，他就能享有行会的保护。行会创立一个年度基金，供碰到困难的行会成员使用。这笔钱由行会成员按比例分摊，本金将轮流偿还给每一个会员，七年过后，每一位会员包括借债人都会全部收回自己借出的资金。这其实就相当于是一种互助储金会，或者更明确地说，是一种相互救助基金。整个基金组织得极为完善，如今欧洲各国几乎都创办了保险公司，这种形式可由保险公司在更大的范围内推广开来。

九

上海 – 帝国大运河 – 贸易前景 –
南京土布 – 漆器制作 – 漆树 – 中国漆器与日本漆器 –
薪酬水准 – 杀人凶手 – 复活的孩子

  从贸易地位及工业品流通中心的角度看，上海港绝不逊于广州港。上海港的另一个优势是得天独厚的地理位置，上海港通过周边发达水系与中国广袤地区保持贸易联系。在这个缺乏大型牲畜、道路状况极差的国家，水系是唯一可以利用起来的便捷通道。太湖位于上海西部，通过太湖水系，船只可以抵达邻近上海的大型货物集散地城市，这座城市就是苏州，大运河穿越这座城市。大运河是忽必烈治下的巨大工程，自杭州府起，绵延600多英里，一直通到北京城附近，将首都与运河流经的北方省份及沿海地区的商业城市联系起来，这些城市（其中包括上海）可以利用这条运河来促进城市的繁荣。但好处并不仅仅是这些。上海城建在吴淞江两岸，而吴淞江又汇入长江，上海通过长江与中国西部地区，甚至与西藏建立起直接联系。

  所有贸易渠道的统计数据都刊载在《大清会典》里，在查阅这份文献时就会发现，若能自由出入上海港，将给欧洲贸易带来多大的便利，尤其是对英国贸易更是极为有利，便于向中国出口毛纺织品。

  从目前情况看，英国毛纺织品只能经广州口岸输入中国，再由广州运往内陆地区。内陆运输不仅会遭遇重重障碍，额外增加不少成本，而且还要支付高额的关税，售价也会因此而猛涨。在中部和北部省份低收入的居民看来，我们的毛纺织品太贵了，由此引发的后果是，欧洲进口呢绒连原设想的百分之一都没有卖出去。一项统计数据表明，英国产羽纱在华销售量仅为每450人合摊一码。要是和更广泛的客户群建立起新关系，销售额也许会增加三倍，甚至增加十倍，这种想法难道不理智吗？欧洲各国致力于与我们展开激烈竞争，用保护性关税来关闭他们的市场，甚至采取一切物质及伦理手段在技术进步的道路上赶超我们，因此我们要设法让其他民族依赖于我们的工业，至此欧洲其他国家尚未涉足其中，难道这也应该遭受责备吗？然而，中国消费者群体庞大，比欧洲消费者多两倍，而且中国有延绵3000英里的海岸线，许多美丽的河流从内陆汇入大海，还拥有世界上最庞大的港口，这是整个欧洲无法比拟的。中国广阔沿海地区的民众生活富足，敢闯敢干，勤劳手巧，很会做生意，希望能让我们的船只自由进入沿

帝国大运河

海港口。闭关锁国的敕令让官员们的收入少得可怜,他们也想从内贸占优势的物产中分得更多的利益,私下里我曾多次听到官员们明确表达出自己的看法。愚蠢的专制君主随心所欲,最新颁布的敕令早已成为一纸空文,可皇帝却依然还死摽着不放,新传入的宗教信仰让有些和尚萌生醋意,所有这一切都有可能让中国三亿睿智的民众在很长时间里与外界隔绝!难道这应该是理所当然的样子吗?

我不知道被称作人权的模糊知识是否能在尘封的古籍中找到相应的证据,证明恪守荒谬的敕令就是尊重文明世界,也不知道这种知识是否在排斥一个自由民族所做的努力。我感觉在贤者及基督徒看来,传播新思想应该是一种责任。我认为在提出平等互惠的同时,尽管目前互惠还只是一种虚幻的东西,我们也能证明自己的看法是正确的。总之,欧洲其他国家不应以怀疑的态度来看待我们对华贸易的尝试,而应协助我们去尝试,因为这些尝试最终会让中国向我们开放,其他国家也会从中获得好处。

6月25日

江浙一带的农民善于从事手工业活动,他们在这方面很有名气。除了种地之外,几乎所有的农民都在做生意,以补充家庭生计。比如在上海周边地区,走进任何一家茅草屋里,都会看到农工在忙着织布,家里存放着好多织好的黄色棉布,这种布叫作南京土布。棉花从耕种到采摘,再到梳理、纺线、织布都是农民自己动手完成的。这种棉花有一种特殊的天然色彩,欧洲染坊一直设法仿制,却始终没有成功。据说只有用茶水洗,才能确保棉布不褪色。一块普通南京土布在这里只卖三四钱银子,大家都说,南京土布是中国最好的棉布。

昨天我和曹熹去定制一把漆扇,扇子上的图案是他亲手画的,大概是想送给雅茜小姐,我也顺便了解到制作著名漆器的一些方法。

在江西省,尤其是在赣州府,有一种漆树,高约15尺,很像白蜡树。漆树能产一种液体树脂,从树皮里渗出。在树的不同高度上,割开一道口子,在割口下放置葫芦,以采集生漆。漆液的流出量非常少,一千棵漆树一夜仅能产出20斤生漆。生漆腐蚀性很强,制作漆器的工人在使用时都要非常小心。每一家漆器厂都分成若干个作坊。在一间作坊里,木工在备料,制作器具,接着在木制器具表面涂上一层粗粒黏土,待干燥后,用硬石将黏土打磨掉,这样黏土就嵌入木器的缝隙里,这时用刷子在木器表面上刷一层漆,晾干后再用那块硬石将这层刮掉。等这层漆几乎全部刮掉之后,再刷第二层漆,接下来重复上一道刮漆工序,这时木器表面颜色已变深。

上述刷漆、刮漆的工序要一直重复做下去,根据漆器要达到哪种透明度及牢固度,来决定再刷几遍漆,连续刷三遍乃至十遍都有可能。刷过漆之后,就要晾干,晾干的时间相对比较长。

随后,还要对漆器做装饰及镀金加工,先在一张纸上画出草图,用锥子把草图线条扎出小孔,再把这张纸贴在漆器上,喷上滑石粉。细腻的滑石粉通过小孔落在漆器表面,这样就将图案复制到漆器上。一个漆工用冲刀把图案刻在漆器上,这项工作完成之后,画师参照草图,沿着纤细的线条勾勒出色彩,如红色及棕色,这些色彩用来作镀金的底色。

中国人将漆器工艺完善得至臻至美,他们不再仅满足于简单的亮光或哑光镀金,也把镀银和彩绘技艺应用到漆器上,并制作出带有绿叶、红花和百花的漆器。更为奇特的是,虽然中国木漆器不像日本漆器那样有一种结实的美感,但却因色彩斑斓、图案丰富而显得档次更高。有人很喜欢日本漆器,尽管日本漆器外观简洁,但和中国漆器相比,显得很厚重,漆层也很明亮,

漆器作坊

而中国漆器则装饰着奢华的浮雕，装饰图案更多姿多彩。

这里工人的薪酬很低，但每一件物品都制作得格外精致。我是在曹熹带我去的那家漆器店里了解到这些信息的。他每月付给两个画师二十块银元或四块几尼[1]，给作坊的四位管事每人支付三块几尼，而其他工人每天仅挣不到一个先令。但工人每天却要从早七点一直工作到晚上五点半，中间仅有两顿饭的休息时间，每次休息半个小时。尽管如此，漆器销售一天比一天差，因为漆器在欧洲已经过时，而且随处可见的假货更是让漆器变得越来越不值钱，如今漆器的价格仅相当于十年前的一半。

在考察过漆器工厂之后，我和曹熹乘轿子返回，途中在距离我们几步远的地方突然传来一声尖叫。我赶紧掀开轿帘，看到一个六七岁的孩子，脸色苍白，惊慌失措，一个疯狂的男人手里挥舞着一把短剑，在他身后追赶。我从最初的震惊中缓过劲来，正要喊话时，只见杀手追上那个可怜的孩子，抓住他的脖领子，把他提起来，一边咒骂着，一边打那个孩子，打过两三下之后，就把浑身是血的孩子丢在地上。

只是在这时，我才鼓起勇气，高声喊起来，几个过往的行人也聚集在一起，露出惊讶的表情。面对如此猖獗的暴力，竟然无人出手搭救，这让我很恼火，于是我三步并作两步从轿子里跳下来，朝那个杀人凶手冲过去，一把抓住他，而他却用凶恶的眼神朝四下里看着，根本就不打算逃走，好像故意要招引大家注意似的。我愤怒地抓住他，起初他还挣扎几下，随后低声对我说了几句话，我没有听懂，接着他就放声大笑起来，顺手把我推开。面对这种明显的疯癫症状，我平静下来，而且镇定地要众人出手帮忙，没想到所有人都笑起来。

这时，我感觉一只小手在拽我的马褂，还听到一个童声求我行行好。正是那个被刺杀的孩子，他平静地站在我和凶手之间。我此时惊得顿觉天旋地转，感觉自己就是在噩梦中被人耍弄的对象，我的轿夫和曹熹的轿夫赶过来帮忙，向我解释这一意外事件所隐藏的含义，脸上露出滑稽的表情。

我只不过是被一场假装的悲剧给耍弄了。这些杂耍艺人每天至少要上演20遍。他们浪迹于各省，卖艺求生，训练小孩子出演悲惨的角色。他们所使用的剑其实就是道具，剑把是空的，里面灌入了血红的液体。他们刺杀的时候，弹簧将剑锋弹入剑把，打开一个小阀门，血就流出来了，孩子发出垂死的尖叫声，摔倒在地，浑身抽搐。总之，每一个细节都设计得极为逼真。一个心地善良的人很容易被这种滑稽的蒙骗手法给蒙住，免不了要为自己的天真付出一定的代价，我就是如此，但却不敢报官，不过我还是庆幸自己很快就摆脱了窘境。

---

[1] 几尼，英国旧金币单位，相当于21先令。

十

**镂雕匠人 – 古玩店 – 象牙球雕 – 檀香木 –
屏画 – 青铜器 – 古瓷器 – 算盘 – 赏礼 – 灯笼 – 焰火**

一些中国人喜欢毫无用处的摆设和派不上用场的装饰品。中国人有稀奇的创意，再加上执着的精神，能把看似毫无价值的东西转变为神奇的物品。他们像猴子那样灵巧，像海狸那样有耐性，又像蚂蚁那样勤劳。不管花费多大心血，我们也做不到，而且将来也难以掌握这种神奇的能力，凭借这一能力。中国人创造出许多难以解释的东西，我们还有什么好抱怨的呢？

我们的台球手倨傲地击打着台球桌上的象牙球，你把其中一只象牙球交给广州或上海的镂雕匠人，几天过后，他会还给你一个透光的象牙套球，镂空的象牙球一个套一个，如一团珠罗纱那样轻，每只球上都雕着花，好似我们那里最漂亮的花边。只有亲眼看见，亲手把玩，拿在手里凭好奇心去琢磨，才能相信这个创作是如此完美、如此细腻、如此精致。

我昨天就亲眼看到一只镂空雕象牙球。在一家珍品店里，店员向我展示了这么一个小玩意：同一个球体里镂空雕刻着17个套球，每一个球都可以随意转动，就像干榛子在榛壳里转动一样。由于怀疑其中有诈，而且不相信有什么工具、什么巧手——不管这工具多么完美，这巧手多么轻盈——能如此完美、如此精细地雕凿这种极不结实的材质，我甚至猜测球是分开来雕刻的，把两个半球雕好之后，再用某种透明胶将其粘在一起。听我提出这样的疑问，店员朝我笑了笑，没有马上作答，而是拿出一个瓷盆，里面装满滚烫的米醋。我亲手把球放进热醋里，并放在火上煮了一个小时，从热醋里捞出来时，镂雕套球依然完好无损。然而，不论我所设想的黏合剂多么透明，黏性多么强，这么长时间熬煮恐怕早就溶化了。

我对这个结果非常满意，再次仔细观赏这件精巧的杰作，对不能亲眼目睹镂空套球的雕制过程而感到遗憾，哪怕只是看一看套球是怎么分离的，看一看穿透球体的花饰是如何雕出来的，看一看镂雕匠人是如何在第17个球上运用刻刀也好。最里面的球从外面看几乎看不到了，不管雕刻哪个球，匠人都会一如既往地细心。此外，中国人有一种很特殊的审美方式，他们喜欢看象牙雕刻的那种质感，而外国人则对中国人那种精准的雕刻手法惊叹不已，象牙局部被雕成极其纤细的网状和栅格。他们最钦佩的是那种镂空雕象牙球手艺，镂空的刻刀能探进那么深，但又不会损坏象牙球，这真是太难了。在镂空雕刻象牙球方面，最灵巧的匠人创作出令人难以置信的作品。除此之外，他们还雕制牌九盒，盒体上下叠层通透，可以看出两三个不同层面。当然，这些作品价格也特别昂贵。

不知疲倦的手艺人以此来展现自己的耐心和技巧，但象牙并不是他们所选用的唯一材料。珍珠、龟壳、檀香木也往往被用来雕制扇子、首饰盒、梳妆匣、小宝塔等，这些材料雕刻起来更难，而讲究的官员家里都喜欢摆上这类小摆设。

这一带有十几家古玩店，要是和任何一家古玩店相比，即使我们那里商人拿出最精美的艺术品也会显得黯然失色。先说这些令人眼花缭乱的漆器，每件漆器上都用烫金汉字书写着富有象征意义的诗篇。再说这一幅幅放在铁木座上的屏画，完美地展现出晚霞的丰富色彩，而颜色过渡处理得令人叫绝，晚霞投映在碧波荡漾的水面上，映照在一块块冻石和鸡冠石上，那平静的水面好似镶嵌着图案的大理石，而岩石下生出一簇簇古铜色竹子，纤细的竹子格外轻盈，仿佛能看到竹叶在微微颤抖。这些美妙的装饰物价格不菲，即使再挑剔的眼光、再细致的观察也挑不出任何瑕疵，要想将其带回寒酸的欧洲是不太可能的。每一条叶脉要么凸起，要么凹陷，要看叶子的哪一面朝外。地面是用玛瑙镶出来的，用白理石雕制的小鸟在绿茵茵的草坪上跳跃，草坪是用绿宝石镶嵌的，草坪上还点缀着美丽的花朵。

　　除了这些华丽的手工艺品之外，店家还向我们展示了大自然的杰作，经过匠人巧妙修饰之后，自然之物也展现出特殊的美。无论是带有奇特纹路的石头，还是交错盘结的树根，都会让匠人构思出奇妙的设想，这些匠人个个都是行家，善于把握世间万物的相似之处，巧妙利用万物各自独特的变化，借势造出相似之物。他们先根据原物的样子，构思出一个设想，刻刀在他们手里游刃有余，他们修剪枝条，磨去突出的部位，绕过低陷的凹坑，让每一个细节都服从整体设计，最终打造出一个可怕的怪物，怪物看上去面目狰狞，凶狠可怕，从而赢得大家的钦佩。为了让这类作品产生更好的效果，匠人还会在局部涂上一些颜色，整件作品再涂上一层清漆，从而成为一件很受欢迎的装饰品。最漂亮的一件根雕作品是一只猛禽造型，锋利的鹰爪抓着一只鹤。这件作品的价格和一只精美玛瑙雕瓶一样昂贵，玛瑙瓶上雕刻着花朵和果实，小鸟和昆虫在花丛中飞舞。整件作品雕制得极为完美，给人一种新奇感，而且带着浓郁的中国特色，要不是一再压制自己的购买欲，我真的会花上三百银元买下这件作品。要是只能选购那些价格便宜的东西，我是不会去买的，因为与好东西相比，不出彩的东西没有任何吸引力。

　　假如没有这么多选择，没有运输困难，我也许会买一只大瓷花瓶，花瓶上要么画着生活的苦楚，要么画着地狱的煎熬，画面的意境堪与卡洛的画作相媲美；或者买一只青铜大象，大象身上镶嵌着铂金装饰；或者买一只用黄石雕制的杯子，杯身刻着一条条飞龙造型，杯下有一只木制底座，也雕刻着精美的图案；再不然就买一个柱体半身像，一只神鸟在柱头上展翅欲飞，神鸟全身镶着宝石。

中国和我们那里一样，许多艺术品年代越久，价值就越高。比如古瓷器就十分受人追捧，不但因其制作年代久远，而且还因其十分实用。古瓷器都单独存放在盒子里，小心翼翼地封起来，只有在采用格外严谨的保护措施后，古董商才会把盒子打开，我认为他这么做就是为了突出显示古瓷器的价值。他用审视的眼光看着你，看你是否值得信任，随后关好店铺的门面，以防外行人窥见到。在你再三恳求下，他最终郑重其事地把一只带有缺口的瓷瓶摆放在漆器托座上，没有人会怀疑这只瓷瓶的价值。这只瓷瓶是明初年代的作品，展现了明朝开国皇帝朱元璋在寺院放牛的场景。那个值得纪念的时代的作品可不是谁都买得起的。

但我昨天还是当面嘲笑了一个古董商，他一直在滔滔不绝地向我们吹嘘一面12世纪的铜锣，说的大多是没用的废话，我随后补充说，这件古董价格太贵了。听到这句抱怨的话，他不作任何反驳，只是默默地接受下来，脸上露出一副彬彬有礼的严肃模样，随后把我贬损的商品一股脑都拿走了。一般情况下，中国商人都显得恭谦有礼，毕竟买卖是在他的店铺里成交的，做生意时细心周到，对客人十分尊重，即使得不到大家的夸赞。如果你提出极为苛刻的要求，他也不会抱怨；哪怕你提出怀疑的理由，他也不会生气，他甚至还把待客的箴言张贴在店铺里，以便让顾客放心，如"不夸己能""童叟无欺""货真价实"等。这些箴言有时还有另一层含义，预示着商人的喜好。我看到一家店铺的门上贴着"开门大吉"，另一家店铺门上贴着"空口许诺，不利生意"，还有一家店门上写着"绝不赊账，杜绝怀疑"，还有人写着"细水长流""财源滚滚"等，但有的店铺为了防止乞讨，门口贴着"僧尼免进""穷人莫入"的警示牌。穷人确实不会走进店铺，但他们照样会来烦扰店家。他们手里拿着两根竹竿，或者拿着像镲那样的东西，坐在店家门口，一边敲打竹竿，一边高声唱着，直到店家施舍几个小钱，他们才肯离开。

店内布置得井然有序，只要顾客提出要求，店家马上就能满足。客人选好商品后，店家用算盘来结账，算盘很像台球室计分

古玩店

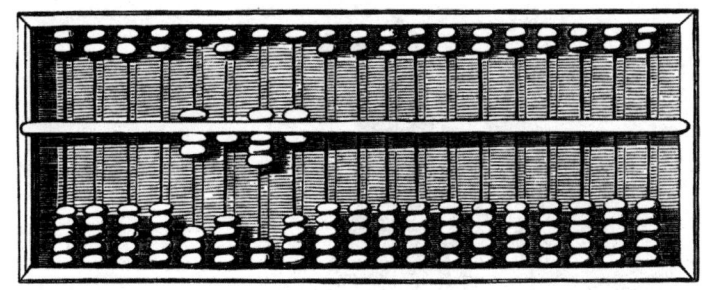

员用的那种计分器。经过一番讨价还价，买卖成交，这时默默在一旁等待着的苦力便细心、麻利地把商品包装好，买家不需要额外支付费用。除此之外，买家还能得到一份赏礼，店家以此向买家表示谢意，赏礼的多寡与买家所购商品的价值成正比。不管讨价还价多么激烈，也不管折扣多么巨大，赏礼是不计算在商品价格里的。一般来说，赏礼大致相当于买家支付价格的5%。买家都知道店家有这种做法，因此在付账之后，买家会随意选一件相当于这个价值的物品。如果买家的选择不离谱，店家就会同意把对方看中的物品送给他，将这份赏礼与所购的商品放在一起，一并送到买家的家里。

我嘲笑过的那位商人也很正直，他并未因此而忽略礼节，虽然我在他店里买的东西都不值钱，但他还是送给我一本画册，画册里画着外国各民族的样子，都是中国人想象的模样。法国人和英国人的样子看上去令人满意，他们穿的服装也很好看。

  曹熹购买的物品可比我买的贵重多了,他选了一件怪诞的铜雕当作赏礼,这件作品雕着一位老者骑在水牛背上。为了凸显这件作品的价值,店家声称这是古代先哲老子的塑像。
  曹熹购买的物品大部分都是送给雅茜小姐的,其中有形态各异、大小不等的各式灯笼。世界上没有哪个民族能像中国人这样赋予灯笼如此高的荣誉,全国甚至还有一个花灯节,在节日期间,整个国家由南至北要点燃两亿盏花灯。无论是在大型庆典上,还是在私家欢宴上,灯笼都发挥着无可替代的作用。灯笼有各种各样的款式,既有给穷人用的,也有给富人家用的,所用的材质有牛角、真丝、玻璃、纸张等,有的灯笼甚至只用棉线绕成网状,外面涂上一层清漆就做好了。我还亲眼见过很大的灯笼,直径达 27 尺,里面足够办一场小型晚会。最常见的灯笼约两尺宽,三四尺高,呈六角形。灯笼的六根立柱雕着花饰,配着真丝饰带,四周垂着五彩流苏,把灯笼透明灯纱上的绘画图案衬托得分外妖娆。灯纱让烛光或灯光变得极为柔和,就像哥特式彩绘玻璃让阳光变得更柔和一样。看到这些神奇的装饰,人们也就不难理解为什么灯笼会在中国如此盛行。因此,有人把灯笼制作得格外复杂,还有人用巧妙的方式来美化灯笼,比如在灯笼里装上一个水平转轮,就像用热气驱动旋转烤叉那样。转轮卡槽里系着细线,转轮旋转时,通过细线来带动动物、骑手或长着翼翅的鬼神造型转动,投映在透明灯纱上的影子仿佛在奔跑、飞翔。

中国人与灯笼的缘分就像英国绅士喜爱自己的雨伞一样,尤其是英舰穿越虎门一带海域与中方爆发冲突时,更是体现出中国人的这种特殊嗜好。

据说,马克斯韦尔船长[1]试图趁黑夜闯过阿娘鞋炮台,这时炮台上的灯火全都骤然亮起来,并发射了几枚炮弹,炮弹打得相当准,击中"阿尔塞提号"战舰的甲板,造成部分损失,但当英舰用猛烈的炮火反击时(距离仅相当于火枪一半射程),炮台上所有的火力点同时熄了火,老实的炮手们赶紧逃离这个危险的岗位。

大家纷纷逃命,但士兵们还不忘带上自己的灯笼,英舰上的水手们看到一个独特的场景:剃着光头的士兵们一路小跑,朝附近的山坡爬去,脑后的辫子随风飘动,宛如一群被惊扰的萤火虫,每个士兵的长枪上挂着一盏灯笼,正好成为敌人的活靶子。不过说实在的,英军士兵们笑得前仰后合,很难瞄准,中国士兵也算是因祸得福吧。

中国人还极为喜好焰火,甚至不在钟爱灯笼之下。这里制作的火药远不如我们的火药,不过他们利用火药的手法却极为巧妙,花炮制造技术也非常考究,可以演绎出各种各样奇妙的组合。

焰火的奇观令人叫绝,我亲眼见过用焰火勾勒出一个巨大的葡萄园,灼热的葡萄叶呈现出

---

[1] 此指默里·马克斯韦尔爵士(1775—1831)于1816年至1817年率战舰在中国东南沿海探察一事。

葡萄藤颜色，一串串珠白和金黄葡萄挂在葡萄藤上，在一根根弯曲的褐色藤条之间，一只只亮闪闪的蝴蝶翩翩飞舞。一束束焰火在空中展开，在黑暗的天空里撒下无数的星星、长蛇、彗星和飞龙。葡萄树很快就在火焰雨当中消失了，随后升起成百只五颜六色的花灯，花灯上绘着果实、花朵以及形态各异的扇子，扇面上书写着箴言，画着徽章。

火焰雨结束之后，二十只火焰柱螺旋式升入天空，绘出的螺旋状烟花令人眼花缭乱，螺旋体在几分钟之内一直燃烧不灭。

就在螺旋状烟花还在燃烧之际，最后一束焰火让前面所有焰火的光彩变得黯然失色。那就是象征着中国的龙，一条五爪龙，在空中展开巨大的身躯，四周有数不清的爬行动物和火红的旗帜等。

过了一小会儿，在蓝色火焰的烘托下，皇帝骑着神奇的战马出现了，蓝色火焰逐渐变成绿色，又变成皇家所特有的黄色，随后又变成耀眼的亮白色。

这时响起震耳欲聋的轰鸣声，一道绿色的光幕遮住道光皇帝的影像，千条焰火和千只爆竹同时燃起，给绚丽的焰火节目画上圆满的句号。

十一

**危险的征兆 - 清茶门教 - 秘密社团 -
中国的村民自治 - 伦琮的苦衷 - 公告**

今天早晨，伦琮让人来喊我，他突然发起高烧。我感觉他忧心忡忡，虽然我想方设法去探询其中的原因，但仅了解了大致原委。

一段时间以来，他手下的军官似乎流露出违抗军令的苗头。最近，一艘军舰上的官兵甚至举兵叛乱，派去平叛的两位官员也被杀死。两个水手竟然同时声称是自己杀死了官员，更为蹊跷的是，他们俩显然是无辜的。这种特殊的局面表明，在整个舰队当中，似乎有一个共和派组织，而清政府一直对共和派组织大肆镇压。因此，但凡有密谋举动，一旦遭遇失败，总有人自

告奋勇去承揽谋反的罪责。一份密谋者的名单被开列出来,每个人都要承受违法举动的后果,秘密社团也因此得以实现自己的目标。秘密社团反过来也会采取各种间接手段来保护这些人。如果虽经多方努力,这些人依然被处死,那么秘密社团将去抚养遇害者的遗孤,因为他们是为秘密社团而牺牲的。社团确保遗孤能有足够多的收入,比如向他们提供年俸,或者给他们买一块地、一所房子以及一笔做买卖的本金。

伦琼虽然相信这几位所谓的杀手并未卷入杀死官员的案件中——即使他们承认自己就是凶手,但还是将他们就地处死。在处死谋反分子的当天,他派驿使(飞马)将奏折送至北京。

不过,从那时起,各种危险的征兆并未就此消失。有人在一口井里发现某一盟会的规章条例,条例写在被单上,这个盟会名为"清茶门教"。这个盟会的原则与其他密谋组织的相似:他们是带有政治色彩的宗教组织,每月初一和十五,盟会所有成员要聚集在一起烧香,并为他们所敬仰的神祇供奉一杯清茶,盟会的名称就是这么来的。他们跪下来,去敬奉苍天、大地、太阳、月亮、水、火以及故去的先辈,敬拜佛陀,敬拜盟会的创立者。

在供奉神祇方面,刑法所定罪的那类社团也基本上是这样做的,其中有白莲教(膜拜弥勒佛)。白莲教被镇压后,又换个名字再次兴起,比如天地会、三合会、娘妈会等。虽然严格地说中国确实没有国教,但皇帝依然不断颁布敕令,提醒官员们恪守三皇五帝之"礼",也就是说要恪守古代的道德信仰,即孔子所主张的克己复礼。根据《大清律例》条例(第152条),反对礼数者,如巫师、邪教教主、异端邪说的倡导者等,都是有罪的。传播邪书者,蛊惑人心者,用信函或布告煽动暴乱者,私自印刷、散发或在公共场所宣讲叛乱文本者都是有罪的。《大

《清律例》还对冒犯皇家祭祀礼仪的家庭判处重刑,这些家庭私自在夜间膜拜天神及北极星,这种做法被看作亵渎礼数的行为,是在冒犯天神。

至于和尚和道士,假如在烧香或祭献仪式时是按照皇家祭祀礼仪来实施的,那么他们就要受到残酷的刑罚,甚至被逐出佛门和道观。

这种表面严厉的举措却让每个人都能自由地去信仰,因为国家的道德学说、伦理道德只约束庄重的祭祀礼仪,而不强迫任何信仰,禁止所有教派聚众结社,用道德观念将人维系在一起,激发人去创建同盟,禁止任何教派在帝国之内创建可怕的同盟。至于说孤立的个人观念,国家并不在意,但还是设法摧毁各种形态的狂热,尤其是宗教狂热。因此,不管哪一个君主执政,都会采取这样的对策,因为皇帝不善于而且也不想利用宗教去实施政治约束。

不管是鄙视,还是畏惧,清政府一直拒绝和尚道士的帮助,政府甚至想方设法去丑化他们。假如和尚道士的影响力引起官员的注意,或某个寺庙香火极盛,信徒越来越多,或某些祭祀仪式风靡起来,官员便向北京禀报,皇帝很快就会颁布敕令,要民众待在各自的县境里,宣称去远处烧香既耗时间,又费盘缠,而且有悖礼数,将给不法盟会可乘之机。

既然被排斥在国家信仰之外,民众只好将宗教结社的想法纳入到敌对的政治观念中。莲花就成为谋反的象征,因为莲花在佛教里是圣花。有些谋反者被称作"烧香人",而三合会则是将宇宙最主要的三大力量即天、地、人融汇在一起。中国人的科学认知很不完善,他们认为天、地、人是自然界的三个主要范畴，中国有一部著名的百科全书，该书编纂时就是按照这三种划分来归类的。

三合会的信徒有时仅仅是为了做生意才联合在一起的，他们甚至利用三合会在海外的机构，比如在巴达维亚、新加坡、马六甲等地的分支机构来做生意。不过，最常见的做法是，他们建立起一套完整的体系来对抗法令，相互支持以抗击司法判决，对引起公愤者实施报复。他们就像欧洲共济会会员那样小心翼翼地掩饰自己的叛逆观念，表面看起来只是为了互助才联合起来。他们的格言是：

有福同享
有难同当

他们以兄弟相待，入会时，要宣誓永远互助互爱。

清政府显然不会放任这种神秘的盟会自由发展，伦琮给皇帝写了奏折，并派驿使送往北京，他在奏折中提出解决这些问题的方法，认为这些方法有助于让民众恪守自己应承担的义务。他提议把帝国在各省所拥有的荒地无偿提供给无业游民。这类举措曾在类似的局面下实施过，许多人目前根本无法缴纳税赋，但分到荒地之后，他们就能养家糊口，不会再与坏人一起鬼混。

他还提出另一种方法，无论是在观念上，还是在做法上，我在中国从未这样想过。在世界上最专制的体制下，怎么能料想到会滋生出自治及共和的萌芽呢？尽管如此，对于这一萌芽是否真的具备自治及共和特性，还是让我们具体看一看吧。

大家知道，中国农村人口都分散在数不清的村庄里，大部分村庄规模太小，政府不可能派一位要员去管理。然而，作为一个小社团，每个村庄都应有一个管事，必要时，会让一位衙役来管理。因此，大家自愿推选一位乡绅去管理村子，他们愿意凑钱支付乡绅的薪酬，只要乡绅做得好，就可以一直留任，但如果村民当中大多数人或最有影响的宗族领袖对乡绅不满意，那他就会被罢免，由新推举的人来接替他。

虽然乡绅没有官阶，而且也不是朝廷命官，但当地民风及尊重传统的做法赋予乡绅一定的权威。凭借这个头衔，在面对皇权代表时，他就为自己的村民负责。同样，皇权代表也认可他的权力，他可以代表村民去表达他们的意愿，提出他们的诉求，呈递他们的谏书。他甚至可以拥有一支小规模的武装，对民间的争执做最终判决，还可以实施某些轻微的处罚，比如鞭笞、罚款等。如果有人认为自己遭到这类判决的伤害，可以上诉给巡检，巡检是县级机构官员，为了彰显自己的权力，巡检往往会故意篡改判决书。

伦琮想赋予上一级官员更大的裁决权，并以此来扭转这种滥用权力的局面。于是，他建议部分村庄的乡绅先推选出一位甲长，由甲长负责定期召开大会。他们一共有 24 个人，在当地

邻村妇女在供桌前为病孩祈福求签

集市日那天召开会议，乡绅们聚集在为他们设立的公堂里，解决村民的疑难问题，为鸡毛蒜皮的民事诉讼做出判决，如果出现严重案件，超出他们的审判权，所有乡绅便联名签署一份诉状，要求官方对其做出惩罚。鉴于会议都是秘密举行，他们的联名诉状不会招致当事人的怨恨，面对如此庄重的起诉，知县自然不会敷衍怠慢。

除了司法审判权之外，这24位乡绅以及甲长还要承担文化教化工作，他们每个月聚集一次，检查村子里为乡试做准备的考生的学习情况。

面对这些乌托邦式的做法，伦琮显得有些焦虑不安，感到格外苦恼。他害怕皇帝会震怒，正是这种害怕心理让他对人的堕落行为深恶痛绝。最近，我发现他一直在沉思遐想，并在他的记事本里看到以下思索：

时过境迁，民风日下。是月，挚友去世，享年九十五岁。当年君与我促膝交谈，诉说过往旧事。昔日乡民为人淳朴忠厚，可惜如今难觅踪影，尽由蜕化堕落一代取而代之。如此疯狂敛财之举闻所未闻，知足者不以利自累，让他人亦能获利。艄公忙过大半日便歇息，给同行留下谋生之道。当下有人日夜忙碌，收获颇丰，却难以抵御钱财诱惑。以致河中鱼儿亦改变习性，以往捕鱼屡足者总有收获，如今一周捕鱼量不及过去一个时辰。偷盗抢劫日益猖獗，民众人心惶惶。匪徒巫师算命术士大肆泛滥。践踏朝廷法度，公然蔑视爵爷朝臣。

僧人道士居心叵测，传播鼓吹谬悠之说，蛊惑信男信女禁食守斋，且兴建庙宇，塑造神像。噢，民众啊，此乃哄骗手段也。汝等却全盘接纳，不仅自己进香拜神，还把妻女送去朝拜。

她们浓妆艳抹,红裙绿绣,烧香许愿,与僧人道士摩肩接踵,与广求施舍的和尚混于一堂。此等举止滋生邪恶,令人耻笑,绝不可等闲视之。

我醒来时在卧室里看到一张纸片,上面印着一个形态怪异的标记,这是一幅五边形图案,里面刻着象形文字,这几个字我辨识不出来,但那张纸片上却写着以下文字:

中原民族人口众多,天朝繁荣昌盛。
多地向中原民族俯首称臣,万众向中原民族致以敬意。
满族人投机取巧,占我中原,此仇不报,愧对列祖列宗。
招兵买马,揭竿起义。
组织军队!拿起武器!要把满族人赶尽杀绝!

我刚看完这段文字,内心即刻生出一种预感,这样的纸片要是留在手里,哪怕只有几分钟时间,肯定会招来杀身之祸。我马上把它交给提督使。我拿给他的倒像是皇帝赐予的一杯毒酒,他甚至比看到毒酒还恐惧。他脸色变得苍白,好似就要哭出声来。他对我说:"要是有人在我这儿发现这样的纸片,那非得掉脑袋不可。这简直就是毒蛇,得赶紧把它毁掉。"话音未落,他迫不及待地点燃火柴,把它烧掉了。

更让我感到震惊的是,回到自己房间后,我才得知曹熹和其他两位大人来找过我。难道他们是想凭借那张危险的纸片抓我一个人赃俱获?副将的险恶用心不就昭然若揭了吗?

十二

圈套 – 乱贼 – 匕首桥 – 遇险的平西 –
曹熹落网 – 各种政见 – 前往南京

7月11日

毫无疑问，现在对手在暗处向我下毒手，要置我于死地。先有人给我设圈套，后又有人要暗杀我，幸好我侥幸逃脱，这些行动要不是出自同一计划，由同一拨怀有深仇大恨的人谋划、实施，岂不是不可思议吗？

昨天傍晚，我独自一人漫步于上海街头，我还真是很少独自一个人在街头散步，这时有人朝我迎面快步走来，猛然间朝我脸上打了一拳，此人看上去是一个下等人，至少从他穿的衣服看，像是最底层的手艺人。打了我之后他赶紧逃走，躲进一条窄小的巷子里。我随即在他身后追赶，我对莫名其妙突然遭到攻击感到极为气愤，借着黄昏时分的亮光，我一直在他身后猛追，也许他是故意不甩掉我，因为我们俩一前一后跑进纵横交错的小巷子里，他突然朝我转过身，高喊了一声，我听出他是在喊"哥！"随后手里拿着一把短剑，朝我扑过来。我随手抄起一根竹竿，马上做好防卫准备，心想能轻松制伏这个歹徒。就在这时，有人在我身后猛然推了一把，我扑通一下跪倒在地。说时迟那时快，一块厚麻布蒙住我的双眼，原来是一只大麻袋把我给罩住了，这样，也就不知道对手究竟是谁，他们肆无忌惮地拿起棍棒朝我身上猛打，而我却无法反抗。

幸好我身上带着一把西班牙式折刀，这把折刀是在伯明翰打造的，我随身带着它走南闯北已有六七年了。我随即打开折刀，但转念一想，敌众我寡，不能贸然行事，要不是想到这一层，我早就用折刀把麻袋挑破了。于是，我任由他们摆布，他们先抬着我，随后把我放在一个担架上，后来又粗暴地把我扔进一艘船的底舱里，囚禁起来。

甲板上不时传来嘎吱声，一支支桨与船舷摩擦发出沉闷的声响，除此之外，四周一片寂静。天越来越黑，我心里一直琢磨着这件倒霉事，随后不禁萌生一丝焦虑。好在焦虑感没有持续多久，船划过河的工夫，焦虑就消失得无影无踪了。船一靠岸，绑匪再次抬着我往前走，我感觉他们步履蹒跚，好像正离开大道。忽而从他们脚下传来石头的滚动声，忽而脚步声又变得极为沉闷，好似踩在厚厚的草丛上；路上时有树枝抽打在我身上，他们还要爬高、翻墙，这段神秘的路途也由此变得格外扑朔迷离。然而，走过这么多复杂曲折的路，却感觉并未离开市区有多远。一个小时过后,我隐约感觉走进一处宅院,他们把我关进地窖里,一个蛮横的声音下达命令,苦力们把我从麻袋里放出来,但还是抓住我的手脚,让我不得做出任何反抗的举动。黑暗中再次传来那个蛮横的声音:

"你是谁?"他用官话向我问道。

"一个穷学生。"我也用官话来回答。

"撒谎,"这人接着说道,"可恶的外国人,你是想欺骗爷哥吗?"

"我不认识爷哥。"我回应道,内心也有了底气。"况且我说的就是实话呀。"

"爷哥是清茶门教的教首,我知道你心里在想什么。你根本就不是大清国的书生,而是黄毛探子。只要你承认是黄毛探子,便饶你一命,否则你就等死吧。"

不管是问题,还是威胁,在我看来都不容置辩,也就无法回答。爷哥见我默不作声,感觉有些窘迫,便向绑架我的人问话,问一个人物是不是很快就能到,这个人的名字我没有听清楚。

"他应该到了。"其中一人回应道。

又是死一般的沉寂。

"起桥!"好像是自称爷哥的人在下命令。

这时,传来一阵哗啦哗啦的木板声和叮叮当当的兵器碰撞声。有人燃起一支火把,押解我的人把我推入一条狭窄的过道,过道两边各摆着一张长条桌,桌子上插着剑和长刀,剑尖和刀尖在我头顶上交叉在一起。过道尽头站着一位身材高大的男人,他身穿黄衣服,脸上蒙着面罩。

"给我听好了,瞧着点。"他对我说道,"别想着泄露我们的机密。让你先看看这把刀的厉害,看看这只鸟的下场。"

这时,他亮出一把宽大的短刀,手里抓着一只母鸡,母鸡扇动着翅膀,火把的火苗被扇得乱晃。片刻之后,那只可怜的母鸡发出一声尖叫,翅膀又扑腾了一下,爷哥松开手,把砍掉脑袋的母鸡扔到我脚边,母鸡还在抽动着。

"谁要是泄密,这就是下场!"爷哥高声喊道,七八个人随声重复喊着他的话,这些人分散站在各处,声音从各个方向传过来,有些声音比较近,听得很清楚,有些声音隔得很远,几乎听不见,好似从地底深处发出的声音。

这时火把熄灭了,桌子和长剑也从我身边移开。押解我的劫匪聚拢在一起,为谨慎起见,他们又给我套上大麻袋,此前摘掉麻袋就是为了让我看这场怪异的仪式。

好在我的双手未被束缚,况且夜色也对我有利,我趁机用折刀给这个讨厌的大麻袋割出一个大长口子。一刻钟过后,有几个人朝我们跑过来,有人在说话,语速很快,听不清在说什么,他们好像在相互转达命令,这一命令在地窖里传来传去。接着,我听见爷哥高喊:"杀死外国人!"这喊声让我不寒而栗。

在这紧要关头,迟疑不决会让我丢掉性命,绝望时刻萌生的勇气是我唯一的出路,此时此刻只有依靠勇气来拯救自己。我握紧折刀，朝我认为最好对付的看守猛然扑过去。这家伙毫无防备，被扑倒在地，我跟跄着险些跌倒在他身上。由于遭到攻击，他发出一声惨叫，不知是出于害怕，还是被激怒了，在茫茫的黑夜中听到这喊声，更让人毛骨悚然，因为听到这声惨叫之后，大家纷纷夺路而逃，根本顾不得去探究到底发生了什么事。在东奔西撞瞎跑的过程中，我还撞到跑在前面的两三个人，他们跑得气喘吁吁，把我也当成自己人，他们只想着比我跑得更快，结果却无意间给我做起了向导。我们先后跑到地窖的出口，出口的大门早就被其他急于逃命的清茶门教徒给打开了。

一旦跑到野外，大家受本能驱使，相互提防着，赶紧自寻出路。而我根本就不知道该往哪里跑，穿过两三块泥泞的稻田，跨越几条深深的堑沟之后，我跑到一幢房子前，已累得筋疲力尽，从远处看，我以为这是一所农舍，走近时才认出是一座兵营，几天前，我曾陪同伦琮大人走访过这座兵营。我终于感觉安全了，这一时刻是我昏厥之前最后的记忆。浑身疲惫不堪，又喘不过气来，再加上激动，我感觉体力不支，眼睛也睁不开，双腿撑不住劲，顺势倒在地上，确切地说是倒在兵营大门口，倒在惊恐的哨兵脚下。

就这样，我逃出了乱贼的魔爪，一个势力更强大的机构替我惩治他们，也报了我遭受残忍陷害之仇。

曹熹借口要去访客，坐着轿子出去了，他打算悄声不响地秘密出城，也许是为了去审讯我，当轿子走进城郊一条小巷子里时，埋伏在街角的一队捕快突然朝副将的轿子扑过去，将他擒获。他甚至没有来得及拿出兵器抵抗，也不知道自己被控犯下哪种罪过，抓捕他的捕快面无表情，一个字也不肯透露。他被捆住手脚，押解到城内的一座监牢里。通常抓捕人会弄出很大动静，不过当局可能害怕此举会招致公然抵抗，毕竟曹熹身份比较特殊，假如他真像传言所说的是清茶门教的三大首领之一，公开抓捕会遇到很大麻烦。

伦琮感觉极为痛苦。朝廷下令逮捕曹熹，鉴于谋反者受水师提督统领，皇帝下旨命令暂时剥夺提督的指挥权，要他前往南京官府为自己申辩。

虽然伦琮是无辜的，但这位不幸的老人仍然极为担心，官府庭审判官是否能做到秉公审案，他心中一点底都没有。大清刑律在某些方面是合理的，但在针对谋反案时却显得格外严厉，甚至可以说严厉得过分。一旦被指控有罪，不仅谋反者要遭受惩罚，他的家人、亲友、同伙也会连带遭受惩罚，甚至连无辜者都不能幸免。刑律对谋反罪的设定是基于一个朴素的训诫，即杀父之仇不共戴天，谋反者犯下的罪行甚至比杀父者的还要恶劣。

对谋反者的惩罚不仅仅写进刑律当中，民间习俗也认可刑律所做出的惩罚。大部分中国人都极为守旧，总是把政治动乱看作国家灾难，要是有人胆敢来破坏他们所享有的平静生活，他们就会发毒誓来诅咒他。即使受奴役，他们也并未感觉不安，有一句俗语甚至说："宁为太平犬，不做乱世人。"他们正是这一准则的践行者，即便遭遇羞辱，也能忍辱负重，逆来顺受，无论是瞥见皇家华盖，还是看到皇帝题写的朱红汉字，他们都会很自然地跪下来。要想知道这些有学识的奴仆是真心爱戴皇帝，还是只想利用皇权来压制另一个贵族势力，这对我来说真是一个难题。他们都是忠诚的臣民，不过他们并不知道自己的奴仆身份是代代相传的，也不知道有人生来就有权威，更不知道职位和功勋是按社会地位优劣来分配的。荣誉和名誉向来仅属于有才华和有学问的人。他们还有这样一句谚语："好学者则庶民之子为公卿，不好学者则公卿之子为庶民。"

总之一句话，天子的专制给人感觉似乎人人平等，而这恰好是其他独裁者感觉最恐惧的。

8月2日

我的庇护者被召至南京，我们离开上海，跟随押解曹熹的官队一同前往南京。这个可怜的家伙被关在囚笼里，像一头困兽一样，押解他的衙役看守得很严密，我们根本无法靠近他，和他说上一句话，尽管我们曾设法去靠近他。

就在我们动身之际，城内民众前来送行，在我们所经之处，他们纷纷跪在道路两边，这也证明伦琮大人并未像他所担心的那样失去民心。每隔不远，就有人善意地摆上一张桌子，桌子上放着部分食物，竖立着焚香。在城墙和街角处的屋面上张贴着墙报，抗议当局严酷对待伦琮。墙报是中国人惯用的表达手法，民众往往以此来表达自己的不满。在这种局面下，墙报的语气尖酸刻薄，诙谐风趣，很像古罗马的讽刺诗。不过，这种表达不同意见的手法有时候也被用来

向被罢黜的官员致意

做有奖竞赛活动，夸张的颂词取代了尖刻的讽刺诗，用奉承的隐喻来弥补讽刺比喻的缺陷。毫无疑问，与恭维类墙报相比，抨击型墙报效果更好，当然恭维话的效果另当别论。

还有另外一个更有意义的举动：在城门前，众多乡绅聚集在一起，大张旗鼓地向提督使大人索要他穿过的靴子，并送给他一双新靴子，他们要把大人穿过的靴子留作纪念。从动身之时起，每经过一座小城，都会有乡绅向提督使送靴子，并把大人几个时辰前才穿上的新靴子当作贵重物品保存下来，以此向大人表示感谢和敬意。

最后，伦琮大人还收到一件多彩衣服，这是一件象征性的礼物。这件衣服是众人联手缝制的，承载着大家的心意，这类衣服不是用来穿的，而是当作一件贵重的纪念品保存起来，官员都为能收到百姓送来表示谢意的礼物而感到高兴。

虽然一路上有这么多人向他表示敬意，但可怜的老人依然忧心忡忡。说实在的，他处事优柔寡断，且性格内敛，属于中国人所说的"纸老虎"那一类人。有一次，我想给他鼓鼓劲，他向我做了一个意味深长的手势，拦住我要说的话，并用手指了指曹熹的双手，只见曹熹的袖口处露出血迹斑斑的内衣。

严刑拷打！这才是让提督使大人惊恐不安的原因。他问心无愧，对于这一点，他心知肚明。但面对各种残忍的刑具，他会屈打成招吗？鉴于他年事已高，真心希望官府千万别给他动刑。

秀才的治学之道 第三部

一

官报 – 九卿会审 – 王命旗牌 – 审判庭审简要程序 – 监牢与酷刑 – 流放 – 《大清律例》– 复仇案裁决法

省府官报《辕门报》[1] 报道了我们抵达南京的消息：

> 上海道台佐官前往都督府拜会唐大人，禀报某革职查办官人已押抵南京，等候秋审，禀报案情之后，便起身告辞，去押解其他嫌犯。
> 抚院葛大人收悉按察使呈递草册，并呈送刑部。布政使厄大人和按察使王大人曾请求开庭，并期待葛大人拨冗听审，审理一桩刑事案。两位大人感谢葛大人亲临庭审，并将其遗落符牌悉数奉还。

这几位司法官显得极为谦恭礼貌，但不由他们去做最终审判。由于这是一桩要案，而嫌犯又是富有指挥才华的著名军官，陈诉案情的草册已呈递给刑部，现在就等北京刑部对草册的批复。每年秋天，刑部官员将会同其他八个部院的官员共同复核各省督抚上报的案情处理意见。这就是朝廷的九卿会审制度，会审最终判决书将提交给皇帝审核批准，皇帝加盖"钦此"印章，表明判决书不可更改。

不过，如果事关一桩小案子，当事人不过是个可怜虫，那么判官审理起来就简单多了。我在报上就看到过这样一桩案子，在报道我们抵达南京的那份官报上，还报道了另一桩案件。嫌犯是一个和尚，涉嫌奸淫、偷盗、诈骗、胁迫他人、敲诈勒索。报纸对庭审报道如下：

> 都督府唐大人会同抚院大人一起审理福建汀州上杭县心朗和尚案。上午八点，响毕礼炮，庭审大厅打开大门，秉承工作人员辅佐，大人们一一就座，各位大人特意应邀前来听审。按察使办案衙役去提领嫌犯，犯人押解到堂后，对所犯罪行供认不讳，随即押解下去。抚院大人申请王命旗牌，并遣衙役将罪犯押赴城门外刑场，斩立决。衙役很快回来复命，交回王命旗牌，禀报庭审判决执行完毕。

---

[1] 音译，原文描述此为省府官报，并以拼音标出：Youen mun Paou。因查不到这份官报的正式名称，鉴于都督府地名为西辕门，故音译为《辕门报》，此与作者给出的法文解释相吻合。

没有比这更简单即决的判案方法了,以王命旗牌来代替皇帝对死刑案的审核,这确实是一个很有创意的做法,这一做法值得让公众知悉。每个提刑按察使手中都有一枚王命旗牌,凭借这个象征最高权力的符牌,就足以完成对死刑案的审核。庭审宣判之后,衙役郑重其事地将王命旗牌拿到犯人面前,面朝皇宫方向摆放好,面对这件象征皇权的令符,犯人要跪下身来叩拜。就这样,犯人以叩拜和感恩戴德的方式接受致命的判决。

对于死刑之外的其他类型惩罚,官府也就不讲究那么多形式了。实际上,一般情况下,让衙役去惩戒犯人是最简单的惩罚手段。如果有人被指控犯了轻罪,他会被衙役带到审判官面前,审判官既不听从申述,也不设立陪审团,仅凭若干证人的一面之词,就宣布其判案决定。这样的判决很少对嫌犯有利的。假如找不到证人,就靠严刑拷打让嫌犯招供。审判官做出判决后,衙役当堂就对嫌犯进行惩罚,判官随手抓起案桌上的小竹棍扔下去,散落在地多少根,就要按

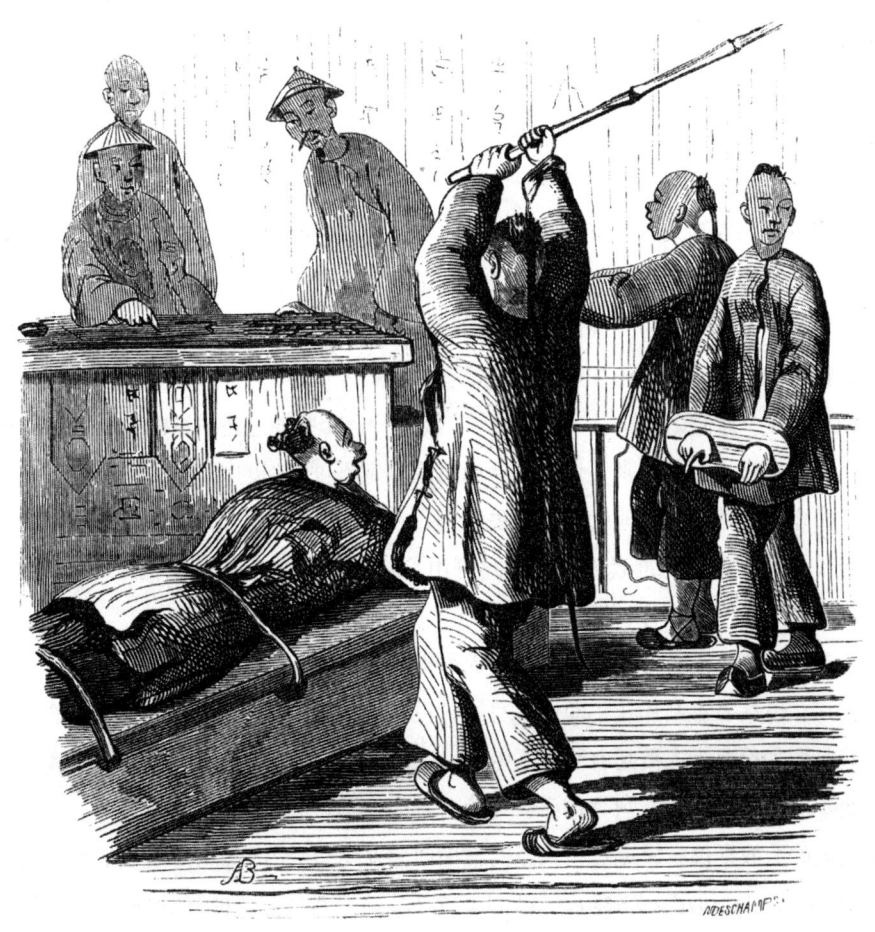

照此数对嫌犯实施杖刑，再不然就把他投入可怕的监牢。监牢又脏又臭，让人坐卧难宁，备受折磨，而且牢头更是以专横霸道、不讲道理而臭名昭著，监狱堪称人间地狱。

每一年都会有人抱怨牢狱的状况，每一年在呈递给皇帝的奏折里，督察院御史都会详奏监狱的现状。不是这里的火灾吞噬了狱卒和在押犯人，就是那里出现狱卒敲诈勒索的丑闻，最恶劣的是有些官员竟然借机猥亵女犯人。督察院御史甚至对滥用酷刑极为愤怒，其中一位御史还列出一份令人震惊的酷刑清单。

> 为谋取奖赏，县官命衙役手沾粉灰，死拧嫌犯耳朵，迫其跪于铁链之上。若不从，便施以刑罚，各类刑具名目繁多，计二十余种，不乏壁上琵琶、鹦鹉笼、火烟熏灼等刑具。若供词不合意，判官则再施酷刑，嫌犯一日内惨遭折磨，屡屡死去活来。因难以忍受酷刑，便屈打成招，以保全性命，送刑部核审时往往翻供。
>
> 县官任性妄为，衙役则有恃无恐，借机敲诈勒索；案件涉嫌者愈众，愈有利敲诈钱财，衙役极尽煽风点火之能事，以莫须有罪名肆意抓捕无辜。为避牢狱之灾，无辜者私下行贿，实属无奈。

这是河南一位周姓御史向皇帝递交的奏折，阅过奏折之后，皇帝会在折子上写上朱批，将陈情书记录在案。

对于出庭受审，中国人对于审判结果早有定见，在谈起某位遭逮捕的人时，他们往往会用屠夫的一句话来形容，认为此人不过是"砧板上的鱼肉，任人宰割"。

几天来，我和伦琮大人的交谈倒更像一堂刑法课。我因此得知，在什么情况下，要对嫌犯施以杖刑；在什么条件下，要施加烙刑（通常在嫌犯脸上烙印）；哪类犯人要戴枷锁，沉重的枷锁压在犯人身上，好似让他扛着一张大桌子。我还知道哪些罪过是可赎的，哪些是不能赎的，也就是说，有些罪过可用罚金来替代体罚，而上谕认定不可饶恕的罪过是绝对翻不了案的。我还获知，有个孝子请求判官让他代替父亲去服刑，在中国这类孝行并不罕见。我还了解到代替刑罚的赎金细节，被判处死刑者因家境不同可用1200至12000两银子来抵命，而被判处三年流放者可拿480至4800两白银来抵销刑罚。

枷号、苦役、终身流放，这才是伦琮大人最担心的刑罚。在遭受两个月示众之后，犯人被发配到黑龙江，能活着走到那儿，即便终身做苦役，也算是幸运的，但这种遭遇真的让人笑不起来。尤其是假如伦琮大人被判有罪，不管这一判决是否公正，雅茜小姐也会遭受和父亲同样的命运，鉴于小姐是无辜的，判官也许会免除对她的体罚。

如果犯人的流放期仅有短短几年，当局就把他们发配到矿山和盐场做劳工，但如果是终身流放，犯人便被发配到边疆，受驻防官员兵丁的奴役。这些官兵甚至拥有10—12个犯人做奴仆，

像出租牲畜那样把奴仆租给缺少人手的地主。遭受奴役的人不时起身造反,这是受压迫者很自然的反应。人们时常会听说受压迫者突然发起暴动,杀死残忍的压迫者。

有时候,遭流放的犯人被发配到边远地区充军,甚至整支部队都由犯人组成,由于各部队所面临的局势不同,个别部队的犯人数高达两三千人。在平定准噶尔汗国的战役中,这样一支由流放犯组成的部队取得骄人战绩。战役结束后,活下来的人就被送回原籍,也算是一种奖赏,返回原籍后,仅受衙役监管。部分流放犯因作战英勇而得到晋升,荣获嘉奖。

若有企图逃脱流放地行为,一经发现,犯人将遭受杖笞、枷号、延长流放期等惩罚,这仅仅是针对普通罪犯,如果背负叛国罪的罪犯也想逃脱,那么对他的惩罚会更加严厉。

一位孝子恳请官衙允许他替父受过

伦琮大人就处理过这样一个案子，有一位被流放到新疆的官犯因私自返回故乡，伦琮给他加重惩罚，判处极刑。皇帝撤销了死刑判决，将刑罚减轻为流放，但流放地比前一处更加险恶。官犯被流放到云南丽江山区，但如果他出现在其他地方，可不经审核，就地正法。

我们注意到，自从被乔治·斯当东[1]推介至欧洲之后，清朝的法典即《大清律例》已历经多次修订。这部基本法典是以《大明律》为蓝本起草的，起初仅有457条律文，后来经明朝及当朝皇帝批准，增补了多项附例，附例现已多达1573条。

1829年，刑部奏请修订这部法典，并提议每五年修订一次。奏请修订法典的理由也相当充分：鉴于民风民俗产生潜移默化的影响，法律与习俗已难以相容。皇帝下旨批准刑部奏折，《大清律例》修订重印成二十八卷本。然而，皇帝并未明确指明哪些律例可重新编入新版本，只是命令刑部尽量减少改动，如果确实需要改动，要奏请皇帝批准，皇帝随后颁布敕令，宣布修改过的律例即时生效。

在谈起这部法典时，有些作家不吝赞美之词，但法典本身还有许多不完善的地方，我想说明的是，部分律条并未对特殊案例做出明确规定，而是让判官自主决定，判官可参照相类似的案情做出判决，并在事后奏请皇帝批准，这就是所谓的"断罪无正条"（《大清律例》第44律条）。有些律条对部分违法行为并未做出明确的判罚，只是规定"依违制律治罪"，对于这样的过错，轻者杖四十，重者杖八十。凭借这些语义模糊的条款，各省审判官员便滥用职权，徇私枉法，或延长犯人的刑期，而不禀报给皇帝。在这种情况下，总督便与副都统、司法官、布政使等人沆瀣一气，同流合污。

旧法典有一著名律条，后已废除，我在此是指满族人所享有的特权，满族人犯罪仅受鞭笞惩罚，如果汉人犯下同样的罪过，则要遭受杖刑。高官犯罪，皇帝则下令施以笞刑（小竹板），但在遭受这种侮辱性的惩罚之后，高官仍然可以保留其世袭的爵位。

《大清律例》依然保留着复仇案敕裁法的律条，这些条款让人联想起西哥特人[2]的法律。我们来看一桩很奇怪的法律判决案。有一个人杀死仇人全家，令其断子绝孙，根据刑律，凶犯被判处斩立决，其子嗣则解交内务府阉割，被实施宫刑，也断了凶手家的香火。这一判决如今已成为法律原则，并以皇帝敕令形式发布，这绝对是一种野蛮时代的产物，可它是在1828年颁布的，用于修正《大清律例》第287条律文。

---

[1] 乔治·斯当东（1781—1859），即小斯当东，英格兰旅行家，东方文化研究者及政客，系英国最早的中国通，1810年，《大清律例》由他翻译并在英国出版。
[2] 西哥特人属于哥特人，系东日耳曼人一支，后在高卢西南部和西班牙建立西哥特王国。

二

**汉字 – 母字 – 象形文字史 – 六书 –
蝌蚪文 – 口语 – 官话和鄙话 – 概念与建议**

虽然每天都生活在焦虑和担心之中,但我感觉有必要提升我的研修水平,而且日益紧迫。在我看来,伦琮大人对我的保护随时都会失效,而我只能听天由命。由于我不会讲方言,很容易被人认出是外国人,甚至被告发到执法如山的官府,要真是这样的话,我得冒多大风险呀!正是这一想法让我鼓足勇气坚持学习,并收到很好的效果,成果好得令人难以置信。

汉语是一种极为特殊的语言,正是这一特殊性令人望而却步。汉字是象形文字,与字母文字截然不同,甚至与古代其他民族所用的楔形文字也不同。大部分汉字都是表意的,而不是表音的,而我们的文字则是表音文字。因此,汉字的形与音无必然的联系,这会让初学汉语的欧洲人感到无所适从。

汉字也有字根,我把最基本的原始图形称作字根,利用字根,并将字根组合起来,就能达到表意的目的,通过类比方法,来表达所有抽象概念,如今的心智活动大多是在阐述抽象概念。中国人将这些字根称作"母字",母字本身数量不多,仅有214个,作为部首使用,与其他字形合并在一起构成新字。据说一部民法典采用了十万个不同的汉字。常用的汉字有七八千,不足民法典汉字数量的十分之一。通常来看,一本普通读物仅用两三千个不同汉字。那部十卷本编年史著作《三国志》也仅用了3342个不同汉字。

据说汉字是由仓颉造出来的。仓颉生活在上古时代,生卒年月不详,在模仿万物的过程中,萌生要造出象形文字的念头。比如在画太阳时,他先画一个圆圈,再在圆圈中央画上一点,这个图形后来演变为"日"字。在描绘月亮时,他画出一轮弯月。在画眼睛时,就把两个椭圆形相互交汇在一起,形成"目"字。在表述复杂的概念时,则采用类比的方法。比如在画表示早晨的"旦"字时,就画出太阳从地平线冉冉升起的图形,日字表示太阳,下面那条横线表示地平线;"夜"字这个图形是表示弯月被包裹在暗影里。再往后,就对字体做更细腻的处理,把两三个独体字组合在一起,构成会意字。比如将日月合在一起构成"明"字,表示明亮的意思;在门里放一个木字,构成"闲"字,表示栅栏的意思;两个木字合在一起,构成"林"字;手字和目字合在一起构成"看"字,等等。

文字的应用已大幅度改变象形文字的原始图形。尽管如此,如果仔细观看的话,依然可以在汉字中看出原始图形的线条。表示太阳的"日"字不再是一个圆形，而是变成一个长方形，为便于书写，圆形中间那一点改成一条横线。

汉字的改变有多种因素。首先，日益成熟的心智活动要求简化文字书写结构，没有必要让这一结构变得难上加难。其次，书写汉字的工具也有很大差别。比如在孔子生活的那个年代里，人们把小竹片磨光，用刻刀把汉字刻在上面，形成一种金文体。再往后，人们用毛笔及各种彩料把汉字写在丝绢、棉布上。纸张只是很晚才问世，印度人发明了墨（我们错误地将其称作中国墨），只是到了公元7世纪，墨才推广开来。

在经历过这些变化之后，便先后出现不同类型的汉字书写方式。这和欧洲文字相类似，同样一个词，不管是哥特体，还是斜体，我们都能辨别出这个词来，而汉字则有六种书写体。

最古老的书写体是"篆书"，这个字体如今通常被用来刻制印章或图章，篆书又演变出多种不同形态，一般用来作铭文或书籍的序言等。后来篆书演变为"隶书"，这是秦朝所设定的官方书写方式，官府起草的文件都要用隶书来书写。再往后又出现了"楷书"，楷书成为一种规范字体，想出人头地的文人墨客都学习书写楷书。接下来又演变出"行书"，这是一种快捷书写形式，或者说是一种自由体，但字体笔画不能省略。相反，为了便于速记，"草书"则允许以简洁快速的方式来书写。做生意的人往往会采用这种书写体，部分古书也采用草书来书写前言。

"宋体"是以宋朝来命名的字体。在宋朝时期，印刷术得到长足的发展。所谓印刷术就是木版印刷术，是一种将汉字刻在木头上的活版印刷技术，这一技术是公元10世纪初发明的。这项技术问世40年之后，宋朝创建起来。在所有字体当中，这种字体最像我们所说的印刷体。

当然，还有第七种书写体，中国人将其称作"蝌蚪文"[1]，但这种字体很少用，只是在上古的器皿上能看到这种罕见的字体。

我说过，每一个汉字的图形都有一层完整的意思。假如某个汉字总是表达同样的意思，用好的记忆方法就能很快记住这些清晰的符号。不过，让外国学生学习汉语感觉最难、最吃力的，就是同一个汉字在句子中位置不同，它所表达的意思也不同，甚至可以有好几种意思，有时虽然表达的是相似概念，但其中还是有细微差别。更要命的是，出于书写需要，字体总会呈现出不同的变化，而写作者却认为这些变化的字体足以辨认出来。除此之外，汉语句法结构极为模糊，假设真有句法结构的话。汉语里没有单复数、主宾格、语式、时态，仅凭若干虚词来表述，但往往依靠字词在句子中的位置来表达这类概念。更难的是，同一字可以由名词变为动词，由动词变为副词，一眼看上去，有时根本区分不出来。

有人甚至说，中文的口语与书面语是两套互为独立的语言体系，在一部法国出版的语法书

---

[1] 作者把这个汉语词翻译为"蟾蜍头"，查找了许多资料，再结合后文的解释，将其回译为"蝌蚪文"。

里，在涉及汉字及词时，该书指出："汉字并不是词的图形，而词也不是汉字的表现形式。"如果过于绝对地去领会这句话，就会犯下严重的错误。汉字有六种造字法，即象形、指事、会意、形声、假借、转注。其实，大部分汉字都是用形声法造出来的，也就是说，汉字既是表意文字，又是表音文字。说实在的，汉字确实包含着一幅幅图像，但这些图像太含糊，需要解释才能表达得更清楚，而这个解释就要靠音，靠音调、语调去完成。形声字多达 21810 个，而另外五种造字法总共才有 2500 个字，要是不考虑字与字之间的差别，记忆力最好的人顶多能记住形声字总量的四分之一。

用中文表达同一个概念，书面语和口语在表达方式上有很大差别，其中最主要的原因是口语词汇相对比较匮乏。汉语几乎都是由单音节字组成的，单音节字毕竟不够丰富，自然会限制词汇的多样性。因此，为了更准确地表达某个概念，人在说话时就要采用两个相近的同义词，有时甚至会用更多相近的同义词。但是在书写的时候则恰好相反，写在句子里的表意字虽然在发音上可能会让人感到费解，但只需用一个单字就足以表达得很清楚。

这是很重要的一点，非常值得关注，因此我想举一个例子来详细说明。为了表达"道理"这一层意思，中国学者用一个"理"字就能表达得很清楚，因为这个字不会有其他解释，但是假如这位学者想口头表达这个概念，他就不敢仅用这一个单字来表达，因为这个单音字听起来会有多种不同的解释。他会说"道理"，尽管"理"和"道理"所表达的意思相同，这样做就是为了避免产生歧义。

综上所述，书面语和口语确实有很大差别。除此之外，口语另外一个难点就是各地繁杂的方言。整个中国只有一个官方语言，即所谓的官话，这也是文人学者所用的语言。官话这两个字会让人以为这是官员讲的话，和普通老百姓讲的话不一样，其实这是一种误解，之所以用"官话"这两个字，就是为了和方言区别开来，平民百姓把自己讲的方言称作"鄙话"。

在一个个诸侯国被先后吞并之后，形成一个国土辽阔的统一大国，在这样一个国家里，有许多方言也是很正常的。在不涉及历史及语文学问题的前提下，来探讨官话发展的话题，我在此只想确认以下两点：首先，官话起源于中国西北部，即如今的陕西省，这是大家所公认的事实，官话后来逐渐向南方发展，那里过去被认为是蛮夷之地，官话由此取代了南方的方言，但与此同时也把当地方言相似的元素吸收进来。其次，我想补充一点，在很少遭遇战乱的地区，官话讲得最纯正，比如江南省的官话就很纯正，因为每当国都面临异族威胁时，君主们便跑到江南省躲避起来。另外在孔子的故乡山东省，官话也很纯正。

官话的特征是听起来很柔和，与讲话者那种无精打采的样子倒是显得很协调。官话的句子结尾发音较弱，而且很少以辅音结尾，辅音也仅仅简单地送气而已，声带不振动。

北方方言的显著特征是许多词都是用喉音发出来的，而福建方言则是用鼻音发出来的。福建方言被认为是帝国里最难听的一种方言。

广东话听起来很不和谐,但却是最像官话的方言之一,广东人之间哪怕是家长里短地闲聊天,话音听起来也好像带着怒气似的。

汉语与众不同,是最原始也是保存得最完好的东方语言。对于想学习汉语的欧洲人来说,他可以从现有的研究专著中,从众多翻译作品里找到丰富的资料,其中最值得关注的专著有江沙维的《汉字文法》、雷慕萨的《汉文启蒙》、马若瑟的《汉语札记》。[1]

至于说我本人,我更喜欢掌握汉语的实用技巧,为此我特意研修了马礼逊的《中国语言对话》、德庇时的《箴言》以及米怜牧师翻译的《圣谕广训》。[2]《圣谕广训》即康熙撰写的《圣谕十六条》,其子雍正对此做了补充解释。

---

[1] 江沙维(1781—1841),葡萄牙籍天主教遣使会传教士;雷慕萨(1788—1832),法国汉学家;马若瑟(1666—1736),法国著名汉学家,耶稣会传教士。

[2] 马礼逊(1782—1834),英国来华传教士,其最重要的学术成就是编辑出版了《华英字典》;德庇时(1795—1890),英国汉学家;米怜(1785—1822),英国基督教新教传教士。

三

举人

伦琮大人交给我几份文件，要我据此就他的宦海生涯起草一份概要，他打算把这份概要交给审理案子的审判官。那天我正忙着起草这份概要，感觉有一个人总在我窗前走来走去，似乎想引起我的注意。这人五十来岁，穿着一身破衣服。于是，我让仆人去问他是否需要什么东西。仆人回来禀报说，这位陌生人是北方人，说他什么也不需要。在好奇心驱使下，我让仆人把他请进来说话。于是，仆人把他带到我的房间，仆人刚转身离开，他便扑通一声跪在我面前，不住地叩头。随后，他站起身，递给我一张脏兮兮的旧纸片，上面写着他的遭遇。

他祖籍福建，父亲曾当过知县，他现在是举人，曾三次赴京赶考，为能考取进士。祖上留下来的钱财都因学习和进京赶考给花光了，这位倒霉的举人每次赶考都铩羽而归。接下来，他打算再做第四次尝试，但除了几个朋友答应出手相助之外，他现在身无分文。不过，他信誓旦旦地说，等他进京赶考的时候，朋友们肯定会解囊相助。但在赶考之前这段时间里，他还得活下去，可又不想去做苦力，因为无论是举人，还是秀才，靠做苦力来养活自己是很丢脸面的事。他靠在街面上给人抄抄写写为生，抄写横幅或对联，卖给过往的路人。这个营生每天能挣80至100文钱，这点钱勉强

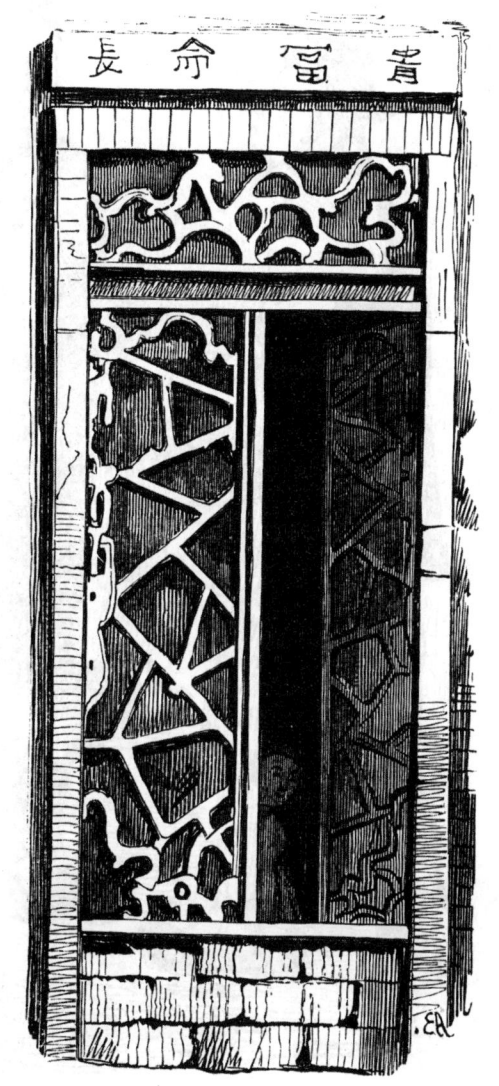

够填饱肚子，但吃得很差，他的衣服也都已穿得破破烂烂的。在这衣食无着的窘境下，他准备铤而走险。由于科举考试越来越难，多年来一直有人甘冒风险去作弊，他的做法是替那些不学无术但家里有钱的年轻人去代考，也就是说去当"枪替"。这是中国人所特有的一种说法。有些秀才也是靠作弊考中的，人们便把他们称作"后门秀才"，这一说法形象地描绘出那些来路不明的秀才。

这类作弊行为之所以遭到严厉打击，是因为它会直接影响到考官的收入。尤其是最近一段时间以来，皇帝曾下旨破格授予捐钱者秀才称号，上行下效，官员们便把本该免费颁发给中举者的敕书卖出极高的价钱。这几乎已经是公开的秘密，价码更是世人皆知。因此，大家都知道在南京，秀才头衔的价格是7000至8000银元。对作弊者的惩罚则根据官员们所蒙受损失的多寡来判定，枷号、示众、笞刑都是惩罚冒名顶替者的手段。这位穷困潦倒的举人给我讲述了许多细节，如今，一想到这些可怕的刑罚，他就迟疑不决，不敢贸然去做枪手。

尽管他说的这些话听起来是可信的，但我还是对他抱着戒备之心，于是我想再最后考验他一次。我说："您穿的这身衣服已经很破了，可我又没有太多的钱给您买新衣服。为了不伤您的面子，我也不想让仆人带您去旧货店买衣服。不过，您想想看，买一套旧衣服大概要花多少钱？"

他盘算了一会儿，按我的要求一件一件算计着，最后告诉我，只需要两块银元就能买到一套适合他身份的体面夏装。见他提的要求如此有节制，我心中暗喜，于是便给了他三块银元，他不停地向我表示谢意，随后便走了出去。一个小时过后，我见他又返回来，腋下夹着一个包裹。这正是用我给他的钱买的衣服，他告诉我，买这套衣服花了2.25块银元。话说到这儿，这位可怜的举人想把剩余的零钱还给我，但我还是让他留作己用了。

从那时起，他时常来我这儿。花上几个小钱，我便从他那儿获得了好多消息，而这些消息中国人通常不愿意告诉你。他让我了解中国的风土人情，了解这个奇特民族的哲学思想、信仰及文学，除此之外，他还教我学习汉语。最后，我给了他300块银元，这笔钱足够供他再次赴京赶考，再去碰碰殿试的运气，而他则信誓旦旦地说要把我培养成名副其实的秀才。这种脱胎换骨的转变还是非常值得的，伦琮也认为这并非不可能，于是便竭尽全力鼓励我去赢取文人应得的特权。他甚至认为，只要我能获得公认的地位，或者说得到官方认可，他就可以聘用我，跟我学习外国科学知识，他相信我拥有丰富的科学知识。

我期待着这一天能早日到来，同时也想知道我究竟能获得什么样的特权。有一天，我问家庭教师是不是所有"读书人"都能轻易谋得一份官差。结果他却向我大诉苦水，说考中举人者为数众多，落第者更是很少能踏入仕途的，倒霉的落第者处境极为微妙。"只有一个念头支撑着他们不放弃，他们知道长此以往，官府最终会为他们持之以恒的决心所打动，出于敬意授予年长者一官半职，这是才疏学浅的秀才和倒霉蛋花费多年心血也得不到的。"我们知道，期待官府的授予不过是一种幻想，一个秀才在60岁时才当上举人，根本就没有任何希望能考入殿试。况且，即便假设五六年过后他能考取进士，由此而踏入仕途，官府也不会把重要职位给予一个饱经坎坷、愚昧迟钝的老书呆子。因此，成千上万人终其一生去苦读，却得不到任何成果，只是凭着一种虚妄的名利欲，一种毫无意义的虚荣心支撑着，最终在此苟且余生，眼睛盯着那顶从小梦寐以求的虚幻官帽慢慢地死去。

四

三教 – 哲学思想 – 道德 – 宇宙起源说

中国有三大"宗教",即传播孔子思想的儒教、信奉佛祖的释教以及尊崇老子学说的道教。我的家庭教师仅修行儒教,因为它毕竟代表国家正统思想,也为文人所推崇。他对佛教却敬而远之,不过我认为他也认可老子的学说,至少我认为他推崇中庸的格言,他最喜欢说的一句话就是"三教一教也,名三而实一"。一个地道的儒士在对待其他宗教方面也许不会如此宽容。

尽管如此,实际上他的做法还是有一定道理的。不管是哪一种宗教,行为几乎都差不多,大家心里都抱着相同的怀疑态度,这一怀疑态度支配着所有人的思想。

从源头上看,某种自然神论似乎构成大家普遍信奉的信仰。至少《易经》将万物之源归结于一种神秘要素,这一要素被称作"太极"。太极生两仪,两仪生四象,所谓两仪就是指雌雄、正负、阴阳,万事万物均以阴阳形态呈现于世。万物之上有天(或称上帝、老天爷、天主)做统领,天既有智慧又有道德,太极不过是天地的一种造化之物。

这个学说虽然含糊不清,且与积德行善的道行也没有明显的联系,但对于一个见多识广的民族来说,有它就足够了。不过正如在其他国家一样,在中国,大自然的奥秘一直困扰着那些倨傲自尊的阶层,对于他们来说,真实的生活不仅仅体现在衣食无忧上。他们认为皇权崇拜仪式毫无意义,而且也无法满足他们探索科学知识的需要,他们甚至在私底下提出过许多问题,无论是天子,还是朝廷大臣,都无法回答这些问题。于是,这些好沉思者满怀杞人忧天之情,躲进僻静之处。老子不过是让这一学说变得更加具象化,其实早在老子之前,这些人就已经在民众当中撒下这类思想的萌芽。

他们的生活方式极为独特,其本身就是一个难解之谜。这些虔诚的隐士过着与世隔绝的清贫生活,部分民众把他们吹得天花乱坠,以至于达官贵人、著名将军,甚至连皇帝也被他们给蒙骗了。看到这些权倾一时的人物趋之若鹜,跑到隐士的小屋处去低声下气地索求修行之道,民众感觉格外开心。

道士所推崇的本原就是在内心及心智活动中创造出一种空性与虚无。与世隔绝,摒弃赞誉和同情,这正是初入道者所必修的净化心灵之举。只有心灵达到净化的境界,才能寄希望于与神去交流,寄希望于喝着长生不老酒,住进环境清幽、鸟语花香的玉宫。

人世间的达官贵人过着一种懒散悠闲、舒适惬意的生活,更想永久地享受这样的生活,长

生不老的希望把他们给迷惑住了。道教所宣扬的人间仙境让他们隐约看到昆仑山顶上覆盖着茂密的桐林，天门附近的瑶池流淌着神泉，饮之则长生不老，他们被哄骗得着了魔，也希望能长生不老。因此，老子之前的道士享有很高的声望，甚至被召至皇宫，不但坐享高官厚禄，还在战场上指挥被其施以魔法的狂热分子冲锋陷阵，大家都把他们看作富有超凡能力的圣人。不过，人们很快就对他们的影响力感到担心，皇帝在制定策略时也对其影响力深感忧虑，随后便撤掉了他们的官职。

道家学说早在老子之前就已存在于世，不过正是老子把道家学说做了完整的归纳，形成一套完整的体系。孔子与此学说分庭抗礼，并号召民众克己复礼。

老子的学说提倡清心寡欲，达到无欲无求的境界，因为追求私欲会让人的内心无法平静。他的设想是让每一个人都能无忧无虑地生活。为此，他既不走回头路，也不好高骛远。为事业能取得成功而焦急忧虑，为赢得荣誉和财富而焦躁不已，这样做无异于牺牲自己的安宁与快乐，去追求身外之物，到头来只是让后代坐享其成，但没有任何人强迫你去照顾自己的后代。

这种道德信仰究竟与什么样的哲学概念联系在一起，探究其中的原因也许还是很有益的。

根据道家学说的解释，除了天道之外，世间所有的一切都是物质。天下万物均以正负、雌雄、动静、阴阳等形态存在于太极之中。世间之所以有万物，皆为阴阳之间彼此相生相克的结果。万物可以归结为五行（金火水木土），五行相生相克，构成三才，三才即天格、地格和人格。

三才是一种特殊的宇宙模式,在这一模式里,物以类聚,人以群分。各种生物可以改变,还可以嬗变,转变为低等或高等生物。一块铅,一朵花,一棵树,一只野兽,一位贤者,都是由原始物质的相同分子演变来的,只不过他们被先后投入到宇宙模式不同的框架里。

除了这些纯物质上的转变之外,道士们还认为人的灵魂也会轮回转世。在他们看来,人的灵魂是由世间最微妙的元素构成的,他们将其分为两种元素,即"灵"和"魂"。"灵"更为纯洁，具备更强的心智活动能力。人去世之后，躯体化解，回归至最初的原始要素，转为受其他形态支配的主体。灵魂依然相依而存，转变为一种新的生灵，在精神世界里找到自己的位置。

如果人生前积德行善，那么这个新生灵就会化身为仙，或者说变为圣人，跪倒在上帝脚下，在极乐世界里得到永生。

如果人生前犯下过错，那么灵魂的转变就会逊色许多。灵魂无法成仙，只能在屈居圣人之下的神位里谋个位置。神处于物质生活与永久幸福的边缘，依然可以动情，也可能会犯错误。从那时起，他既有可能遭受惩罚，也有可能获得奖赏；可以升迁，也会遭贬。神的使命就是引导并监督整个宇宙的各个不同组成部分，使其为人类幸福而运作。无论是日月星辰还是风霜雪雨，无论是昼夜四季还是时辰气象，它们的变化都受神的掌控。总之，神就是天庭中的官员，天子的权威一直延伸到天庭。假如皇帝不满意神的服务，就将其贬黜或撤换掉。他在诸神当中为每一座城市、每一个省份挑选一个保护神，甚至通过占星师为保护神设定履行职责的时刻，这一时刻具体到某年某月某日的某个时辰。如果保护神胆敢违抗指令或敷衍了事，就会被判处渎职罪和玩忽职守罪，并遭到严厉惩罚。他们同样会遭到民众的责备，有人甚至还侮辱他们，敲打他们的雕像，把他们从供人朝拜的庙里赶出去。

　　精于算卦的道士们大言不惭地吹嘘自己的本领，其实就是和这些半人半神的生灵联系，而不是在和真正的神祇沟通。诸神当然是人类的朋友，当人按照某种礼仪及祭拜仪式向神发出召唤时，诸神便会现身。

　　相反，"鬼"总是对人和神抱有敌意，要是没有神的阻拦，鬼会呼风唤雨，把人世间搅得天翻地覆，这些邪恶的生灵处于人和野兽之间，在坟墓周边，在宝藏和矿产四周，在沼泽地、死水潭、污秽恶臭处安营扎寨。它们钻进人的尸体里，借着人的躯壳，混迹于人群当中。它们生性邪恶，四处作恶，犯下滔天罪行，让整个世界不得安宁。史书中所列举的暴君及祸国殃民的女子都是鬼的化身。

道士们还认为，在人体结构里除了躯体及灵魂之外，还有第四种元素，它兼有另外三种元素的特征，但其本身也包含一种介质，只是在构成躯体的原子完全散开之后，它才最终离开躯体，这一元素这时才彻底消失殆尽。

中国的宇宙起源说错综复杂，要想在其中探个究竟，就要求助于道家学说。这一学说宣称，在原始混沌当中，有一个名叫盘古的人，此人出处不详，但却是整个世界的缔造者。在表现宇宙形成过程的版画上，我们看到盘古手里拿着锤子和凿子，正在把巨大的花岗岩石块敲碎，这些石块在空间里乱糟糟地飘动着。他用有力的大手凿开一个个孔洞，透过孔洞可以看到日月星辰。四只神兽始终陪伴在他身边，与他形影不离，这四只神兽是飞龙、麒麟、凤凰和神龟。飞龙是在天空中飞舞的爬行动物；麒麟是古怪的四足兽，体态像鹿，浑身覆盖着鳞片，长着牛尾、马蹄，头上的犄角是自卫的武器，其中一个犄角顶端带肉；凤凰身上的羽毛宛如麒麟身上的鳞片，发出五彩的光芒；神龟背上用"蝌蚪文"镌刻着上古历史。盘古开天辟地先后用了一万八千年，盘古身体每天长高一尺，天就增高一尺，大地也变得更加厚实。在开天辟地的伟业完成之后，盘古就去世了，他的头化作高山，血液化成江河，头发长出绿叶，形成茂密的森林，皮肤和体毛变作草木……

随后世界出现了三皇，即控制天空的天皇，治理大地的地皇，还有管理人类的人皇。与三皇统治时代相对应的是三个时期，即"鼠""牛""虎"时期，每一个时期持续10800年，这是十二个时期周期循环的前三个时期。一个完整的循环周期为129600年，周期结束时，整个宇宙完全枯竭，停止生产，并重新回到原始混沌之中。

"纪"或者说"纪元"始于人皇时代，这个时代也恰好是"虎"时期的开端。各种元素都被驯服，并和谐地搭配在一起，人也开始从事劳作。泰皇（人皇）出生在仙家圣地刑马山，清澈的河水在刑马山伯阳谷里流淌，泰皇将寰球分为若干部分，所谓寰球就是江河与土地。至少他把伯阳谷里的河水分成九条，划大地为九州，由他们兄弟九人共同管理。他们建造起第一批带有城墙的城镇，开始执行仁政管理，人由此过上丰衣足食的生活，开始施行异姓通婚，随后便出现法律、艺术、贫富差异、惩罚、奖赏、判官等。

三皇纪过后是五龙纪[1]，即皇氏五兄弟分而为政。接下来就是摄提纪，共五十九姓治天下。再往后是合雒纪，以三姓治天下。对于这一纪，史书没有过多的描述，只是说统治者教民众开土穴而居，乘蚩鹿以理。所谓蚩鹿，大家基本认定就是马。

合雒纪之后是连通纪，这一纪共有六姓，乘蚩麟以理，独角带翼飞麟是这一纪的象征。再往后分别是：叙命纪，共有四姓，驾六龙而治；循蚩纪，共有二十二氏；因提纪，共有十三氏；

---

[1] 这段远古史的表述不是很严谨，地皇之后共有十纪，第一纪九头纪即从人皇开始，人皇传位给五位后生，即五龙氏，此纪又称五龙纪。

禅通纪,共有十八氏。[1]据说因提纪创始人生得渠头四乳,驾六飞麟,而从日月,能与鬼神比德合谋。他教百姓削去软树皮,觅藤萝裹在身上,还教民众绚发毛首以去灵雨,后人称他为"衣皮之人"。后来传至有巢氏时,有巢氏教民众取羽革纨衣,来抵御风寒。[2]

在禅通纪第八氏统治时期,百姓过着富足安逸的生活,这一朝代的帝王名叫赫苏氏[3],他无欲无求,内心平静,子民们也和他一样,过着闲适的生活,因为他们不想劳神去想自己在做什么,也不想知道将来会怎么样。他们吃饱喝足后,高兴地敲着鼓,四处闲逛。

我只是随意把这些奇特史书里的部分特点记录下来,由此不难看出他们的研究是多么深入细致,至少从中能发现与印度的《吠陀经》《往世书》有相似之处。中国人的这种神话类编年史意义不大,怪诞的神话故事让人感觉厌倦,根本无法与希腊神话故事或拉丁编年史那种喜庆的画面相媲美。

老子把印度灵魂不死的概念融入到中国古代思想学说及道德观念中,口耳相传的教义把道德观念完美地保留下来。老子本人更关注哲理,而非政治决策。老子的追随者却改变了他的学说,声称自己是人与神通灵的使者,因为他们认为人神之间存在着超自然的通灵关系。他们大

---

[1] 根据部分史书记载,这一纪共有十六氏,作者在此写为十八氏。
[2] 作者在此写错了,这段文字说因提纪创始人的继任者辰放氏教民众取羽革,其实辰放氏是这一纪的创始人,史书记载是有巢氏教民众取羽革纨衣,这里还是参照史书来写。
[3] 赫苏氏,即赫胥氏,是禅通纪的第七氏,而不是第八氏。

肆吹捧隐秘学说，广兴巫术，散布预测，并把这些活动与民间的迷信做法融合在一起，这一做法很快就引起有识之士的质疑，尤其是遭到文人雅士的反对。孔子出现的时候老子还活着，孔子在精神层面上更务实，所从事的活动也更有抱负，内心深处的想法与时俱进，推行无神论法则，并以道法自然学说来改造人。当时的哲学思想已迷失于无益的抽象之中，是孔子把这些哲学思想拉回到现实世界里。孔子的弟子们遵从他的教诲，克己复礼，对儒家学说不敢做任何改进或提升，只关注净化自己的心灵，去效忠自己所属的诸侯国，效忠国王，忠诚地对待民众。

在论述儒者时，孔子曾说过："儒者性情慎静而崇尚宽大，性格强毅而从善如流；胸怀宽广，不会见利而忘义，宁死也不会改变节操……儒者胸怀远大志向，关心民众疾苦，与邪恶势力做斗争……儒者无功不受禄，若执政者缺乏道义，即使许诺高官厚禄，也难把他们留住。儒者把正直当作甲胄，把忠信当作盾牌，把仁义当作长矛……"

总之，孔子的道德学说建立在中庸基础之上。所谓"中庸"就是在激情与理智之间保持完美的平衡，将审慎、力量及爱意深刻地融合在一起，也就是说要让智慧给人带来启发，让力量鼓舞人去斗争、去反抗，以仁爱之心去对待周边的民众。

这些道德观念主导着各种社会关系，由此衍生出主要的行为规范，即所谓的"纲"，又称"三纲五常"。"君为臣纲"，指君待臣以礼，臣待君以忠；"父为子纲"，指小辈对长辈的孝行；"夫为妻纲"，指夫妻双方应尽的义务。

除此之外，还有"四维"，即礼、义、廉、耻，这是人与人交往时的行为准则，四维的核心内容就是"礼"，即人人要懂得相互尊重，彼此谦让。

虽然孔子生前就得到人们的敬重，在去世之后荣获非凡的荣誉，他的学说成为统治者的治国纲领，但我认为也不应过分夸大他的价值，把他视为伟大的哲学家。因为他既没有设计出任何新体系，也没有创立任何独特的思想，并让这一思想对社会和政治关系产生决定性的影响。他只是从中国古籍里摘取部分形而上学的概念，并大幅地删改古籍中的段落。他接受天道勤酬的观念，甚至还把老子有关生死轮回的设想也接受下来。

孔子说，死亡并不是一种毁灭，而是一种分解，让物质回归到自然原始状态，而精神也回归入天。生命之"气"则与天空中流动的空气融会在一起，其他尘世之物则变成土和水。

一天，他神情忧郁地看着《易经》中表现毁灭与重生的卦象，一位弟子问他为何而苦恼。孔子说："我见世间万物不过是一时的表象，与人相关的一切都在逐渐变坏，虽然部分得到修复，但最终将彻底毁灭，并以新形态重生，新形态又会被其他形态取代，周而复始，循环往复。这些想法让我有点伤感。"

此外，如今儒教所信奉并推崇的教义已不再是孔子的学说，从公元 11 世纪起，一个名叫朱熹的改良者修改了孔子的学说。朱熹被世人称作"朱文公"，他对中国各思想流派、各宗教势力、各种异端邪说了如指掌。他开始对各种学说的观点进行对比，评述古代所有作家的论述，这些作家要么得到认可，要么遭到推翻，在做完这项巨大的工程之后，他对所评述的作家写下一篇篇评注，以免引发争议。后来朱熹将自己撰写的评注汇编成册，形成一部教导型专著，名为《自然哲学》[1]，600多年来一直被儒家奉为经典哲学著作。在阅读这些著作的过程中，学生们尝试着去理解八卦与大自然之间的神秘联系。八卦是伏羲发明的一种符号象征。这些符号让人联想起毕达哥拉斯从古埃及人那里借鉴的体系。由于这些符号晦涩难懂，所以人们能得出成千上万种不同的解释。我在此简单略述一下。

八卦有八个原始图形符号，每一个符号由三条线组成。由于当时书写文字尚未发明出来，这些符号就用来代替文字。有人猜想从那时起，通过类比手法，衍生出无数不同的解释，即使有些类比往往根本不着边际。此后不久，八卦互相搭配，形成六十四卦。从那时起，这六十四个符号便成为中国文字的起源。这些符号正是由于起源于上古时代，所以才具有一种神圣的意义。

除了八卦之外，中国人还有一种高深莫测的图表，即洛书，中国的数字体系就建立在洛书基础之上。洛书呈现出九宫数，数字五坐落在九宫的正中间，其他八宫数分列在四周。八宫数与原始八卦相对应，据说伏羲是根据神龟背上的河图绘出八卦图形的。至于说洛书，传说是出没于洛水的龙马交给大禹的，大禹常常沿着洛水边走边思考，那是公元前2250年的事。

中国人以这些符号、数字为基础，利用符号与数字之间的关联性，建立起他们的科学研究体系。比如洛书中的数字"一"对应的是八卦中的"坎"，坎代表水。与洛书各数字相对应的是水、火、木、金、土五行，而五行又与太阳系中的水星、火星、木星、金星和土星相对应。与此同时，这五个数字还可以用来表示音符，比如角音相当于我们的"mi"音。[2]

我们注意到，数字"五"在各分类学科方面发挥着极为重要的作用。中国人把数字"五"看作宇宙五阶段中的太极，太极是首要元素，是万物的本源。它代表着庄严的正道及永恒不变的准则，代表着天上的上帝及人世间的皇帝。在中国古代音乐界，数字"五"代表徵音，相当于我们的"sol"音。[3]这五个音又是音乐的基本音符，正像君主是国家结构的根本基础一样。

由此我们不难看出，他们总是习惯于把所有的一切都划分为五。比如人有五感：形、声、闻、味、触；时有五周期：年、月、日、星、辰；人有五脏：心、肝、脾、肺、肾；天下五方位：东、西、南、北、中；五种味觉：酸、甜、苦、辣、咸；音乐五韵：宫、商、角、徵、羽；五原色：青、赤、黄、白、黑；人之五德：仁、义、礼、智、信。

在占卜艺术中，"卦"和数字起到很重要的作用，其影响可在儒家与道家著作中略见一斑。实际上，中国人把两种占卜术都接纳下来，一种是官方允许的占卜术，另一种则是明令禁止的巫术，因为这类巫术有欺骗性，而且目的也不纯。

---

[1] 在朱熹的著作里查不到以此名为标题的专著。
[2] 作者在此写为拼音yu（羽），而羽音对应的是sol音，此处译文对原文做了更正。
[3] 作者在此写为拼音kong（宫），宫音对应的是do音，此处译文对原文做了更正。

儒教既不承认灵魂不死说，也不认可因果报应的信条。根据儒家的说法，善有善报，恶有恶报，但都是现世报。

尊崇儒家思想的人，即皇帝、大臣以及有知识阶层，一直为神祇和圣人举办各种祭祀活动。他们把这类活动划分为"大祀""中祀""小祀"。大祀是最隆重的祭祀活动，主要祭祀天地、宗庙。中祀为次于大祀的祭礼，祭祀对象为地祇、谷神、日、月、先师、先贤、艺术大师等。小祀的祭祀对象为司中、司命、风伯、雨师、诸星、山林、川泽等。

这种泛神崇拜清楚地表明，祭祀对象主要针对的是物质世界。负责祭祀礼仪的太常在祭天时穿上蓝色祭服，在祭地祇时则穿上黄色祭服；在日坛祭祀太阳时要穿红色祭服，而在月坛祭祀月亮时要穿白色祭服。天坛要做成圆形，而地坛则做成方形。

在祭祀前，太常要戒斋三日，其间不审案，不宴席，不听乐，不与女人同宿，不探望病人，不戴孝，不饮酒，不食葱蒜。若出现疏忽，或选错供献的牺牲，太常就会遭受扣除俸禄的处罚。不过若有世俗者胆敢不遵礼制，擅自祭天，即使不被绞死，起码也要被判处杖八十的刑罚。

无论是预先料想到的，还是受外界影响，老子最终还是提出部分类似萨满教或佛教思想的宗旨。然而，在他去世600年过后，佛教崇拜才开始进入中国。公元65年，汉明帝差使者远赴印度，请佛门大师来东汉传播佛法。公元6世纪，婆罗门教徒战胜了信奉佛教的异教徒，并将他们赶出印度，这些教徒自然就跑到印度周边国家，中国也受到了影响。

佛教思想在中国得到长足发展。中国本地的迷信做法与佛教思想没有任何直接的冲突，佛教也没有任何严厉的教规，会让新皈依的教徒敬而远之。佛教教规并不要求教徒修苦行，反而只是鼓动他们去行善，以弥补自己的罪过，要想做到这一点，只需给崇拜的神祇奉献供品即可。在虔诚地施舍之后，佛教徒就能得到来世幸福的承诺，带着十足的信心离开今生，相信自己轮回转世后一定会享有荣华富贵。在此之前，僧人还会为他祈祷，而那些所谓无私的保护神则心安理得地吃着他墓冢的供品，供品原本是献给他生前饿鬼的，他们郑重其事地在逝者坟墓供桌前举办祭奠礼，这与孔子弟子们缅怀先贤的做法融会在一起。

佛教的宇宙起源说或道德理论轻而易举便与中国古代的太极及阴阳学说融合在一起，佛祖佛陀与另外两种表现形式构成三宝，又与太极学说的抽象概念混搭在一起。无论是缘起缘灭的宇宙观，还是灵魂轮回转世的教义，都与老子或孔子的思想并行不悖。顶多只有僧人不婚及推崇悠闲自得的生活方式与官方的政策有冲突。这也正是佛陀崇拜当中饱受责备的教规，佛教也因此而一度被人视为危险的异端邪说而遭到排斥，不过当佛教经受住考验，官方为排斥佛教所做的尝试变得徒劳无益之后，也就默许其在民众阶层当中平静地发展起来，佛教因此奠定了扎实的民众基础。僧人虽然博得信徒的支持，但却遭到文人的鄙夷，他们渐渐成为中国各路迷信做法的使者，甚至与道士们展开竞争。佛教的道德规范现已归结于五项戒律：不杀生，不偷盗，不邪淫，不妄语，不饮酒。

一个履行教规的人经过多年冥想修行，就能压制住内心的欲望，进入圣人的境界。他也因此会得到天道的回报，去天道里享受快乐，那里除了有仙女之外，还有各种人所能感受到的幸福。圣人的躯体极为纯净，毫无任何污点，并散发出美妙的香气，他们的面目呈现出一种绝世美艳，任何深情都不会扰动他们那充满睿智的内心。他们赤身裸体，却不觉得寒冷；他们没有饥饿感，可以选择不吃饭，但如果真吃起来，即使吃饱了也还能再吃下去。因此，他们无忧无虑，无怒无疾。永久的青春就是他们的造化。他们一直在莲花前、在金刚菩提树下冥想，仿佛看到美丽的花园、神奇的树丛在脚下摆动，甚至起伏飘动，宛如一幅宽阔真丝帷幔上的褶皱，帷幔上的刺绣图案发出耀眼的光芒。他们抬眼向上看，一朵朵佛利舍陀罗花[1]从苍穹飘下，宛如阵阵香雨。这正是极乐世界的景象，这个极乐世界又被称作西方极乐净土。

相反，地狱里则充满了各种可怕的酷刑，一部专门编撰的历书把地狱里的酷刑展现给佛教徒。在很长一段时间里，这部制作粗糙的版画图集被欧洲人看作中国人遭受酷刑的缩影，直到马礼逊将版画说明文字翻译成英语之后，才打破欧洲人的偏见。在版画中我们看到，阎王爷判案的程序与现实生活中判官断案的程序几乎完全一样，只有惩罚的形式有所不同。其中一幅版画展现的正是地府里各大阎王判案的场景，在冥帅鬼差的簇拥下，各大阎王认真听取观音菩萨仁慈的陈述，她恳请阎王为一个判处入碓磨肉酱地狱的灵魂减刑。这幅版画之后的其他图案越来越恐怖。其中有小鬼用锯分尸刑罚；有铁锤打、火烧舌刑罚；有用空心铜桩，链其手足相抱，煽火焚烧，烫烬心肝刑罚；还有把骗子扔到刀山上等形形色色的惩罚手段。只要能想象得出来，各种残忍的惩罚手法就无穷尽。

地府审判结束之后，德行无可指摘的人将升入圣人的居住地，而那些错失良机的人仍有赎罪机会，并再次进入地府，开始在新环境下接受新的考验。最后，所有恶人将被投入地府深渊，经受各种刑罚。其中大部分人突然变身为牲畜，就像被卡吕普索留在海岛上的奥德赛的伙伴们一样。[2]这些人生前作恶多端，作恶就是受内心牲畜本能驱使，所以死后要变成这种牲畜。

佛教崇拜表面看起来与罗马天主教礼拜仪式有相似之处，这让前往中国的旅行者感觉十分诧异。上帝三位一体让人联想起佛教的三宝佛或印度教的三相神，所谓三宝佛是指佛陀、达摩和僧伽（即佛、法、僧）。佛教同样使用钟、铃铛及念珠；把特殊的功德归结于某种祈祷词，每天朗诵许多遍；使用外语来祈祷，虔诚的教徒也许根本不知道这是什么语言，而僧人对此也仅仅略知皮毛。佛教的部分崇拜偶像也与天主教圣母崇拜很相像，仪式队列，吟唱圣歌，和尚剃光头，神职人员不结婚，这些做法让两种宗教表面看起来几乎完全一样。看到圣母玛利亚塑像时，中国人很自然把她看作观音菩萨，而手拿烤架的圣安东尼则被看作火神。天后又被称作

---

[1] 作者在此书写的是拼音，此为音译，但查阅资料，找不到有关这类花朵的描述。
[2] 典出古希腊神话。在特洛伊战役胜利后，奥德赛在返航途中路过女神卡吕普索的海岛，神女喀耳刻把他的同伴用巫术变成了猪。

中国人想象的天堂

中国人想象的地狱

圣母娘娘。早年曾有许多天主教徒在中国生活,那时有一位医生就编辑过一部有关上帝及神祇的故事书,在这本书里能看到介绍耶稣基督的生平故事,他的生平竟然肆无忌惮地与其他神鬼的传说故事被编排在了一起。除了名字有所不同之外,比如耶稣、玛利亚等名字,犹太传统几乎丝毫不差地被领会下来,荆棘花环变成荆棘冠冕[1],描述十字架的说法很委婉:那是"一件沉重、巨大的木制玩意,造型很像十字",这个汉字确实是两条直线纵横交叉在一起。

我刚指出的这些相似之处大概会有损于天主教的传播,因为在佛教徒看来,天主教的种种信条既没有任何新意,也没有特别打动人的元素。至于说这些信条的起源,目前来看依然极不明了。我们只能猜测有些基督教景教徒曾流落在印度,他们把自己的宗教习俗及礼仪与佛教信仰融合在了一起。

佛教信仰在由印度传入中国的过程中只有略微的改变。研究宗教史的学者们发现,中国宇宙志专家把梵文名称以音译法转写成汉字,连词符也很相似,这让学者的研究工作变得轻松了许多,结果也更可靠。

比如,我们知道印度人的设想是把人类居住地划分为四座岛屿或四个大陆,大陆均以须弥山为中心,分列在四个方位上。东边是胜神洲,中国人将其称作"弗婆提";西边是牛贺洲,中国人把它称作"瞿耶尼";北边是瞿卢洲,这个洲被中国人称为"郁单越";南边是赡部洲(印度就位于这一洲),孔子的同胞将其称作"阎浮提"。南赡部洲有一座方形池,名为阿耨达池,池内流淌出四条大河。在这个大洲上,我们看到有四个君主统治,东为人王,西为宝王,南为象王,北为马王。

这四位君主是印度人所熟悉的。人王统治着一个人口众多、高度文明的国度,那里气候温和、舒适,这位君主就是中国的皇帝;象王是印度最大的土邦主;宝王是波斯国王;马王则是北部游牧部落的首领,这些游牧部落包括西徐亚人、匈奴、突厥人、蒙古人。

除了这些有系统的划分之外,随着对世界的认知不断进步,他们也有新的发现。印度人想象出许多岛屿,分散在他们所划分的大陆四周。中国人也把波斯吉兰省、丹麦王国和波兰看作三座岛屿,这三座岛屿坐落在不花剌城西部,玄奘西行印度所绘制的地图就是佐证。不过,这类附加内容并未被列入到宇宙起源说体系里,这一体系依然一成不变地由四大洲组成,每个大洲两翼各有一个面积较小的中洲,对称地排列在须弥山四周。

在印度和中国,所有这些宇宙起源说法以及其他设想都是相同的。其中有七重金山(鱼嘴山、象鼻山等),七重香水海(牛奶海、蜂蜜海、黄油海等),五轮(风轮、水轮等),二十八月宫,欲界六重天,色界十八重天,无色界四重天。在无色界里,人已"无形无相",但却是人类的最高境界。所有这些元素都被列入中国玄学领域,虽然解释得并不完善,学者们

---

[1] 典出《圣经》,耶稣在受难前被戴上用荆棘编成的冠冕,装扮成犹太人之王。

所翻译的名字也差强人意，但这些神话故事还是引起兼收并蓄的折中主义者的极大兴趣。

我可不像他们那样既有耐心，又有好奇心，况且也不想去探究佛教所展现的混沌世界。无论是诗人激昂的想象力，还是数学家对特殊数字的痴迷，即便把这两者融合在一起，也不会产生如此怪异的结果。像我们这样的宇宙数也数不清，但这些宇宙却仅仅构成这座超级庞大建筑的一个层面而已，它围绕着一个金轮旋转，金轮之下有水轮，水轮之下有风轮，风轮之下有空轮。众生所从事的活动会给空轮的效果带来制约，因为人的道德精神会直接影响物质世界。这个物质世界好似一块宝石隐藏于一朵巨大的莲花之中，莲花出于香水海，而香水海又坐落在一个广袤的世界中心，其实它不过是一个无穷尽链条当中的第二环而已，这个链条也是由大洲、海洋及莲花组成的，整个链条一环扣一环，无穷无尽，周而复始。有人说，这就是为了推出一个空间无穷尽的概念，为了摒弃各种各样的想法，俗人一旦形成这样的想法，就会根据造物表象的缺陷，凭自己狭隘的偏见去评价世界。

行动的美德与物质成果的关联正是这种宇宙起源说里最奇特的信条。这些信条含混不清，令人费解，其中有语言不精通，缺乏高水平译者等问题。我们从中能够理解的要点是，无论是错误，还是激情，或是罪恶，都限定并抑制了现象世界的作用，甚至拖延了这一作用。在我们看来，整个宇宙倒更像是一个庞大的机器，所有动力都靠道德因素来驱动，甚至可以说，正是

这些道德因素组装起这台机器，并最终在某一特定时间内，通过某种特定的行动，在相类似的形势下，把这台机器彻底毁坏。在此体系里，物质秩序与道德秩序混合在一起，同时又以其特有的性质维持下去（中文将此称为"法"）。对法的认知形成大智慧。

这种善恶价值观衍生出一种道德基本概念，难免让人联想起天主教的教义，即积功行善便会获得上帝的宽恕。这种道德观在中国被众人广泛地接受下来，并成为一种公开的算计：功德可以补偿过错，善举可以赎回轻微的罪过，无论是补偿还是赎回，都按照一种合法的价目表来计算。

比如，教我人生哲理的老师似乎坚信，如果他不幸失手杀死一个人（这样的罪过相当于100个"恶行积分"），他有可能靠拯救另一个人来抹掉这些恶行积分，或者靠平时积德行善，比如修路、建桥、挖井等善举来弥补，每做一件善举，就抹掉10个恶行积分，他好像已经补偿完三分之一的罪过了。经他妙手治好一个病人，又可以抹掉30个恶行积分。最后，放弃自己的墓地又可以抹去若干恶行积分，这样杀人罪过也就仅剩下10个恶行积分了。作为基督徒，我们不能轻易地嘲笑这种教义，尽管这类教义乍看起来显得极为荒谬，但基督教的赎罪教义不也是与之极为相像吗？

五

迷信

我和这位老举人渐渐地建立起信任感，他还让我看到他内心的信仰，这正是中国大部分文人的信仰，也是世界各国许多有识之士的信仰。他首先看不起和尚和道士们极力宣扬的那些荒谬文字，更看不起那些把这类文字当真的人。

他给我讲了一个相信灵魂转世者的故事。有一位可怜的家伙相信了和尚们吹嘘的那一套，认为自己死后会变成驿马，因为和尚们信誓旦旦地说，只要他吃得少、跑得快，就能在来世里用这个下等职位去换取更高的职位。从那时起，这个倒霉蛋就没法再活下去了，马车夫的

鞭子声昼夜在他耳边回响,一想到挨马刺就会感觉胸痛。为了摆脱这种恐惧感,他最终转变为基督徒。

　　老举人还给我讲了一个笑话,说有两个沿街化斋的道士心里盘算着要弄来一对鸭子当晚饭,于是便花言巧语地去骗一位善良的农妇,这对鸭子正是这位农妇饲养的。他们眼里噙着泪水,面露难色,告诉农妇说从这两只鸭子的羽毛看出,鸭子正是他们的至亲,知道这两只鸭子在人间遭受虐待,并最终被人吃掉,真是感到悲痛万分。农妇起初只是安慰他们,向他们保证不会虐待这两只鸭子,不过道士又说了一大堆理由,依然露出十分难过的样子,农妇只好满足他们的孝心,把鸭子送给他们。两人放出大话,说要悉心照料这对鸭子,让鸭子在世上能活得更长久。他们从农妇手中接过鸭子的时候露出毕恭毕敬的样子,对小动物那副体贴入微的模样令人感动,但不知道"令人尊敬的至亲"是否最终被烤熟,做成美味佳肴,编写这个笑话的人没有明确说明这一点。

　　在这类滑稽的笑话里,诸神也在其中发挥着重要作用,文艺复兴时期的意大利叙事者恐怕也会嫉妒这种绘声绘色的渎神故事。

　　中国的万神殿里已经排满了来自印度的各路神佛,中国人把阎王也列入到诸神当中,古希腊神话中命运三女神的表征也都体现在阎王身上。他手里拿着一本生死簿，里面记录着人从生至死的全部重大事件，只要上帝用笔把此人的名字从生死簿上抹去，就宣告他死亡，从这个时候起，此人便离开人世。有一天，阎王想把生死簿重新装订一下，因为生死簿很快就要散架了。他是按照中国书肆常用的装订法来装订的，本来应该用线绳把生死簿一页页地缝在一起，但他用一条纸带来代替线绳。不经意间，他在这条纸带上写下一个可怜鬼的名字，没想到一位彭姓凡人的名字却被遮盖起来，且完全被遗忘了，此人似乎就此永久地活了下去。他活到800多岁，先后娶过72位太太，然而一个致命的泄密让这长久、圆满的一生彻底终结。他的第72位太太去世后，来到阴间地府，在好奇心的驱使下，想知道自己亲爱的夫君究竟为什么能如此长寿，

这样的好奇心真是不可饶恕。对于一个爱打探消息的女人来说，即使在阴曹地府里，好像也没有什么秘密可言。结果这个秘密被披露出来，各种流言蜚语都在议论这事。阎王爷很快就知道了这件事，差小鬼取来生死簿，换掉了装订封面，一笔勾销了长寿者的性命，也就此终结了这位可敬老人的生命。

我的老师对这个传闻抱着批判精神，从中发现一个不实之处，并提出反对意见。在彭姓长寿者生活的那个年代，所有书籍尚未采用传闻所叙述的那种方法，因此阎王爷根本不可能犯下那种错误。

他甚至还痛斥了部分同胞的荒谬做法。他对我说："难道就因为孔子出生时出现了麒麟，就荒谬地认为这种动物具有神奇的德行吗？难道农历除夕在门前挂上艾草、桃枝、菖蒲就真的能辟邪吗？正月初一，不能动扫帚，否则会扫走运气，也不能出现铃铛声，铃铛声会破财？戴上一枚刻着八卦的玉坠或金锁就能让人长寿？飞鼠是洪福的象征，而乌鸦则象征着晦气？狗应入殓埋葬（假如狗不被人吃掉的话），因为正是忠诚的狗保护贤者不受人暗害？所有这一切，难道真的有人信吗？"

相反，这位满腹狐疑的文人却以严肃的口吻给我讲述了张贡的传奇壮举。据说这位英雄把剑刃藏在饭团里，让一条恶龙吞下饭团，从而杀死了那只可怕的怪物。

我的老师住在一所房子里，房主自杀身亡，他害怕房主的鬼魂回来闹事，于是便在床头挂着一件辟邪物。有人把这种辟邪物称作"刀币"，其实那不过是挂在十字架或佩剑上的古钱币。

最后，他又向我要了一点钱，因为一位朋友最近刚生了小孩，这钱用来给宝宝买一件长命锁项链。长命锁也是一种护身符，又被称作"百家锁"，也就是说要由100个人凑钱给孩子买这件礼物。这一做法让大家相信，孩子在他们的庇护下健康成长，也会让他们的事业蒸蒸日上。

朝老井里吐痰，从炉子、食物，甚至从人身上迈过去，阴历每月初一唱歌或跳舞，面朝北哭泣、梳头或小便，用污秽的柴火烧饭，朝流星火雨吐唾沫，用手指点彩虹，在人生哲理大师看来，这些做法都是罪过，他所提出的理由往往让我感到很困惑。他说："北面是星王所在地，北极就是天极，三世十界里的所有灵魂都归北极统领，因此它也就被人奉为'至尊'。假如有人胆敢面北哭泣、吐痰或撒尿，这无异于在亵渎神祇，在冒犯他们的威严，这么做是会折寿的。"

灶神掌管每个家庭所有人的日常饮食，尽管他就待在世人身旁，但也不能过于随便地奉承他、冒犯他。因此在进家门的时候，不能唱歌、哭泣，也不能诅咒、怒喊。同样，如果用污秽的柴火煮饭烧菜，柴火冒出的不洁烟气会伤害灶王爷。

如果在八个节气里不注意的话，上述过错就会变得更严重，这八个节气就是立春、立夏、立秋、立冬和春分、夏至、秋分、冬至，因为这八个节气正是大自然阴阳更迭之际，人体也会出现类似变化。况且，诸神也正是在这些节气里对人做出赏罚决定的。

在神祇伸张正义的时刻，人不仅不能犯错，而且也不能去折磨犯人。正是由于没有遵守这

条规则，名将杜樊（音译）就遭到神祇的惩罚，杜樊平时对待平民和士兵极为残暴，唐太宗贞观二年冬（公元628年），他一下子病倒了，并突然高声喊道："我见有人端来盘子，盘中有一新鲜南瓜。"闻听此言，手下人极为惊讶，内心琢磨："大冬天的，哪儿来的新鲜南瓜？"杜樊浑身颤抖，接着说道："哎呀！南瓜就是一颗人头，是来向我索命的。"话音刚落就咽了气。

在这类话语当中，我们要注意刑罚的同一性，也就是说，惩罚尺度要一致，毫无缘由地杀死龟蛇（龟蛇毕竟是北方玄武星宿的象征）与故意溺女杀妻的罪过相当，要遭受同等的刑罚。无论是虐待手下兵士的将军，还是累及病人健康的无知郎中，或是夜间起床时裸露着身体、亵渎神祇的人，都应遭到相同的惩罚。《太上感应篇》写道：像以上这些罪过，司命之神会依人所犯的轻重，夺除其寿命（重的十二年，轻的一百天），寿命夺尽就死了。如果死后还有未完的罪责，就会殃及子孙。

至于说纯粹的迷信行为，道士们为病人驱邪治病的做法确实让人感到很怪异，由于病人对各种药物已失去信心，便直接去找道士，让他们来驱鬼降魔。这些江湖郎中根本不管患者得的什么病，也不诊断他们的病症，一上来就搬弄驱魔那一套把戏，因为他们认为患者生病是妖魔在作祟，而且往往认为这是妖魔王干的坏事。于是有的江湖郎中便给妖魔王献上美味佳肴，或者用最美妙的言辞来赞美它，让妖魔王别发怒；有的则向妖魔王公开宣战，一边敲着鼓，一边发出可怕的叫喊声，用最难听的咒语来诅咒它。要是这种恐怖的驱魔法不起作用的话，道士们便尝试着给妖魔王设迷魂阵，子夜时分，他们选择最僻静的小路，悄悄地把病人转到一处秘密住所，让妖魔王找不到患者。如果病人住在河边，道士们就采用另外一个奇特的做法，先找人制作一艘小船，绘上美丽的图案，再涂上金色，随后用各种巫术，把妖魔诱入船内，再突然用力把船推开，河水卷走了小船，也把妖魔给带走了。

启蒙书籍 - 四书五经 - 科举

教育的基础就是研读古代经典著作，以下就是一个中国学生应该阅读的书目。

他首先要读《小学》，这是宋朝（公元12世纪）一位名叫朱文公（朱熹）的学者编撰的，但文体风格不太适合读小学的孩子们。此书共有20章，385段，主旨是宣讲人的道德准则。比如父亲要爱护自己的子女；宣传正义的主张，这是王公贵族们的行为准绳；夫妻要互敬相爱，以此作为双方应尽的义务。在《小学》前几章，我们还看到有关孩子启蒙教育的重要信息：

子始生,求乳母必择良家妇人稍温谨者。子能食。食,教以右手。七年男女不同席,不共食。八年,出入门户,及即席饮食,必后长者,始教之让。九年,教之数日。十年出就外傅,居宿于外,学书计。十有三年,学乐,诵诗,舞《勺》。十五以上,舞《象》,学射御。二十而冠,始学礼,可以衣裘帛,舞《大夏》,惇行孝弟博学,不教内而不出。

女子,十年不出,姆教,婉娩听从。执麻枲,治丝茧,织纴组紃,学女事以共衣服。观于祭祀,纳酒浆笾豆菹醢,礼相助奠。十有五年而笄。二十而嫁,有故,二十三年而嫁。聘则为妻,奔则为妾。[1]

---

[1] 这段文字的大意是:大凡得了儿子之后,在众妾和可做儿子保姆人选当中,要选具有慈惠、温良、恭敬美德者。儿子会吃饭时,教他用右手。到了七岁,男女不能坐在同一张席子上,吃饭时,不共用食器。到八岁时,凡出入门户,以及就席饮食时,要礼让年长者,这是教他学会谦让。到了九岁,教他数年庚日子。十岁时,便出外读书,寄宿外边,学习字体和算术。到十三岁,学习音乐和歌舞,舞蹈时以《勺》诗为节奏。到十五岁以上,就可以练习古武舞,学习射箭和御车。到二十岁,行加冕礼,学习成人应习的通礼,身穿温暖的皮衣及绸衣,对父母兄长,懂得孝悌的道理,但要行得真切;做学问只求自己广博,并不教导他人。

女子在十岁内不出闺门。有保姆教她,她言语要柔和,仪容要逊顺,一切要听受,要服从。她做的女红分别是:绩麻枲、缫丝茧,还要学织布,学习缝纫制衣,给人穿用。观祭祀的时候,要把酒浆纳入酒器,把腌菜和肉酱放入祭器,依照礼数,帮助长辈,做供奉祭品的事情。到十五岁,已达成人年龄,照例加笄。二十岁出嫁;如到嫁期,遇父母丧事,定要等三年除服,到二十三岁出嫁。经男子,纳过聘礼,方才嫁给男子的,称为妻;没有聘礼,就嫁给男子的,称为妾。

以上就是《小学》开篇的部分文字，我将其翻译成法语，让大家对此书有一个大概的了解，从中可以看出中国启蒙教育的准则。虽然这些准则在执行过程中出现了部分变化，但实质内容始终保持原有的模样。此书后来又出版了"集注"版本，集注多达上百条，成为公众必读的书目。

《孝经》本身并不是一部经典著作，也不是一部启蒙读物。此书不过是孔子向弟子曾参论述孝道的语录。秦始皇下令焚书坑儒，此书也被焚毁，但后来有人在孔子府邸的院墙里找到这部《孝经》，后代的多位作家对此书作过评注，甚至唐玄宗也亲自为此书作注。

另一部世人皆知的读物是《三字经》，这部著作的特点就是每句话短小精悍，读起来朗朗上口。作者是宋儒王伯厚，他把全书按照诗体来排列，每列两行诗，每个诗句由三个汉字组成。如同其他著作一样，此书也是竖版印刷，由上至下、从右向左阅读。《三字经》共有178行诗，通篇文字论述了人性、教育理念以及义务的重要性；还介绍了数字进位，三才、四季、五方位、五行、五常、六谷、六畜、七情、八音、九族、十义；同时讲述了学业课程，中国简史以及朝代更迭，最后强调刻苦学习的重要性，还列举了许多成功学子的例子。这样一本言简意赅的读物主旨非常清晰，而且很容易记牢，这篇诗歌风格的读物倒像一部简易版百科全书目录，此读物后来风靡全国，也证明它确实很实用。

随后就是"四书"，《大学》《中庸》《论语》及思想家孟子的著作《孟子》，这些经典著作大部分都已翻译成西方语言，我们只做笼统的介绍即可。

《中庸》是一套道德体系，道德就是以此基本原则为准，在两个极端中保持不偏不倚的状态。根据贤者孔子的说法，"中"与"和"是所有秩序及道德理念的源泉。书中的部分段落很有说服力，其中有一段详细描述了君子应有的作为，这也正是孔子这位圣贤所理解的，尽管如此，《中庸》读起来还是让人感到极为单调乏味。

《大学》论述了各诸侯国治理国家的准则，这本书是很薄的小册子，像治国这样的话题很难用三言两语论述清楚。

《论语》是把孔子那富含哲理的语录汇编在一起，有些语录很像一位普通贤者的平淡之语，另外部分语录带有明显的偏见痕迹。尽管如此，话语中的深度不容小觑。

孟子不像孔子那样有名，只是在孔子去世70多年后[1]，他才出现在历史舞台上，而且他一直尊孔子为自己的老师。他和孔子一样，出身卑微，也是在母亲无微不至的关怀下得到了良好的教育。孟子很有政治抱负，开始周游列国，游说各诸侯国君主，推行其政治主张。不过，后来他和孔子一样，发现自己的理念过于刻板，这可能会危及其政治影响力，于是便退出政治舞台，一门心思著书立说。

他的著作《上孟》和《下孟》汇集了他与各诸侯国君主交谈的对话录，在交谈过程中，他

---

[1] 作者写法有误，单从出生年月看，孟子是在孔子去世107年之后才出生的。

选妃

阐述了自己的道德观念及政治主张。他言辞犀利，敢于直言，明确地论述了自由的理念。他并未刻意推出治国形式的纲领，而是去追溯代表民意政权的起源。他甚至警示各诸侯国君主，不但要为臣民谋福利，还要让自己的统治得民心，否则将政权不保。他说："三代之得天下也以仁，其失天下也以不仁。天子不仁，不保四海。"他宁可向民众推行良好的教育，也不想要更仁慈的刑罚："善政不如善教之得民也。善政，民畏之；善教，民爱之。"他认为人的本性是善良的，即使有向恶的倾向，也是受外界事物的影响所致。这一点和中国大部分思想家的有所不同："民之归仁也，犹水之就下。"在他看来，逆境是最好的学校，能够锤炼出人的刚毅性格："舜发于畎亩之中，傅说举于版筑之间，胶鬲举于鱼盐之中。故天将降大任于斯人也，必先苦其心志，劳其筋骨，饿其体肤，空乏其身，行拂乱其所为，所以动心忍性，曾益其所不能。"

学过"四书"之后，学生马上就要学习"五经"，排在"五经"之首的是《易经》，这是中国哲学著作当中最著名、最受推崇的作品，也是外国人最难理解的著作。对于我来说，我承认看到有关此书的解释，尤其是看到其普遍性解释是以卦象为基础推演的，真是让我惊得目瞪口呆。八种卦象图是在龟背上发现的。

"卦象"的智慧一直是中国古代思想家们渴望得到的东西，孔子对卦象的神秘感就感觉格外惊讶，对卦象的特殊影响更是极尽赞美之词。他著书立说，把很大一部分精力都用来诠释卦象，但也不能确保完全理解各种卦象的意义。

排在第二位的是《诗经》，这是一部诗歌选集。接下来是《书经》，是古代帝王及诸侯王的谈话录。另一部著作名叫《春秋》，是那个时代的一部史书，由孔子编写。《春秋》记载着一年四季发生的大事件，春秋也就成为史书的统称。

排在最后的是《礼记》，这是中国古代一部著名的典章制度选集，为中国人的大部分社会关系做出规范性规则，让他们无论是在公共场合，还是在自己家中都能以礼相待。2000年来，在我们所列举的历史文献当中，这部著作的威望让人感受最深。

中国人认为，家庭责任，尤其是子女的孝行，是所有道德及政治体系的根基。他们的礼仪目的就是为表现孝行做出规范，同时尽量确保其所热衷的礼仪活动保持不变。据说有文字记载的礼仪习俗可上溯至3000年前。朝廷还专门设立了一个主管礼仪的机构，即礼部，负责各项礼仪活动，并对活动的意义做出解释。

除了这些基本著作之外，皇帝所撰写的文字，比如康熙颁定的《圣谕十六条》及其子雍正将其细析为万言有余的《圣谕广训》，通俗读物《明心宝鉴》，老子的《道德经》，《太上感应篇》，编年体通史著作《资治通鉴纲目》、《三国志》、《五虎平南后传》（宋仁宗年代），这些都是我的老师为我准备的书籍，我要刻苦研读，为科举考试做准备。考试日程早已在考生当中传开了。日程最终以告示形式公布于众：

1. 考试日期：科举考试定在农历八月十八，根据告示的说法，这一天为中秋时节，正是文人展现文采的最佳时刻。

2. 考试时间：辰时（7—9点），全体考生在文华厅集合。巳时（9—11点），笔试，写正文一篇，略文一篇，文案一篇，古文一篇。午时（11—下午1点），律赋一篇。未时（下午1—3点），作诗。申时（下午3—5点），做文章。酉时（下午5—7点），古代史题。

3. 发布命题：每隔一个时辰，命题由礼部堂官提交给总督，总督用毛笔做好标记之后，交给信使快马送给考场里的考生。考试结束后，考卷再由信使递交给总督。只有在这时，礼部堂官才会向总督提交下一个命题，以免出现泄漏题目等作弊现象。

4. 考试收场：待答完考卷之后，所有考生要前往总督府，等总督宣布哪位考生考取状元，哪些考生名落孙山，以免出现以讹传讹的流言蜚语。

依照这位老举人的说法，毕竟他在考试方面已经是个行家了，所有这些举措确实会让人安心，但有人也会公然绕开这些举措。由于得到伦琮大人的信任，他吹嘘能事先押中考试命题内容，要是我再肯花上点小钱，他还能给我提供必要的答案。

科举考试

七

考题与答案 – 诗喻 – 小说

科举考试中最基本的问题已经由抚院的一位官吏转交给我，当然我也给了他一点微薄的报酬。与古代史相关的考题有十道，要求考生来回答：

在虚空一点里能发现什么？
辅佐伏羲的两位大臣是谁？
海面上有哪三座仙山？
商山四皓是指哪四位隐士？
汉代五帝陵墓分别建在哪里？
商汤祈雨以哪六事自责？
竹林七贤是指哪七位贤士？
周穆王的八骏分别叫什么名字？
香山九老是指哪九位圣贤？
萧皇后所吟《十香词》要表达什么意思？

考生要以七言诗形式来作答，我的老师负责为我准备答案。
面对第一道题，我要这样来回答：

原始虚空聚一点，
混沌之初渺无烟。

第六道题，我要用下文作答：

六事自责对天啸，
朝纲不正尽牢骚。
宫室奢华舞升平，

民众疾苦怨载道。
轻信妇言埋隐忧,
沉迷贿赂引火烧。
逸人滥兴神亦怒,
桑林平原受煎熬。

第七道题与竹林七贤有关,这是一个受老子思想影响的小团体,他们聚集在一起,喝酒、纵歌,肆意酣畅:

七贤名声久已传,
刘伶沉醉阮籍酣。
畅饮时刻乏理智,
讥笑王戎识李穿。[1]

---

[1] 典出《世说新语·雅量》:"王戎七岁,尝与诸小儿游,看道边李树多子折枝,诸儿竞走取之,唯戎不动。人问之,答曰:'树在道旁而多子,此必苦李。'取之,信然。"

嵇康柳下烹佳肴，

阮咸向秀口水涎。

山涛独自养情怀，

选拔贤才做廉官。

其他考题的答案也都类似，这里不再赘述。

其实，撰写文章倒显得更难一些。因为我们不知道考试命题是政论文，还是记叙文。不管是哪一类文章，我都要做好准备。假如是写一篇政论文，我就要对诗歌中常用的典故追根溯源。比如，我将解释为什么中国最伟大的抒情诗人李太白通常被后人称作"骑鲸客"，还要讲述卓文君的浪漫故事，当代诗人和散文作家经常会提到这位女诗人，她与司马相如私奔的传说也成为人们茶余饭后的谈资。我还要解释，为什么在诗歌里，有人用"三思"来比喻头脑，为什么泰山又被人称作"岱宗"。

除了这些历史典故之外，我还要特别强调某些成语的美妙之处，有些成语通俗易懂，又有很强的画面感，有人喜欢用这类俗语来代替专有名词，比如有人将剪刀称为"燕尾"，把精白面粉称作"银沙"，把镜子称作"井水"，把墨锭称为"龙片"，把长发比喻为"乌云"，把鸬鹚称作"春锄"或"雪鸟"。

中国古诗里大量采用这种暗喻说法，有些暗喻既生动有力，又别致新颖，但有些暗喻却令人难以理解。心被称作"天王"，陵墓又名"青冢"；思念远方的朋友则被喻为"春树暮云"；"冰山"暗喻外强中干的势力；富家女儿的闺房是"红楼"，穷人家女儿的陋室则是"绿窗"。有人用"有脚阳春"来暗喻勤政的好官，以"白眼相待"表示不欢迎某人，用"青眼有加"来表示赏识或欢迎某人。

一位麒麟才子想凭借文学成就获得名望，有一种"平步青云"的愿望。为了实现这一愿望，他就要舍弃"红香"（纵欲享乐），要像"启明星"那样忍得住孤独，或至少应"龙凤相与"（与有道德有学识的人交往），要长时间经受"春风沐浴"（去聆听优秀老师的教诲）。从那以后，即使科举败北，他也算是"叩首龙门"的人；如果他及第成名，考取状元，就会把收到"紫泥封"（金榜题名）的消息转告给众人，从此以后，他将获得"雁塔题名"的荣誉，这时根据"六马"（指皇帝）的旨意，就会一级级升为"雷封"（县令）、"赤马"（总督）、"灰马"（巡抚）、"春卿"（礼部长官），还会迎娶"名门之后"，享受"烰金煮玉"般的生活，要"扫地以尽"（改变旧习），直至"迁化"（死亡），升入"银殿"（神祇居所）。

假如要我精炼地写出一篇政论文，这类表达方法可以让我尽情发挥自己的文学才能。但如果命题要求写一篇绝妙的记叙文，据说总督喜欢通俗文学题材，那我的题目也准备好了，我将叙述一个最神奇的道家传说故事，这个神奇故事就是：

"狐仙"[1]

1

唐玄宗年间，有一位年轻人，姓王，名幽明，字臣。他少年丧父，后来娶妻成家。由于安禄山发动叛乱，攻入京城长安，他和母亲逃往江南道。他弟弟武艺高强，充任皇家羽林亲卫。

叛乱平息之后，天下恢复太平，王臣打算返回长安，寻访亲知，整理旧业，好让全家人重返京城。他仗恃自己武艺高强，不带任何护卫，只让仆人王福一人随他一起上路。

2

一天，穿越一片树林时，他听到一棵古树下似乎有人在说话，然而说话的并不是人，而是两只野狐狸，它们拿着一部古旧的手抄本，正就某一段落争论不休。

王臣对文学不过略知皮毛，根本不把有学识的人放在眼里，不管他们属于哪一路货色，认为强弩总要胜过任何一部古书。于是，他勒马止步，用戴着扳指的手将弹丸装入弩机，随后拉开弩机，拉成一轮满月，弹丸似流星一般呼啸飞去。听到弩机弓弦发出的响声，两只狐狸抬起头，但已经来不及了，捧着书的那只狐狸左眼被弹丸击中，它丢下手抄本，发出痛苦的惨叫声，逃走了。

---

[1] 作者编的这段故事改编自冯梦龙《醒世恒言》第六卷"小水湾天狐诒书"。

流觞曲水，吟诗作赋

王臣捡起这部宝贵的手抄本,整部手抄本是用蝌蚪文写就的。但他对古文字一窍不通,一个字也看不懂。他心想会有行家给他解释这本书的内容的,于是便继续前行。

3

他来到一家客栈,打算在此过夜。他前脚刚进客栈,后脚就进来一位陌生客人,此人身着戎装,那威严的样子令人肃然起敬,客栈老板非常客气地去接待这位客人。此人看上去像是禁卫军官,却未带任何行李,神色略显可疑,尽管如此,客栈老板还是应允让他在此留宿。

王臣很快就注意到,这位客人总用衣袖遮挡住自己的半边脸,他正要把这一异常告诉老板,没想到这人却主动说他左眼痛得厉害,以敦厚的口吻说,是在追逐两只狐狸的过程中受了伤,两只狐狸边跑边叫着消失在田野里。

听他这么一说,王臣也讲述了自己的奇遇。闻听两只野狐在读一部手抄本,这位陌生人马上表露出极大的好奇心。王臣顺手从衣袖里掏出那部手抄本,让他帮助解读,正巧在这时,客栈老板的小孙子,一个五六岁的孩童跑进来,一进门就径直站在这位假军官面前,因为他认出此人的身份,指着他对爷爷说:"哎哟,怎么让一只丑狐狸坐在这里,还不把它轰出去?"

闻听此言,王臣忽生一念,料想此人正是被他击伤的狐狸所变。这位所谓的军官见被人识破真身,惊恐万分,随即现出原形,夹着尾巴朝门外逃去。说时迟,那时快,王臣早已拔出佩剑,朝大门扑去。王臣手持佩剑,紧追不舍,一直追到一道高墙脚下,但由于天色已晚,最终让狐狸逃之夭夭。

晚饭过后,我们这位主人公在客栈里就寝,又梦到这场神奇的遭遇。这时他听到敲门声,还听到一个悲哀的声音,他辨别出这是狐仙的声音,狐仙求他交出那部珍贵的手抄本,随后说道:"只要您把书还给我,我一定会答谢您,否则您将麻烦不断。"

话中显然带着威胁,可王臣非但未被吓住,反而感到极为恼火。他起身下地,悄悄穿上衣服,拿起佩剑,决意要杀死这个神秘的狐仙。不过,下楼之后,他才发现客栈大门紧锁着,要是喊人打开大门,会把其他客人都吵醒,于是只好暂时作罢。

4

两天过后,王臣收回因战乱不得不放弃的地产,这天他正悠然自得地待在布置一新的家里,只见身穿孝服的人走进来。此人正是自家的仆人,名叫王留。仆人递上一封便笺,这是王臣的母亲托他带来的。信上说母亲病入膏肓,将不久于人世,要儿子尽快返家,见最后一面。

第三部　秀才的治学之道 | 219

客栈

王臣是个孝子，丝毫不敢怠慢，闻听这一不幸的消息，他内心极为难过，于是急忙命人去赶制孝服，准备棺材。与此同时，他急匆匆卖掉刚收回的地产，哪怕亏本卖掉也在所不惜。他先把仆人王留派回去，通知家人待坟墓修好之后，他马上动身返家。

5

就在王臣急忙往家赶时，他母亲和妻子也在惦念着他，极想知道他的状况。一天，她们对王臣的命运感到焦虑不已，就在这时，下人禀报说主人的贴身仆人王福送来主人写的一封家书。家书带来的都是好消息，他不但收回地产，还被引荐给当朝宰相，宰相甚至还任命他到御史台任职。因此，他要家人把江南道的家产卖掉，要母亲和妻子前来京城与他共享天伦之乐。

此外，王福坚称要刻不容缓，马上动身。这位好心的仆人虽然因旅途劳累，弄瞎了左眼，但还是希望能即刻出发。大家都把他这股热情劲看作对主人的忠心耿耿，于是便给了他一大笔钱，要他去打前站，为旅途做准备。随后，王臣的母亲和妻子也开始着手准备，要把旅行安排得风风光光的，以彰显主人的新身份。她们租了一艘官船，廉价卖掉地产、房产和家具，把变卖换得的大部分银子支付给一个和尚，要他占卜算卦，选择动身的良辰吉日。乡里乡亲们都跑过来向这家人道喜，恭喜她们财源广茂，一家人兴高采烈地踏上旅行征程。

6

然而，王臣却忧心忡忡，急匆匆抵达扬州运河岸边，在一家客栈门前，他坐在自己的行李上，等仆人王福寻觅往来的客船。突然，在一艘逆流而上的官船上，他认出甲板上的人都是自家仆人，他简直不敢相信自己的眼睛。在船舱竹栅栏门前，一位妇人向前探着身子，把头伸到船舱外面，观看船外的景色……这位妇人正是他母亲。他即刻站起身，高喊着，要向前跑去……一想到自己还穿着孝服，这种场合显然不合适，因为母亲大人还活着，他赶紧扯掉身上的麻布素装，从身边的行囊里掏出其他衣服，再戴上一顶合适的帽子，随后便朝官船跑去，此时已经有人喊停了官船。

不难想象，正是一系列误会让全家人在此意外相逢，各方免不了要解释一番。一方面，仆人王留（真王留）信誓旦旦地说，从未给主人送过母亲大人写的便笺；另一方面，仆人王福（真王福，而不是那个独眼假王福）闻听是他向母亲大人报信，说主人在京城官运亨通，惊得睁大了双眼，那双明亮的眼睛宛如一对亮闪闪的铜铃铛。最令人感到惊诧的是，让全家人信以为真，并动身出行的那两封家书竟然变成两张白纸。

两边分别变卖家产，仓促出行，这对王臣家的打击是致命的。面对这场厄运，王臣起初只是在想也许是巫术在作祟，但联想到假王福瞎了一只眼，他突然明白过来，一定是那个狐仙在报复他。

现在该怎么办？京城及江南道的家产都已变卖掉了，在这两个地方，受人蒙骗的事已沦为众人嘲笑的笑柄，想到这一层，王臣和家人感到不寒而栗，于是便决定移居樊川。他们在那里租了一所房子，过着与世隔绝的生活，以抚慰自己内心的伤口。

7

有一天，王臣正在堂中，督率家人收拾，只见外面一人走进来，威仪济楚，服饰整齐。此人头戴黑纱唐巾，身穿绿罗道袍，碧玉环正缀巾边，紫丝绦横围袍上，袜似两堆白雪，舃如二朵红云。

来人正是王臣的弟弟王宰。兄弟俩亲热地相互致意，在寒暄过后，王宰要哥哥讲讲家中发生的变故。在得知狐仙的遭遇之后，他开始严厉地责备哥哥。为什么要虐待不伤人的小动物呢？

为什么要偷走它们的圣书呢？为什么当它们再三索求时，却拒绝交还呢？留着这本书究竟有什么用呢？

王宰接着问道："这本给家族惹来麻烦的书有多厚？书里写着什么？是用什么字体写的？"

"我也不知道。"王臣答道，内心羞愧不已，"书里的字，我一个也不认知。"

"这就奇怪了，我倒想瞧瞧。"

王臣找来那部手抄本，交到弟弟手里，弟弟翻开书，一页页地仔细瞧着，露出一副全神贯注的样子。突然间，他猛地站起身，穿过大厅，随后转过身，瞧着王臣道："那个假王留，其实就是我！今日天书已还，就不来缠你了，请放心……后会有期！"

话音未落，这个怪人转身就跑，但跑得不够快，王臣一把抓住他的衣服，同时高喊起来。王臣的一双大手刚劲有力，要逃走的这个家伙狠命地挣扎着，接着便听他口中念念有词。这时，狐仙猛然间浑身颤抖起来，摆脱掉身上穿的衣服，现出原形，一阵风似的逃走了。

王臣和闻风而至的下人一起追过去，一直追到大街上，却什么也没发现，只见一个独眼老道坐在大门口的挑檐下。他们问老道是否看到一只狐狸跑过去，是往哪个方向跑了。老道并不作答，只是用手指了指东方。

于是，他们赶紧向东追，但刚跑过五六家门面，就听老道在喊："王臣！那个独眼王福就是我！令弟也在这里！"

就这样，两只狐狸拿着它们的圣书，公然嘲弄自己的对手，在众人眼皮底下蹦蹦跳跳地跑开了。大家还想去追它们，但这两只狐狸飞也似的逃走了，宛如插上翅膀一样。

8

倒霉的王臣回到家里，还想再看看从狐仙身上扯下来的衣服，没想到，他刚碰到衣服，衣服就变了样，确切地说，衣服又变回原样。原来罗服是芭蕉树叶变的，纱巾是烂荷叶变的，碧玉环是用老柳枝圈成的，紫丝绦是用薜萝搓成的，罗袜不过是两张白素纸，朱舄只是两片老松树皮。

然而，更糟糕的是，虽然遭受两只狐狸的蒙骗，但他却落得一个"掠夺者"的恶名，因为他想把狐仙的圣书窃为己有。以上故事有诗为证：

> 蛇行虎走各为群，
> 狐有天书狐自珍。
> 家破业荒书又去，
> 世人千载笑王臣。

八

科举考试

我的那位举人老师屡考屡败,都是因为学识不够扎实。要说起来,我的学识就更差了,待在贡院那间封闭的号舍里,我一直忐忑不安,恐怕所有考生都是带着这种心情进入贡院的。不过,有一点还是让我感到宽慰,考题一个个地公布出来,和早先料想的完全一样,看到发给我的诗文试题是"纸鸢",我基本上也就胸有成竹了。不管怎么说,我还是有先见之明,考试之所以能稳操胜券,其中也是有原因的。

总督一直对监察御史心怀不满,而这位御史名字的发音很像中国孩童喜欢玩的一种玩具——纸鸢。因此通过设定这样一个考题,总督是想利用考生的洞察力,给他们提供一个机会,来展现自己的讽刺手法,去攻击总督阁下的对手,哪怕考生缺乏洞察力,却依然能让这一狡猾

计划得以实施。他希望以此来捉弄自己的政治对手，哄骗北京朝廷，但又不会招来责备，真要责备起来会牵扯到督察院官员们之间的争执。

我对这一计谋心领神会，应题的讽刺短诗也准备就绪。伦琮大人暂时将苦闷的心情搁置一旁，想看看我写的这首短诗。于是，这首诗便不可思议地取得惊人的成功，我也由此进入文人圈里。考试结束第二天，有人就把我因考试作诗一举成名的壮举编成故事，刊印出来。希望大家允许我把这篇颂文的部分段落抄录于此，免得让人感觉我是在借机自夸。总督大人对这篇颂文更是推崇有加。

颂文首先讲述了这位高官的忧虑，讲述了他如何采取各种举措，把自己关在封闭的府邸里，为交来的考卷做评判。作者诚恳地写道：

> 他在其中发现一篇极为奇妙的答卷，文章撰写得如此完美，卷面上似乎镶满了珍珠和红宝石，文章风格典雅，思维缜密，实力超群……第二天，他命人张贴告示，告知正式公布揭榜名单时间。
>
> 正式公布名单那一天（即昨天），总裁[1]坐在高台太师椅上，各院官人分列在总裁两侧，考生们站在台下。有人拿起考生的考卷，将考卷拆封，公布考生的名字。公布的第一个考生名字是平西，来自福建省沙县。这时，从考生当中走出一位蓝眼睛的年轻人，宛如青女（中国古代传说中掌管霜雪的仙女）一般。
>
> 年轻考生来到总裁面前，深深地鞠了一躬，说道："鄙人在此。"
>
> 见年轻人眉清目秀，器宇轩昂，总裁阁下喜出望外："您就是考生平西？"
>
> "正是在下。"年轻人回应道，脸颊不由变得绯红，好似神殿外面的红墙一般。
>
> "年庚几何？"
>
> "二十三年前，家人为鄙人按照古代礼仪做了周岁'啐盘喜'。"
>
> "学吟诗多久？"
>
> "三年有余。"
>
> 这时总督阁下发话："我先后在多个省份主持过乡试，秀才和举人当中确实不乏有才华的人。不过，虽然我竭尽全力想找到出类拔萃的考生，但却无法与其谋面。您的文章才华横溢，极有天赋。您慎思明辨，超群绝伦；您文笔大胆，文风激情澎湃，宛如神龙再现。我原以为此文出自一位老先生之笔，出自一位饱经沧桑的老学者之手。"
>
> 闻听这番恭维话，平西显得有些局促不安，因为他一向极为谦虚，不过还是提议给大家现场吟一诗，谱一曲，编一诗剧，写一短文。

---

[1] 清朝乡试由礼部主持，正副总裁由皇帝任命，担任正副主考官。

官员的书房

总裁谢过平西,接着马上公布其他考生的名字,随后便高声朗诵这位年轻学士的诗文。诗文写在一张印花纸上,确实无与伦比,况且仅用半杯茶的工夫就写好了。

纸鸢
(以宋词格式吟诵)[1]
轻鸢猛禽壮远观,
愚儿信真仰面看。
细竹扎骨花饰面。
形薄单,
轻飞远,
似嫌飞鸟未识辨。
随风飘荡一线牵,
难入碧霄难归返。

---

[1] 作者只注明以宋词格式吟诵,但并未明确指出词牌名,在此按照"天仙子"词牌回译。

孩童游戏——纸鸢

莫笑纸鸢脚不健，
突落闪，
到眼前，
粉身碎骨心不甘。

总裁每朗诵一段诗节，听众们都会闻之高兴地跺脚，发出爽朗的笑声，全然不顾揭榜时刻的庄重气氛。随后，司仪继续公布中榜者名单。有幸中榜者人数少得可怜，这足以表明阅卷官在批卷时极为严格，不过丰厚的回报也证明官员们一直在设法激励有才华的考生。每一位新秀才都得到三杯庆功酒及一束鲜花，来装饰其头冠。秀才们依次从总督大人和司礼太监面前走过，司礼太监为每一位新秀才戴上红绶带，并送上一包银元。

见证这一难忘的揭榜仪式，作者接着写道：

只见这些秀才在众人的簇拥下，在喧闹的鼓乐声中，兴奋得难以形容，中榜公告上书写着颂扬他们功绩的文字，赞颂平西先生文采的话语更是夸夸其谈，有人甚至为他吟诵如下诗句：
身材矫健似玉树，
挺拔闪耀皇阶前。

超尘拔俗清高跻,
孤雁翱翔入云端。
仪表堂堂真才子,
作诗撰文思涌泉。
成竹在胸巧谋略,
出口成章妙诗篇。
道德政论如教诲,
问一答十争思辨。
书法堪比龙凤舞,
才思纸上轻跃然。
高山流水挡不住,
千军万马难阻断。

我的天呀！这个作者要是知道自己费了这么多笔墨，用了这么多修饰词，只是在夸张地颂扬一个可怜的外国人，一个靠耍手腕混入大清的外国人，而且竟然考取秀才第一名，他会怎么想呢？

九

生日 - 乐师 - 戏剧与演员 -
《窦娥冤》- 一部滑稽剧

昨天，伦琮大人举办了一场盛宴，一来为了祝贺我跻身于文人行列，二来为了庆祝自己的生日。中国有句谚语叫"树倒鸟飞"，但能让我庇荫的这棵大树依然根深叶茂，因为前来道贺的客人络绎不绝，尽情欣赏为他们准备的各种娱乐活动，纷纷向前提督使表示祝贺，所用的贺词也相当怪异，有些人竟用"父母官"来称呼提督使。

晚宴之前，还举办了一场龙舟赛。晚宴席间，乐师不停地演奏乐曲，时而演奏"八音"曲，八种乐器组成的八音俨然就是一支乐队；时而吟唱用杜甫和李白诗篇谱写的歌曲。坦诚地说，欧洲人很难欣赏如此不和谐的音乐。中国人不擅长谱写乐曲，对和声及对位法也没有任何概念。哪怕有两百人在同时演奏，他们照旧会把鼓钹、唢呐及各种弹拨乐器弄成震耳欲聋的合奏。音乐以往一直被各朝代礼部视为国是，被历代思想家看作一种教化手段。有鉴于此，看到中国人在音乐方面表现得如此粗俗，就更令人感到吃惊了。据说孔子在听过一次《韶》乐之后，竟然三个月不知肉味，他甚至把"乐"摆在与"礼"等同的地位上，把研究礼乐排在学习仁义之后。

广州老街内的剧场

  有几位皇帝还发明了乐曲,甚至谱写了赞美诗曲。所有宗教仪式通常都用锣鼓来伴奏。这种情况下,乐手们全是文人,通常都是秀才,是隶属于某一寺庙的乐师。

  此外,中国几乎所有的戏剧都是歌喜剧,剧中有对白和唱腔,对白和唱腔往往都是诗文,比如伦琮为庆生请来戏班子演出的《窦娥冤》就是这样一幕戏剧。

  伦琮命人在餐厅窗前搭起一个简易戏台,高6—7尺,用竹板条搭建,台子三面用红色帷幔简单地围起来,只是在靠近背景处给演员们留一个隐蔽点,权当作小休息室,并用一帧大帷幕隔开。舞台还设两扇门,一扇门在右侧,作上场入口;另一扇门在左侧,作下场出口。还在舞台上设一个活板门,是鬼神类人物登台的入口,有人将此称为"鬼门"。凭借这一装置,也就不必再设舞台背景及活动道具,演员需用台词及大家都能理解的手势来解释布景的变化。因此,我们也就能理解为什么要让年轻人去扮演女子,因为衙门也不想让卑贱的女人登台表演。

  这种排斥女人的做法倒让我在江湖艺人排练节目时,得以和他们打成一片,而无损于我的尊严。他们组成一个流动剧团,在省与省之间巡回演出,但他们更愿意沿江河乘船出行,以节省路费。在各城市里总能找到活计,尤其是那些有钱人往往聘请他们来唱戏,不是聘一个晚上,

戏台后台的演员

就是聘整整一个季节。做巡演这个行当虽然不能发财，但起码能应付日常大部分开支。况且，这也是三个最低贱的行当之一。[1]在剧团里，团长就是绝对权威，演员都被当作奴隶对待，要是有人胆敢滥用他的职权，把一个孩子招进剧团，就会遭到杖一百的惩罚。

南京剧团的演员通常是最受敬重的，尤其是我们这个剧团的演员，他们好几次有幸在美妙的坤宁宫为皇后演出。在这种情况下，他们将在一个更大的戏台上演戏，舞台也有两三个，也就是说舞台有两三层，根据剧情的需要，演员分布在各层舞台上，上演同一部戏剧，整个场景看上去相当震撼。

中国剧作家在这里和意大利歌剧作家的创作条件差不多，也是随剧团边巡回演出，边从事剧本创作，编写对剧团有用的剧目，以换取微薄的酬金。剧作家根本就没有任何希望能获得荣誉。如果一部戏剧有幸得到命运的青睐，尤其是得到公众的好评，就会被编入一部选集里，选集随后再编撰成册出版，比如《元人百种曲》就是一部著名的戏剧选集。即便如此，公众也不会去关注戏剧作家的名字。尽管如此，大家还是知道，是纪君祥根据司马迁的《史记》编写了《赵氏孤儿》，这部戏剧由耶稣会士马若瑟翻译成法语，伏尔泰根据他翻译的剧本编写了《中国孤儿》。同时，大家知道，是李行道将著名判案集内的案例移植到元曲中，创作出《灰阑记》。不过，不管是《老生儿》，还是《合汗衫》，或是《汉宫秋》，我们并不知道这几部戏剧的作者。

尽管如此，我们并不应因此而瞧不起中国戏剧。我们不能否认中国戏剧的奇特构思，否认其富有激情的表现力以及带有鲜明个性的特点。比如在《赵氏孤儿》里，程婴手持画册，准备提笔作画，用水墨丹青诉说赵家的遭遇，向赵家唯一幸存的后人讲述赵家蒙冤的故事。我认为这是全剧最奇特、最感人的场面之一，这是舞台上从未见过的表现手法。我也非常欣赏《窦娥冤》中的一个场景，即使欧洲最傲慢的剧作家也自惭形秽。

窦娥是一位年轻女子，因遭人陷害被指控毒死自己的公公，死者的儿子把她告上官府，昏官不顾窦娥一再喊冤，判处她死刑，押赴刑场，斩立决。此后，皇帝下旨派高官去探察民情，重新审理判过的案子。这位高官正是窦娥的父亲，他当然不知道，这场血案已经让他永远失去了女儿。他离开女儿之后，发生了一些变故，女儿也改了名字，这一切他都不知道，而且一直被蒙在鼓里。不过，就在他打算把此案所有卷宗通读一遍时，却感到困意袭来，随即合眼睡着了。就在这时，一个鬼魂出现了，正是窦娥的冤魂，她走进来，看着四周，悲声哭泣。老人在梦中看到她这副伤心的样子，也跟着哽咽起来。随后，他猛然惊醒过来，但发现屋内仅有他和书吏两人，而书吏正在酣睡。房内似乎有一个影子总是在烛光周围轻盈地闪动，烛光变得飘忽不定，忽明忽灭，老人每次站起身想剔一下灯芯，鬼魂就会把他刚翻阅的卷宗翻回到那份不公正的判决书上。最后，窦娥终于在父亲面前现身，见此情景，父亲不由吓得惊魂丧魄，但刚回过神来，

---

[1] 中国古代把商人、匠人和戏子看作三个最低贱的身份。

便开始询问案情,好似她还活着一样。作为执掌刑事的最高判官,他要厘清案情的来龙去脉,为冤死的女儿昭雪。在聆听过女儿的陈述之后,他便答应要为女儿伸冤。最后,窦娥满意地回到自己那个神秘的出没地。随后判官与书吏的简短对话让这悲怆一幕看起来格外神奇。

  (鬼魂暂下)窦天章云:呀,天色明了也。张千,我昨日看几宗文卷,中间有一鬼魂来诉冤枉。我唤你好几次,你再也不应,直恁的好睡那?
  张千云:我小人两个鼻子孔一夜不曾闭,并不听见女鬼诉什么冤状,也不曾听见相公呼唤。
  窦天章做叱科,云:今早升厅坐衙,张千,喝撺厢者。

  《包待制智勘灰阑记》讲述了包拯巧施计谋判案的故事,这倒像是《圣经》所记载的所罗门智断争子案轶事的翻版,只不过故事的主人公换成中国判官。两个女人因争夺一个孩子而对簿公堂,包拯在复审这个案子时,命人用石灰于庭阶中画一个栏,将孩子放置其中,宣称谁最先将孩子拽出来即为生母。经过两轮拉拽,孩子的生母均败给对手,因为孩子的母亲不忍心用力拽扯亲生儿子,而另一个女人则不管不顾,狠命地去拉拽这个孩子。贤明的包拯由此看出谁是真正的生母,并做出公正的判决。
  这类难解之谜往往都要交由别具慧眼的判官去审理,判官略施巧计,便做出准确的判断,这也是中国作家最常挖掘的题材之一。
  有一部备受公众喜爱的短篇小说名为《行乐图》[1],这部小说也是讲述类似的断案故事。一位老人去世之后,打算把遗产留给庶子,但又不想让嫡子因此而记恨庶子,便把遗赠方案隐藏到一幅画里。不过,这幅神秘的画后来被明察秋毫的判官破解,画里隐藏着过世老人的遗嘱,兄弟俩根据遗嘱平分了这笔遗产。
  我们再回过来讲述剧团的演员,看看他们是如何组织演出的。在演出前一天,伦琮派人到他们居住的大船上去取演出服装。几乎所有的演出服都是老款式,其中有几件极为珍贵,要小心保管好。剧团的演员第二天一早就到了,三四十个生龙活虎的男子汉开始整理临时搭建的舞台,他们年岁不同,脸色也不太一样。中午时分,他们便开始上演一部戏剧,此戏分成四幕来演出,因此又被称作"折子戏"。演出持续了将近三个小时,随后翻筋斗的演员登上舞台,他们那灵活、矫健的动作让我联想起阿斯特雷和迪科罗马戏团的演员。同欧洲剧场的做法一样,演出的压轴节目是一幕短剧或小喜剧。这类喜剧其实往往就是一种滑稽戏,完全靠演员夸张的手势及扮相来取悦观众。

---

[1] 即《古今奇观》之三十六卷"滕大尹鬼断家私",法国汉学家儒莲在译为法语时将其更名为《行乐图》。

第三部 秀才的治学之道

在此,我要如实地讲述一部中国滑稽戏的梗概,大家看到此戏梗概兴许不会感到懊丧。同时也请各位原谅我把在伦琮大人家上演的一出滑稽戏一幕幕地呈现于此,此戏名为《补缸》。

这时只见戏台上(背景展现一条街)走来一位可怜的人,肩上挑着沉重的担子,担子两头挑着一条板凳和两只箱子,里面装着做活的家什,他走街串巷,靠给人补缸谋生。他脸上画着怪异的色彩,应当是一个净角,那副模样有点像欧洲舞台上的小丑。

他一登场就唱道:"修补缸坛是独行,那知趁息极平常。不安本分图风月,就有银钱一扫光。"

唱到这儿,他停下来,放下肩上的担子,把补缸的家什摆好,整理完毕,便坐下来,打开手中的扇子,接着说道:"自家可怜呀,家室全无,补缸为业!连日天气下雨,一步也不出门。今朝天气晴朗,上街做些生意吧。"

随后又唱道:

忙将担子来挑起,
挑起担子走街坊。
前街走到后街上,
不觉来到王家庄。

"真是可怜呀,第一次来王家庄,真得卖力气才行。这样坐在凳子上,是等不来生意的,还得走街串巷。"说罢,他又挑起担子,边走边吆喝:"补缸哦!补碗哦!补锅哦!补甏哦!"

这时从后台传来一个女人的尖细嗓音。王大娘听见补缸匠的吆喝声,走出家门。她喊住补缸匠,为补一件家什不停地和补缸匠讨价还价,补缸匠最终接受了价格。此前一直心情抑郁的他突然变得高兴起来，忙不迭地向王大娘献殷勤。王大娘拿给他一只破缸，随后走进绣房，心里盘算着要去引诱他，甚至不加掩饰地表露出来。

她唱道："王大娘，进绣房。打开云鬓巧梳妆。前边梳起盘龙髻，后边梳起拣花香。忙将花粉搽了脸，拿点胭脂点嘴旁。开了门往外走，看看老儿来补缸。"

补缸匠一人埋头补缸，边干活，边哼唱着补缸行当的小曲。这时王大娘身穿大红绸衫、罗裙锦镶走上台来。补缸匠抬眼看到她。他唱道："忽然抬起头来看，小小一个俏娇娘。芙蓉宫粉擦了脸，血泼胭脂点嘴旁。裹脚虽然看不见，三寸弓鞋露外厢。"

他只顾看王大娘，没想到却打碎了要补的缸。王大娘面露不悦，要他立马赔偿。补缸匠跪倒在她面前，请求原谅，声称是因为王大娘太好看，才失手打碎了旧缸。随后他说道："原谅我吧，大娘许了我，不要赔的吓。"

这个提议似乎倒让王大娘感觉有些意外："厚颜无耻的老儿，你怎知我会嫁给你？"

补缸匠："讲真，要说娶王大娘，我年岁是大了点儿，不过，我还是想娶她。"

王大娘："算了！不说这事了，你回去吧。"

补缸匠："既然你原谅了我，那我就挑起担子到别处去揽生意。我对天发誓，再也不来王家庄。你自以为是贵妇人，其实只是衣衫褴褛的小姑娘。你要嫁的人根本没法和我比！"

梳妆的女主人

话音刚落，老补缸匠的破衣烂衫一下子就消失得无影无踪，他转眼变成一个衣着华丽的年轻人。这个突然变化也让王大娘改变了主意。她说："从今以后，你别再走街串巷去补缸了。我夫君不该是个补缸匠。到王大娘家来住，共度美好余生。"

滑稽剧中两个人物未做更多解释，高兴地相拥走下舞台。

十

历史学家

中国人和我们一样也要学习历史，这可不是夸大其词。虽然大家一致认为司马光编撰的 294 卷《资治通鉴》所搜集的史料是真实的，但我们不能因此就默认这部编年史巨著所记载的史实都是真实可信的。

在此，我并不是指传说中的年表，也不是指在 18000 年当中各氏族部落首领相继统治的上古时代，包括天皇、地皇及各个神秘时代，没有哪个民族能清晰地记载那一神秘时代的历史。我要讲的是能被理智的人所认可的历史，也就是说，我要讲述或多或少被中国证明是可信的历史，即从伏羲帝起，从公元前 2953 年起计算的历史。[1] 我们之所以持怀疑态度也是有原因的，在此仅列举其中的一个原因：在一段 750 年的历史当中，仅有九朝统治，平均每一朝统治 83 年，这样的史实怎么能让人相信呢？[2] 尽管如此，虽然历史传说当中有许多明显的错误，但我们还是要把它看作记载古代风情的画卷，说不定这些传说还有其他用途。这一历史向我们表明，从最站得住脚的假设来看，中国人有可能来自蒙古平原，即今天陕西省那块地界，而且主要以狩猎为生，对各种艺术及文明生活方式一无所知。从我们所掌握的史料来看，中国人在科学进步及财富积累方面取得的成绩完全仰仗有才华的部落首领，这些部落首领总是极为关注自己臣民

---

[1] 作者这段文字表述有误，根据《三皇五帝年表》记载，伏羲帝约公元前 7724 年在位。

[2] 作者这里并没有明确指出是哪九朝，如果是指中古九朝（约公元前 15000 年至约公元前 2071 年），统治时间对不上，况且每一朝并不一定是由一位帝王统治。

的福祉。其中一位首领是建筑师，另一位是音乐家，还有一位发明了结绳记事法。和古代秘鲁人一样，古代中国人也把结绳当作文字使用，以记载部落中发生的大事件。总之，每一朝都带来创新，并在上一朝的发展基础之上推动社会向前发展，社会进步从未停止过，既没有减慢速度，也没有偏离发展方向。一个不争的事实是，皇帝去世前，选择新君主几乎总要听取宰相的意见，由此不难想象，帝国当中发生的许多事件都是有违自然法则的。

伏羲接替燧人氏而成为部落首领，他不但对河南和山东两地实施移民实边政策，而且还开垦林地，冶铁制器，教民众饲养家畜。总之，他把一个个狩猎和好战的部落转变为一个农耕民族。他的另一项功绩就是在民众当中推行婚姻制。

伏羲之后由神农担任部落首领，他制作出第一架耕犁，开办了第一个易货市场，而且他还是一个妙手回春的大夫。

每种新发明，包括度量衡、算术运算规则、首批马车、小船、桥梁、砖房等，每个社会等级应遵守的着装规则，一个个构成历法的初步尝试，首批丝织机等，所有这一切都被看作黄帝的伟绩。由于神农年事已高，黄帝便取而代之。这位部族新首领还为兵士们装备了弓箭、大刀和头盔，军旗也是在他那个年代开始使用的。他扩大皇权的管辖范围，超过以往任何一位前任，大家对此不必感到惊讶。他把帝位传给自己的后代，虽然中国人接受了这一选择，但他们对这种首次世袭尝试感到不快，于是很快又重启推选部落首领的做法。正是仰仗这一做法，才出现了两位伟大的帝王，即尧和舜，在中国历史典籍里，尧舜统治时期被看作一个为民造福的时代。禹在很长时间里被舜任命为夏伯，随后舜又把帝位禅让给禹，禹建立起第一个世袭王朝，即夏朝，因为禹的领地名为"夏"。那时候，虽然帝国已建立起来，但总体形态依然极为简单，这一形态一直保持至今，尽管其间经历过多次危机及变革。危机与变革是伴随着专权制度而产生的。

我们在此很难用一两句话来描述当时的社会动荡局面，尽管每一场动荡多少有些差异，但基本上展现的是同一幅场景：一个萎靡不振的君主不思进取，贪图享乐，最后被一个起身造反的大胆诸侯推翻。在一小撮不满者的拥戴下，大胆诸侯自立为王。这位篡权者很快就把前任被推翻的教训丢置脑后，自己也沉溺于骄奢淫逸的生活，在富有政治抱负对手的攻击下，他的王朝瞬间土崩瓦解。我们看到的不是一个少康的形象，就是一幅履癸的画像，他们就是中国的提图斯和卡里古拉。[1]在中国人看来，履癸就是典型的暴君，他娶了一个和他一样邪恶的女人，这对可怕的夫妇荒淫无度，滥杀无辜。奢华的宫殿用象牙敷墙，用各种宝石作装饰。在这座宫殿里，他们命人挖了一座酒池，在酒池四周堆起一排排美味烤肉。要想品尝这些味道鲜美的烤肉，就得喝下大量的烧酒，大量饮酒会让人失去理智。皇帝和皇后常在富丽堂皇的皇宫里举办各种难以置信的狂欢活动，大理石地面上流淌着鲜血和酒液，一阵阵垂死的尖叫声以及淫荡的欢笑声从宫殿一扇扇碧玉大门里传出来，闻此怪异的声音，民众无不感到惊诧。要是哪位品性正直的人敢表达愤慨，哪位贤明的大臣敢公开谏言，皇帝就会命人把他绑在青铜柱上，柱子外面涂上树脂，柱子里面放入火红的木炭，被缚在青铜柱上的人都会被烤死。听着他们发出凄惨的叫声，看着他们做出垂死挣扎、疯狂抽搐的模样，这对魔鬼夫妇却乐此不疲。整个中国对此局面深感不安，然而正是他们在统治着这个国家，履癸和妹喜、纣辛和宠妃妲己正是这样的人物。中国第二个朝代即商朝终结于纣辛之手，于公元前1122年被新朝代灭亡。[2]

商朝灭亡之后，周朝便创建起来，随后统治中国长达873年。[3]然而，由于几个势力强大的诸侯不断提出各种诉求，甚至拒绝承认周武王的绝对权威，迫使周武王去接受某种封建权威。这不过是一种无关痛痒的臣从表示，没有任何实际利益，而且仅向朝廷进奉少得可怜的纳贡，创建周朝的武王不得不认可他们的诉求。这也正是诸侯割据局面的起因，在几百年当中，中国纷争四起、战火不断，战乱从公元前750年开始，一直持续了近500年。

在那段时间里，中国分割成21个诸侯国，各地硝烟四起，战火纷飞。然而，当时却有一个相当奇特的现象，中国的思想运动似乎并没有受到战争的影响，反而开始强势表现出来。所有伟大学说、经典书籍都是在那个动荡不安的时代问世的。在此乱局当中，各诸侯国似乎更注重于要把本国所有人才都调动起来，为己所用。老子、孔子、孟子都是周朝时期著名的思想家。相反，在随后的朝代里，两位立朝帝王恢复了中央集权，科学与文学则遭受了前所未有的迫害。

---

[1] 据史书记载，履癸即夏桀，是夏商国第十六代末代君主。夏桀即位后不思改革，骄奢淫逸，挥霍无度。提图斯是罗马帝国弗拉维王朝第二任皇帝，卡里古拉是罗马帝国朱里亚·克劳狄王朝时期皇帝，两位皇帝都以荒淫无度、凶残暴虐闻名于世。

[2] 部分史料认为商朝灭亡于公元前1046年。

[3] 孔子撰写了夏商周朝的历史，但周朝末期历史除外，孔子之后又有许多历史学家撰写这个朝代的历史。《国语》和《左传》是深得中国人好评的两部先秦历史书，从中可以看到中国由分封制向集权专制过渡的局面。——原注

第三部　秀才的治学之道

古代服装——文人的回忆

秦始皇所有的治国决策都预示着他将实施明智的专制行动,他做出令人难以置信的努力,让中国重新回归到野蛮状态,坑杀帝国的460位儒士,甚至不惜将所有现存的历史及文化典籍付之一炬。据说他的梦想就是,在完全抹去历史记忆的同时,为帝国原创立者赢取无与伦比的名望。他的另一个怪癖就是想摆脱普通人的命运,成为长生不死的帝王。由于蒙受一位假方士的欺骗,他派人去东海寻找长生不老药,据说那里有一座仙岛,岛上生长着一种让人永葆青春的药草。一场暴风雨卷走了所有前往仙岛采药的使者,而皇帝本人也在此后不久去世,根本没有预料到会这样丢下自己的臣民,甚至没有来得及指定皇位继承人。根据立长为储的规矩,皇权落入一个低能的王子手里,在他统治之下,原有的封建割据死灰复燃,而这正是他父亲生前花费极大心血去遏制的。

这种毁灭性的统治让中国再次陷入封建割据状态,就在那时,一位幸运的投机分子推翻了秦朝,让"汉王"家族登上了皇帝的宝座,汉朝是创下中国辉煌历史的朝代之一。这场朝代变迁发生于公元前200年前后,标志着中国古代史走向终结。[1]

尽管如此,千万不要料想事情会发生本质性的变化,更不要设想事情会发生连锁反应,只不过,一位以文学为敌的暴君被推翻后,取而代之的是一位保护文学的专制君主。高皇帝[2]和汉武帝先后采取补救措施,弥补"焚书坑儒"所带来的可怕影响。研修历史再次得到鼓励,文人也被召至皇宫,整个国家又逐渐恢复了和平。

然而,虽然有秦始皇时期修建的长城,但西北边境地区总是遭到匈奴的骚扰。匈奴是当时对鞑靼人的一种称呼,这些勇猛的骑手不畏疲劳,善使弓箭,无论是陡峭的山峰,还是湍急的河流,他们都能骑马跨越过去,他们凭借战术向训练有素且装备精良的中原将士发起挑战。实际上,中原绝不允许匈奴长久霸占某地,于是匈奴人便去洗劫各边远省份,待强大的中国军队前来围剿时,他们便四散逃开,消失在渺无人烟的荒野里。

汉武帝试图以和平手段来解决难缠敌手的骚扰问题,以确保边界地区的安宁。他与匈奴首领直接处理双方的冲突,还把皇族的公主嫁给匈奴首领。尽管得到如此高的礼遇,但匈奴人并未因此停止掠夺行为,直到公元90年,匈奴内部出现纷争,他们对边界地区的掠夺行动才停下来。匈奴各部落之间相互残杀,有些部落向中国皇帝俯首称臣,于是便得到皇帝的保护,随后轻而易举地打败了其他部落。这些被打败的部落逃往西伯利亚,并从西伯利亚攻入欧洲,公元5世纪,在匈奴首领阿提拉的指挥下,他们横扫欧洲大陆,让已遭受多次入侵的罗马帝国彻底走向灭亡。

---

[1] 随着时代的进步,史料来源也变得越来越丰富。秦汉时代的史学家多得不胜可数(班固等)。许多编纂者不得不对繁杂的史料做简单概述处理,中国有像司马迁和董仲舒这样的著名史学家,刘向还编纂了记录女子生平的史书《列女传》。——原注
[2] 汉高祖刘邦的谥号。

那个时候，汉朝早已不复存在，在经历426年的统治之后，汉朝被农民起义军推翻。当时，一个名叫张角的江湖医生利用当地民众对传染病的恐怖心理，告诉他们只要用一种神水就能治愈疾病。他因此获得民众的拥戴和信任，在发现自己已拥有50万信众时，他便发动起义，以夺取最高权力。由于起义者头绑黄巾，后人将此称为黄巾起义。但张角及其信众很快就遭到残酷镇压。不久以后，参与镇压黄巾军起义的一位将军把控制国家的实权掌握在自己手里，他的权力甚至比皇帝的权力还要大。他的儿子曹丕不想再效忠于汉室，在重臣的辅助下，夺取了汉朝的皇位。

当时中国已陷入一种群雄割据的局面：三个独立政权相互依存，前后持续43年。最后一个名叫司马炎的将军创建了晋朝。[1] 就在晋朝疆域的另一端，一个游牧部落首领也创建起一个朝代，与晋朝分庭抗礼，并将自己的朝代命名为"赵朝"。晋朝人软弱无能，而赵朝人则贪图奢华。其中一个政权拥有一支骑兵部队，由清一色的女骑手组成，她们不但人长得漂亮，体格也很强壮，既做皇帝的贴身侍卫，又为皇帝歌舞升平的生活奏乐。

在经过150年的统治之后，晋朝被一位前来协助平叛的将军推翻。然而，这位篡权者无法建立集权制，在随后200年当中，一个个家族建立起自己的王权，中国史学家将这段历史称作"五代"[2]，即宋、齐、梁、陈、隋。其中宋统治59年，齐统治23年，梁统治55年，陈统治32年，隋统治29年。直到隋朝建立之前，中国依然分裂为南朝和北朝。最终时任北周丞相的杨坚杀掉北周宗室五王，篡夺北周王权，并把南陈最后一任皇帝赶下台，由此创建起隋朝，让中国再次形成一个统一国家。尽管如此，杨坚不过是一个愚昧的粗人，不但仇视文学，而且还把汉代人在大都市里耗费大量资金设立的学院都毁掉了。不过，他儿子炀帝却有不同的想法，他利用父亲聚敛的财富，建造宏伟的宫殿，创办利民学堂。中国完备的内河漕运体系就是在他倡导下创建起来的，美丽的中式花园也要归功于他。花园是为帝王消遣享乐而建造的，如今这些花园依然是美妙的享乐去处。

尽管隋炀帝做了许多利国利民的事情，但在他统治之下，各地纷纷爆发农民起义。最重要的一次起义是由皇家军队的一位下级军官（李渊）发动的，他推翻了隋朝，建立起唐朝。唐朝持续了275年，即从公元622年起直至897年。[3] 唐朝是中国历史上最辉煌的一个朝代，为中国的发展打下深深的烙印。唐朝的各项法律变得宽容了许多，历法也得到改善，迷信行为遭到制止，道德观念得到重视。唐朝的大部分王公都很有教养，不过他们当中出现了一位女性统治

---

[1] 三国及汉、晋史是编年史里博得好评最多的题材，其中有《三国志》，有司马迁及郭颁（司马相如续写）等史学家编写的著作，还有刘知几编纂的四十九卷本《史通》。——原注
[2] 作者在此写法有误，把下文列出的南朝五国（把隋朝算作南朝之一国）视为"五代"，这与中国史学家所称的"五代"完全不是一码事，综合下文来看，他把唐朝之后的"五代"称作"后五代"。
[3] 这与中国史籍所列唐代年表有出入，史籍划定唐代从618年起直至907年（含武则天统治时期）。

者，她是一位阴险残忍的君主，单从功绩上看，也远比不上那不勒斯女王乔万娜和俄国女王叶卡捷琳娜。唐高宗对她宠爱有加，言听计从，但她本人却听任宦官和道士的蛊惑。武后心狠手辣，犯下许多耸人听闻的暴行，起初她采用这种手法来扩大自己的势力范围，随后又以该手段来维护国家的生存。尽管如此，这个说一不二的女人仍然无法把皇权传给自己家族的人，不过她在世期间却把皇权牢牢地掌握在自己手里。她去世之后，唐朝恢复了皇位世袭制，高宗的儿子登上皇帝的宝座。

然而，唐朝也躲不过世袭朝代的致命规律，唐人不思进取，耽于享乐，逐渐丢掉了自己的权势，让权力落入宦官之手，落入这些善于溜须拍马的侍臣之手。民众已对朝廷失去好感，私下里不断发出抱怨，改朝换代的钟声已经敲响，已变得越来越孱弱的皇权就要落入旁人之手。整个局面的走势和以往一样，朱温曾为捍卫唐朝立下汗马功劳，但却利用自身的影响，推翻了唐朝。当朝宦官遭到血腥屠杀，被杀死的宦官达几千人之众，清除宦官恰好是这场朝代更迭的借口，此举在中国历史上写下浓重的一笔。唐代的最后一朝皇帝先遭到废黜，随后被杀掉，而这位篡权者的家族不久也被另一位觊觎王位者赶下台。中国由此进入一段封建割据时代，"后五代"持续了53年（907年至960年）。随着宋代的崛起，"后五代"才宣告结束。宋代的统治持续了319年，宋代各朝皇帝都很贤明、公正，这是前所未有的。在皇帝的推动下，印刷术的发明促进了知识的进步。我在前文曾提到过朱熹，正是他借评注儒家学说之机，将研究儒家经典的义理之学引入思想界。虽然朱熹在官场上屡遭贬黜，虽然他的理论被人看作异端邪说，这些理论甚至迫使官府颁布政令，禁止学者们到古典书籍之外的理论著作中寻找真理，但不可否认的是，朱熹所发起的学术运动确实结出丰硕的成果，尤其是他的理论著作如今已成为思想及道德教育的基础。

中国随后遭到鞑靼人的大举入侵，而率先向中国发难的是金人。金人常常进犯北方边境，逐渐攻占了长江以北的各个省份，甚至还把都府设在开封。宋朝人失去了部分疆土，就在这时，在博克托岭至阿尔泰山之间西侧的广袤平原上，归顺于铁木真（成吉思汗）的蒙古各部落似乎正准备征服整个亚洲。在连续几年的战事中不断取得胜利，蒙古人开始向金国边界发起进攻，蒙金很快爆发全面战争。大宋皇帝认为可以利用此时的局面来收复被金人占领的省份，于是便与蒙古游牧族人结盟，联手攻打农耕族人金国。蒙金之战的结果是，在宋朝皇帝的协助下，窝阔台帅军彻底打败了金国。战争获胜之后，参战方往往会因瓜分战利品而产生不和，这种事不难预料。然而，由于蒙古人在军事上更强大，在忽必烈指挥下，蒙古军很快攻克了南宋最大的城市——国都南京。[1]在蒙古军的追杀下，宋代最后一朝皇帝逐渐失去所有国土，最后只是在一艘战船上维持统治。为了不做蒙古军的俘虏，他跳海自尽了。这一事件发生在1279年，政权由此落入蒙古族之手。

元朝的几位君主忽必烈、铁穆耳和海山都是按照自己的原则和思想来治理国家，但这些原则和思想与汉民族的思想格格不入，但不久以后，由于汉族文明程度更高，开始在治国方面占据优势，至少让征服者接受了司法概念、谦和的美德，接受了汉族的智慧及对文学的喜爱。蒙古君主也遭受同样的命数，在皇帝宝座上变得温和懦弱，最后一任皇帝元顺帝闻听各地爆发起义大为吃惊，当时宫中正沉浸在一片歌舞升平的欢乐气氛中。一位敢于冒险的投机者（朱元璋）早年不过是一个和尚，后来参加农民起义军，成功地推翻了成吉思汗打下的王朝。在经过89年的统治之后，元朝将皇位拱手让给明朝。

---

[1] 此指南京应天（今河南商丘）。

明代的历史与此前所有朝代的历史极为相似，同样骄奢淫逸的生活，同样的宦官专政，同样轻信道士的长生不老药，招摇撞骗的道士们声称手中掌握着神奇的配方，各朝君主同样一代不如一代，同样无能的治政引发混乱的局面，甚至造成内部分裂。然而，在各女真部落中，一个新势力正在兴起，在取得一系列胜利之后，其中的一个部落即满族部落形成主导优势，把女真各部落统一起来。满族人趁农民军起义之机，毫不费力地进入中国腹地。农民军攻入北京城，推翻了明朝最后一任皇帝怀宗。[1]这位帝王死得很壮烈，他亲手刺死自己的女儿，而皇后及六位妃子则在他身旁自缢殉国，随后他为攻入北京城的农民军书信一封，望叛军勿伤百姓，并决然地用帝王腰带结束了自己的生命。

皇帝的死讯传到被派往北部迎击满族人的军队里，指挥部队的将领竟然调转枪口，与敌人联手攻打朝廷。北京城再次落入敌军之手，1652年，清军南下占领全中国。

满族人吸取以往各朝代的教训，谨慎而又明智地治理整个国家，他们在各主要层面上尽量不去冒犯汉族的思想或偏见，恰恰相反，反而对汉族的思想表现出极大的敬佩之意。满汉勠力同心治理天下的做法是顺治及四位辅政大臣采取的治国策略，如今大清仍在执行这一国策。顺治去世后，未成年的皇太子继帝位，在辅政大臣帮助下治理国家，继任者康熙是最伟大的帝王之一。康熙朝、雍正朝、乾隆朝、嘉庆朝分别结束于1722年、1736年、1795年和1820年，在这四朝皇帝统治期间，中国没有发生重

---

[1] 崇祯皇帝的谥号。

大的历史事件。因为像与沙皇俄国的边界冲突,平定帝国内部小股势力叛乱,派遣大军攻入青藏高原,驱逐准噶尔势力,这些都称不上是标志性的重大事件。清朝在西藏驻扎军队,而英国最近刚获得对加瓦尔的管辖权,这让两个帝国在边界地区有了直接接触。不过由于清政府对该地区一直采取多疑的政策,双方没有建立起任何政治和经济关系。

当朝皇帝道光之所以能得到皇位,恰好得益于他父亲的感谢之意,当年前朝皇帝不在紫禁城时,有一小撮胆大妄为的谋反者攻打皇城,道光勇敢地保卫了紫禁城,得到父亲的赏识。至此道光皇帝遇到的最大麻烦就是张格尔叛乱。道光六年,即1826年年底,张格尔在南疆地区的喀什发动叛乱。张格尔是中亚浩罕王国的王子,一直梦想在南疆恢复其家族统治。在最初取得几场战事胜利之后,张格尔放松了警惕,遭到出卖,被清军将领俘获,并被押解至北京,他

在北京很快就被处死。道光皇帝对所有参与平叛的将士论功行赏,从这一点上我们可以看出,此次叛乱在朝廷内引起极大恐慌。平叛将军长龄被恩封为威武公爵,世袭罔替,并赏戴宝石帽顶,两团龙补服。

在嘉奖敕令中,皇帝还特意申明:"授(长龄)为御前大臣,赏用紫缰,换戴双眼花翎;并解赐佩囊二件,宝石顶一个,双眼花翎一枝,龙补一副,白玉双喜翎管一个,御用白玉扳指一个,白玉吉祥如意佩一件,黄辫珊瑚豆大荷包一对,小荷包四个。"

处决张格尔之后,朝廷草拟了一份文件,记载着要组织的庆典仪式,感恩诸神帮助,让国家得以顺利平叛。其实这不过是向苍天和大地献祭,向先贤献祭,向平叛军队所经过的高山、桥梁,向皇太后、五岳四海、皇陵、孔林等献祭。

此外,皇帝颁布敕令,命人修葺寺庙和皇陵,为阵亡的将士家属授予荣誉称号,给国子监的监生放假一天,给军队及巡检多支付一个月的薪俸,向医院提供资金以及其他各种抚恤。

威胁大清生死存亡的最后一次危机就这样被化解了。即使没有秘密社团所引发的恐惧,没有这个可能会导致王朝倾覆的新崛起的神秘组织,我们认为,在经过或长或短时间的统治之后,几乎所有的世袭专制的皇位都不会永久地坐下去。

十一

九重发威 - 伦琮获赦免 - 谋反者获极刑 - 棘手的使命

我们在此等待的赦令最终传达下来。九卿会审对伦琮还是网开一面,但对曹熹的判决却毫不留情。九卿责备伦琮犯有小错,大多是在身居要职时犯下的过错,可以被视作"违制律失察过错"。他们对伦琮忠心耿耿效力朝廷做出公正的评价,特别指出他所做的贡献,在平定布哈拉和突厥斯坦的叛乱中战功显赫,在担任各省巡抚时成绩斐然,且多次获得朝廷嘉奖。九卿仅撤销他的荣誉称号,并命他归还朝廷赏赐的花翎、紫缰、黄佩囊及狐皮长袍。不过,九卿还是允许他去觐见九重(此指皇帝,因其居九门宫禁内),当然并不是让他去为自己申辩——为自己申辩往往被视为一种冒犯皇帝的举动,而是要向皇帝认错,以感谢皇帝宽宏大度。

至于曹熹,他的名字被列入要处斩的死囚名单里,那一年天子复核签署了对580名死囚的处决政令,行刑往往都安排在固定日子里。我们早已看过对这位谋反者实施的酷刑,他和同谋犯共有17人都被处以极刑。行刑那一天,南京的刑部官员都要到场监斩,伦琮自然也要出席,以表明自己和死囚没有任何连带性,我要陪同大人观看这种恐怖的问斩过程。

行刑的小广场其实就是一条空旷的大街,大街一侧是一排房子,另一侧是一个个带外墙的小花园,街道两端临时各设一道栅栏。在这个封闭空间里摆着那个粗糙的行刑工具,这个工具就是两个用新木头制作的十字架,十字架脚下摆着好几个圆盒子,有人告诉我,这是用来装死囚被砍下的脑袋,然后送往死囚的家乡。

上午十点左右,按察使在一队人马的簇拥下来到行刑场,几位刑部官员及都统陪在他身边,一百来位兵勇手持长矛封住各个路口,把看热闹的民众远远地挡在外面。在相互寒暄一番之后,刑部官员们在一个临时搭起的竹棚里落座,竹棚里早已布置好桌椅。

几分钟过后,死囚被一一押解过来,有些死囚被关在囚笼里,另一些死囚只是被简单地绑在柳条筐里。行刑前还要对死囚验明正身,无论死囚在牢里关押多久,这道野蛮的程序是一定要执行的。

大部分死囚早已被折磨得半死不活,对刽子手没有任何抵抗能力,任凭刽子手去摆布。刽子手把他们放倒,提起来,按跪在地上,好似在摆弄一具死去的僵尸。15个死囚背后绑着一块牌子,上面书写着对他们的判决,背着"斩犯"牌子的死囚三四个人排在一起,蹲在地上,脑袋向前伸着。

第三部　秀才的治学之道

在按察使的示意下，刑场发出三声炮响，预示着夺命时刻已经到来。卫队首领举起利剑，六位刽子手拿着砍刀朝斩犯走过去。尽管这个血腥场面极为恐怖，但我还是十分敬佩这些刽子手那干脆利落的手法。他们手中的砍刀有三尺长，两寸宽，刀口极为锋利，手起刀落，几乎从不需要再补第二刀。现场那两位监斩官身穿红色缎子官服，上面绣着绿色图案，官帽两侧各设一根长羽毛，他们不动声色地看着这场恐怖的斩首过程。

斩首结束后，还要处决两个清茶门教的首领，这两位首领被判处凌迟处死，所谓凌迟就是千刀万剐。我在上文提到的十字架就是用来施凌迟刑的，十字架横木上挖出一个凹槽，死囚的脑袋已置于凹槽之上。假如严格按照律例规定实施凌迟，囚犯会备受折磨，随后慢慢死去，因为要用刀子一刀一刀地切他们的肉体。欧洲也有类似的处决手法，比如车轮刑[1]，但人们还是尽量避免这类刑罚给犯人带来太大的痛苦。刽子手靠近十字架，好似是为了检查是否一切都已准备就绪，但却悄悄地用匕首刺死两位刑犯，随后其他刽子手再过来装装样子，在早已断气的身体上切上两三刀。

皇帝的处斩敕令实施完毕过后，刑部的官员们就可以离开刑场，但在离场之前，他们依然要相互寒暄一阵。而我本人则在好奇心的驱使下依然留在刑场上，刑场外围的栅栏尚未撤掉，看热闹的民众就立马拥进来，有人向刽子手提出各种问题，看着刽子手带着那种得意的兴奋劲，忙不迭地回答大家的问题，真是让人感到恶心。尽管如此，随后发生的可怕事情更是出乎我的预料。

中国民间医学有一种偏见，认为人体的每个器官都有一种特殊功效，比如要是喝下勇者的胆汁，饮用者也会变得很勇敢。我以前曾听说过这个怪异的说法，好似是从古食人族口头传说里汲取的说法，但完全没想到竟然会亲眼目睹这种做法。然而，这样的事就真的出现在大家眼前。一群人围着曹熹的十字架，我也凑过去想看看大家聚拢在一起要做什么，只见刽子手的仆从正在忙着分解这个倒霉蛋的尸身，其中一个人已经把他的胆囊拿在手里，正往胆囊里灌大米。有几个看热闹的人早就预定好了，他们既不感到恶心，也不感觉羞耻，花上一点小钱，就能得到这种给胆小鬼壮胆的妙药。看到这个既可笑又残忍的场面，我不但感到心头一紧，而且感觉格外恶心，一分钟都不想耽搁，巴不得赶紧离开这里。回到家里，我感觉真的很难接受这种所谓的奇妙药方。

现在，不管谁提出反对意见，伦琼大人都不会信从，他只听从我的意见。他对我越来越信任，从他赋予我的使命这一点就可以看出来。我不仅仅是他的幕僚兼医生，还是维持他与高官交往的渠道，甚至是聆听他倾诉内心想法的知己，他把我当作自己的家人。在准备动身去北京之前，他要我前往景德镇去接他女儿，他女儿大概尚未听说自己许配的那个男人的悲惨结局。然而，

---

[1] 打断犯人四肢后，将其绑在车轮上，任其慢慢死去。

南京附近的桥

护送雅茜小姐的并不只有我一个人,中国古代礼教历来讲男女授受不亲,她的一个姨妈将在路上陪伴着她,此外伦琮大人还派了多位仆人来护送我们。从各方面看,这一举措还是很有必要的,因为我们要经过的安徽山区总有劫匪出没。所有事情安排妥当之后,这位老将军送给我一枚玉如意,以向我表达友好情谊。朝廷高官相互之间送礼时往往会送上一枚玉如意,如意的一端刻着佛教的圣花——莲花。对我来说,这不仅是一件珍贵的纪念品,还是一种尊重的表示,一种权威的保障。我怀着感激之情把这件礼物接受下来。

不久以后,我们便分别动身。朝各自的目的地走去。这是我首次独当一面,在这个奇妙的国家里承担护送任务,任何一个微小的事件都会让我的处境变得极为复杂,不过我毕竟已经历过那么多的考验,想到这一层,我也就不再感到害怕了。况且,我的保护者名声依旧,他的大名就是我在各地安全通行的最佳保障。

平西在北京 第四部

一

旅行回忆 – 长江沿岸 – 农业及产品 –
大白菜 – 过多的人口 – 浮岛

自这篇游记搁笔以来,不承想两年已经过去了,在这段时间里,发生了那么多事情,真不是简单概述一下就能说得清!尽管如此,我确实无法横下心来,让原本已草拟的故事半途而废,况且其间发生的某些事件兴许还会让我的故事显得更有意义。

我从江南省首府南京出发,当时整个环境对于我这个观察者而言还是有利的,每次回想起这次旅行,我都会感觉特别惬意。我们沿着长江行走在安徽平原上,平原上到处都种植着橘树、侧柏和芭蕉树。此时正是农忙季节,农田里刻意灌满了水,水牛拉着犁耙,正在平整水田,以种植水稻,农民双腿沾满了泥巴,跟在犁耙后面,边犁田,边唱歌。四周的山冈上开满了白色的山茶花,远看好似覆盖着一层白雪,近看却宛如走进一座巨大的花园。由于缺少农畜,女人也赶过来帮忙,她们时而拿锄头锄地,时而协助拉犁。他们采用各种方法,让所有农田都能成为水浇地,我对此深感钦佩。有把水库建在小山顶上的,有采用脚踏水车灌溉农田的,还有建在赣江沿岸似大风车一般的水车,也许正是由于赣江水域河床深,水流急,才给人带来启发,设计制作出这种巧妙的灌溉装置。这一地区大量种植甘蔗,这些灌溉装置主要用来浇灌甘蔗园。水车的构造显示出这一装置整体设计得非常巧妙,制作工艺也很精湛,这是中国人有别于东方其他民族的显著特征。

他们之所以具备这样的能力,也是受自然条件影响,由于人口一直在增长,农耕地要养活更多的无业人口,因此他们要尽可能多使用劳动力。这种压力对中华文明的进步起着决定性的作用,把中国人由过去(精于狩猎和放牧)的游牧民族转变为一个善于农耕的民族。甚至在孔子时代,畜牧业仍然是国民财富的一个重要组成部分,那时候肉食还很普遍,如今肉食反而越来越少了。他们也许用天然方法来为土地施肥,而且开垦出更多的耕地,从而大大地压缩了牲畜的生存空间。牲畜大多是在山区饲养,因为山区很难开垦出适合耕种的土地。

这就是这个国家目前的状况,他们只能用吃剩的残羹剩饭来饲养牲畜,要是让牲畜去吃其他类型饲料,那简直就是一种罪过。肥沃的土地不再当作牧场使用,那些得以保留下来少得可怜的牲畜只能在不适合种粮食的土地里找食。本来野生的苏格兰小种马在此却变得特别瘦弱,最有钱的官员家里就养着这样一匹瘦弱的小种马。

　　国民膳食结构里所缺乏的部分就由种植业和渔业来弥补,牛奶、黄油和奶酪绝对是稀缺产品,只有富庶人家才会偶尔吃一顿牛肉或羊肉。在北方省份,稻、黍、稷、麦、菽是五种主要的农作物,在祭祀典仪上,向诸神敬献的供品就有这五种农作物。农民往往会在自家茅草屋旁种上多种蔬菜,但种的最多的还是大白菜,这种卷心菜类的蔬菜和我们的生菜一样,没有任何味道,吃的时候要用辛香作料来提味。

　　除了种植与日常生活息息相关的农作物之外,他们还种植工业所需要的原料。他们不养绵羊,而是用种植桑树和棉花取而代之,此外,他们还广泛种植芝麻、蓖麻和山茶花,用来做食用油或动物油脂的替代物,种植乌桕树、漆树、樟树以及其他各种草药。

　　然而,所有这一切都表明,尽管中国人极为勤劳,土地也相当肥沃,虽然经济作物有助于减少粮食消耗,但他们却总是不断遭受饥荒的威胁。虽然他们压缩了公路所占用的空间,把墓地都建在山冈或荒凉的高山上,甚至禁止建造娱乐消遣型花园(皇家园林除外),但都无济于事,因为出于政治因素考虑,帝国要促进人口增长,与政治因素相比,那些徒劳无益的精细算法都不值得一提。与世界其他地区相比,中国更注重家庭观念。根据《钦定大清会典事例》记载,

放牧的农民

筏子和浮岛

康熙皇帝回想起同一家族七百余人共进晚餐的时代，并将此看作理想的幸福时代。法律甚至为父权赋予许多特权。部分法律条文设定得很轻率，官方不去设法限制人口密集地的发展，而是禁止移民，其中当然有地域偏见的因素，但法律却将移民看作一种罪过。[1] 任何一个中国人，不管是谁，只要离开故乡，都被视为叛逆者，甚至会遭受惩罚；如果返回故乡，还会遭受与逆贼同谋相似的刑罚。除此之外，要是有人放弃祖宗的坟墓，其同乡就会对他很反感，甚至憎恶他。

帝国正面临人口增长过快的威胁，雇工制有可能会部分减缓这种可怕的增长趋势，不过，法规一直反对这种有益的举措，如果雇主不能把女工嫁出去的话，也会遭受惩罚。

唯一能阻碍人口增长过快的因素就是瘟疫、饥馑。但中国整体还是卫生的，官家粮仓贮存足够多的大米，以抗击干旱等自然灾害带来的不利影响。至于溺婴，不管这种事情出现得多么频繁，但它幸好并未蔓延开来，也未形成一种习俗。

我们还是不要去想这些悲惨的事情，在一个国家旅行时，能做到走马观花就已经很不错了，能看到他们为制作外贸订单所施展的精湛手艺，看到多种多样的活计，看到处处井然有序的模样，即使最简陋的茅草屋也整理得有条不紊，能看到这一切也就应该感到满足了。比如在宽阔的湖面上，有人搭起巨大的木筏子，上面再建造房子及花园，形成一座浮岛。看到这样的浮岛，人们最先想到的就是浮岛构思巧妙，制作精美，但有人知道他们之所以这样做的深层次原因

---

[1] 清朝初期，对于华人出洋，清政府禁令甚严，《大清律例》第二百二十五条规定："一切官员及军人等，如有私自出海经商者，或移住外洋海岛者，应照交通反叛律处斩立决。"

吗？有人能料想到那些贫困家庭得花费多大力气才能把浮岛建造起来呢？他们住的地方见不到阳光，在这表面平静的画面下却掩盖着凄惨的生活。富有理性的人也在琢磨，假如再经历一个世纪的和平，或者说假如苍天不想让中国遭受自然灾害——自然灾害有时会阻止人口过快增长，那么中国将会落入哪种极端的境况呢？

二

工业村 – 瓷器 – 薄胎瓷 – 古董 –
奇妙的青金石 – 瓷神

景德镇不过是一座大村庄，也就是说是把一座座民宅汇集在一起的镇子，镇子没有城墙，不过随着制瓷工业的发展，镇子如今已有一百多万人口。我是在夜里抵达景德镇的，从镇子周围山冈上向下看，我还以为城里发生了火灾，几千座灼热的炉窑发出火红的亮光，升腾的烟雾好似在城市上空构成一只巨大的圆盖子。昌江流经景德镇，在镇内形成一个一古里宽的盆地，河水倒映出弥散的火光。有一时刻，我恍惚感觉自己来到曼彻斯特或伯明翰，但蒸汽机的响声及轻轻摇动的轿子把我拉回到现实当中。景德镇并不是在冶铁，而是用一种既脆弱又雅致的材料从事制作活动。景德镇有500多家瓷器制作厂，向全中国提供瓷瓶。瓷瓶制作得极为精美，在很长时间里，欧洲仿制者一直自愧弗如。

瓷器（porcelaine）这个词源于一种单壳贝壳的名字（porcella），因为瓷器外观与这类单壳贝壳很相似，况且它那种浑圆的模样又极像一只肥胖的小猪。欧洲人一直没有弄懂瓷器的成分，如今在耶稣会传教士尤其是在殷弘绪[1]坚持不懈的研究下，制瓷的所有工序都已被人熟知，殷弘绪曾在景德镇居住很长时间。瓷器是由两种主要原料烧制而成的，一种是高岭土，另一种是白不子。高岭土是从鄱阳湖畔花岗岩质岩石里开采出来的，开采的时候要选择地表呈红色并

---

[1] 法国传教士殷弘绪（François Xavier d'Entrecolles）在景德镇长住10年（1712—1722），在写给耶稣教会的信件中，他详细披露了景德镇制瓷工业的秘诀，让法国首次知道中国瓷器制作的真实情况。

含云母的地段。白不子是一种石英质花岗岩，放在石臼里用杵舂碎，做成一种陶泥，然后卖给制瓷厂。制瓷厂再用富含碱的蕨灰来揉制陶泥，这样制作出的瓷器有玻璃那样光滑的表面。最好的白不子产自江南省的徽州。在制作瓷器过程中，还可以添加滑石及雪花石膏。

瓷器精美与否取决于上述原料的配比。一等瓷器是用配比各半的高岭土和白不子揉在一起制作的；二等瓷器是用四分高岭土、六分白不子制作；三等瓷器，即我们平时最常用的瓷器是用一比三的配比制作的，即一分高岭土、三分白不子。但有人更喜欢用滑石来取代高岭土，因为用滑石制作的瓷器更细腻，而且更容易着色，但价格非常贵，比高岭土的价格高三倍。石膏则用来制作彩釉，与生石灰和蕨灰搭配在一起使用。

很少有人知道制作一件瓷器要经过多少道工序，经过多少工人的双手才能制成，恐怕连那些漫不经心地用薄胎瓷杯喝茶的人也不一定知道。在送进窑炉烧制之前，瓷器要先后经过二十来个工人的双手，烧制之后，还要经过四十几位工匠的双手不断完善改进，才能制成最终的成品，卖给客户。在世界任何一个地方，制作工序都不会像中国这样划分得如此精细，由于人口众多，工匠的薪酬压得很低，每道工序里都可以安排许多工人，但欧洲的劳动力成本太高，现已由机器来取代人工。

不过，和任何工艺一样，这套工艺也有缺陷，在把人当作机器使用的同时，也限制了人的创造性，中国瓷瓶上的绘画并不是由单独一个艺术家画的，而是由十几个画匠描绘的，这恐怕就是瓷瓶绘画品质不高的原因，画匠是按工件支付报酬的：有人只画花，另一人仅画塔，第三个人只画仕女或官人，等等，不一而足。因此，在这样的环境下，艺术绝不会有任何进步，只会踏步不前，甚至还会逐渐萎缩。中国目前正面临这种局面，古瓷器反而比当下制作的瓷器更有价值。对古瓷器的偏爱免不了会催生造假行为，各地都有造假制假等不法行为，比如在某些瓷器上加盖一个假的制作年份章。每年都有人把部分新制作的瓷器埋到地下，过一段时间之后，再把瓷器从地下挖出来，瓷器上会带着古瓷的迹象，价格也会涨起来。这些所谓的古董用一种偏黄的瓷土制作，成品最终呈海绿色。在窑炉内经烧制之后，马上把瓷器放入一种黏稠液体中，让瓷器沾满液体，然后再埋入泥塘里，埋放几个月，让赝品看上去更像真古董。赝品用手敲上去不会发出清脆的响声，这一点倒和真古董有些相似。

几乎所有艺术都有美妙的传说故事，在景德镇的四卷本地方志里就记载着许多这类传奇故事。其中有这样一个传说：一位瓷器商人在海上遇险，飘落到一处荒芜的海岸边，其他人都在忙着修补漏船，而他却在海边闲溜达，没承想却在岸边的鹅卵石里发现许多青金石，他觉得这倒适合做绘制瓷器的颜料，于是便带回许多青金石。县志记载的故事补充道："制瓷工匠们从未用过如此美妙、如此纯粹的蓝色，后来瓷商及其他人又回到因遇险而飘落的海岸边，但却一无所获。"这种蓝色后来就再也没有找到过。

还有一个传说称，过去有一位皇帝想让工匠们按照他设想的样子去制作瓷器。工匠们上书告知皇帝，这种瓷器根本就做不出来。傲慢的天子才不管这些，一道道圣旨从北京传到这里，旨令变得越来越紧迫，口吻也越来越严厉，地方官员惊恐万分，忙不迭地加倍小心行事，以更严厉的举措去逼迫工匠。然而事情的发展出乎人的预料，一位工匠被逼无奈，在万念俱灰之中，纵身跳入窑炉。这一疯狂举动却解决了皇帝出的难题，正是这座窑炉烧制出了皇帝想要的那种瓷器。皇帝看到瓷器非常满意，也没有让工匠们再去烧制。后来人们赋予这位工匠极大的荣誉，如今他依然被人奉为"瓷神"。

三

**医生的看法 – 颜色与疾病 – 人参 – 长生不老液 –
解剖概念 – 把脉 – 主张顺势疗法 – 女性地位**

我来到景德镇时，提督使的女儿病得很厉害，见到我她特别高兴，这表明她并不信任本地医生。尽管同行应该相互尊重，但我觉得她不信任他们也是有道理的。基于对病症精准的观察，中医也确实做过一些有益的探索，但行医者往往夹杂着占星术和迷信做法，让中医在当时很难成为一门科学学科。我感觉雅茜小姐的医生只想知道她是否得了肝病，如果是肝病那就要用属木的绿色草药来治疗；但也考虑她可能得了心脏病，如果是这种病，那就要用属火的红色草药治疗。治疗胃病时，中医会选用黄色草药；治疗肺病时，则选用白色草药；黑色草药往往用来治疗肾病。中医最喜欢用的药物是人参,"人参"这个名字有神草的意思,很多人把它当作一种万灵药。欧洲植物学家将它命名为"西洋参",这种药物名气很大,甚至比白银还要贵重十倍。这种植物主要生长在山东和辽宁的部分山区,只有每年农历二月、四月和八月采摘的人参才最有价值。也有人用蛇根草来替代人参,蛇根草的退热功效在东方享有盛名。

中医的大部分药物都取自植物界,尽管如此,许多药剂用汞来做基药,尤其是给一种"长生不老液"做基药。汞是用极简陋的化学法从朱砂里提炼出来的。虽然以汞做药每天都会引发事故,但大夫还是经常给病人开这种药方。

现在我对当地人的习惯了解得较为透彻,不惧怕和这位临时合作的医生展开辩论。现在我也能判断出他那医术是否有效,感觉他对人体解剖学的概念似懂非懂,简直就像莫里哀笔下的《冒牌医生》。和这位冒牌医生一样,他也以为人的心脏在右侧,而肝脏在左侧。话说到这儿,我倒想起他们有一种怪异的生理学概念,他们认为鼻子是胎儿在母体中最先形成的器官,于是便把最遥远的祖先称作"鼻祖",基于同样的原因,把最弥远的后代称作"耳孙"。

我的中国同行对化学仅仅是一知半解,对植物学更是完全外行,仅对人体解剖学和生理学有一个模糊的概念,因此很容易就能猜测出他们是如何为患者治病的。把脉是他最重要的诊断

手段，他有 80 种不同方式去验证这种通用诊断法，在不借助其他核查手法的前提下，他不但能发现病灶的位置及疾病性质，还能察觉出将来可能会偶发的病症，虽然病人目前看似健康。通过脉象，他能预知女子将来的生育能力，甚至还能预知女子将来是生男还是生女。总之，无论是过去，还是现在，或是将来，要是在身体某个部位循环得或快或慢的血液显示不出任何脉象的话，那他就什么也不知道。

欧洲中世纪的江湖医生也有过类似的荒谬想法，但我们不能因此就忽略中国医生的作用，正是由于他们最宝贵的医学实践，我们才看到这么多治愈病人的手段。接种疫苗的手法恰好是从中国传入欧洲的，接种方法很简陋，就是用沾染病毒的棉签去刺病人的鼻孔。艾灸也是一种中医疗法，是由荷兰航海家引入欧洲的，有人认为顺势疗法也是中国人发明的，或至少与中医的某些疗法相吻合。雅茜小姐的医生反对给她放血，但我认为必须要给她放血，他辩解说："因为发烧就像是一个烧开的水壶，要减少外部的火势，而不是降低水壶内溶液的温度，内溶液越少，外部火势作用就越猛。"哈尼曼及其弟子恐怕也不会否认这个学说吧。[1]

虽然她的病情比较特殊，但我还是坚持采用最可靠的方法来治疗这位年轻的患者。天意再次感谢我的努力，我也因此而赢得这位年轻漂亮姑娘的信任，甚至还和她成为好朋友。从那时起，她似乎也把我当作亲兄弟看待。

只是在她康复之后，我才把那件事关她命运的变故告诉她。这件事似乎并未让她感到难过，这完全出乎我的预料。雅茜小姐不过是遵从父亲的意愿才许配给曹熹的，在中国没有哪种影响力能抵御父亲的意愿。尤其是女孩子，更无法轻易地获得自由，女孩子从一出生就遭受歧视，在社会上总是被人看作低人一等，难道不是这样吗？即使在遭人鄙视的女性当中出现才华横溢、修养极高的人物，她们也并未因此就认为已摆脱自己原有的劣势地位。她们当中有一位名叫班昭的女作家，可以算是中国著名的作家之一，可她在自己的作品里却不遗余力地贬低女性，不断提醒女性在创作方面的劣势，提醒她们履行好自己卑微的职责才是正事。

在回忆往事时，她这样写道："古时，男孩子出生时，要让他睡在床上，身穿睡衣，将卿大夫用的圭璋给他当玩具，听到他的叫喊声，每个人都应像待王子那样顺从地回应；但女孩子出生多月后，就让她躺在床下，将织布用的纺锤作为玩具，并将生女之事斋告宗庙。睡在床下，表明女子应当卑下柔弱，时时以谦卑的态度待人；玩弄瓦砖，表明女子应当亲自劳作，不辞辛苦；斋告先祖，表明女子应当准备酒食，帮助夫君祭祀。"[2]

班昭还提醒大家，按照古代的传统做法，家中生了女孩子，不应感到高兴，而是要让她在地上躺三天，躺在一堆旧布片里，家族认为生女孩子微不足道，也不想做出任何体面的表示。三天过后，家族只是给女孩子举办一个简单的庆生仪式，但家里如果生了男孩子，全家人都高

---

[1] 哈尼曼(1755—1843)，德国医师，顺势疗法的创始人。
[2] 这段文字引自班昭的《女诫》，作者略作改动。

兴得不得了，还要举办隆重的庆生活动，两者之间形成鲜明的反差。然而，班昭却认为古代人这一做法很明智，因为这会让女人从小就接受低人一等的观念。男女不平等体现在各个方面：正妻给丈夫生了男孩子，丈夫要是还想纳妾，就会感到有失体面；但如果正妻给他生的都是女儿，他就可以名正言顺地纳妾。出嫁的女子绝对不能犯法，若有犯法行为，丈夫要承担所有责任。古代中国一直鼓吹约束女子的行为准则，其中就有"三从"，即"未嫁从父，既嫁从夫，夫死从子"。

让女性长久处于从属地位会扼制她们的智力发展。女子从 12 岁起便被关在闺房里，只是在进庙烧香或乘篷船散心时才走出闺房。她们待在闺阁里，没有任何消遣活动，整日靠梳妆打扮来消磨时间，偶尔能听到街头传来走街串巷卖唱小姑娘的歌声，每次她们走过来的时候都会先敲鼓。有些好奇心重且不太矜持的女子则手拿两只镜子，待在暗处，窥视着大门口，看出入

乐器合奏

家门的有哪些客人。有时候，主人或老爷为客人招来戏班子演戏，她们就躲在餐厅的隔板（隔板通常都是竹编的）后面，透过隔板的缝隙来看戏，而到访的客人又看不到她们。尽管如此，由于中国的滑稽戏较为暧昧，且玩笑话里总带着荤段子，丈夫往往不会允许妻妾有这种违祖训的举动。

雅茜小姐向我解释了为什么会厌恶婚姻，她的说法还是可信的。她告诉我："我目前也只有'一从'了，只要父亲能对我满意就行，我会平静地生活下去，也不会有任何人来责备我。一旦出嫁，枷锁会变得更加沉重。不但丈夫可以支配我，婆婆也要我对她百依百顺。待婆婆要毕恭毕敬的，就像卑屈的下人一样，即使指使下人也要顾及她的感受，不能招来她的质疑。按照祖上传下来的规矩，只要她活着，我无权支配家里的任何财物，既不能送给别人任何东西，也不能把家什借给外人。我要是收到一件礼物，得把它送给婆婆，如果婆婆不想要，我得向她表示谢意，好像这件礼物是她送的一样。我要是不听她的话，或者让她感到不愉快，她就会动手打我，而丈夫却任凭她来打我，好似在讨好她。我甚至对小姑子（假如有的话）也要服服帖帖的，因为依照老辈人的说法，'新娘子在家里不过是影子和回声'。她的夫君老爷可以肆无忌惮地打她，但如果她敢抬手反抗，官府就会立马判处她杖一百。丈夫随便找个借口就能把妻子休掉。不孕、坏脾气、不孝敬公婆、多嘴多舌、有恶疾，只要丈夫提出其中任何一个借口就可以休掉妻子，更不要说妻子犯下通奸或偷盗的罪过了。假如被休掉的女性连亲友都不想要她，她只好远离夫家，躲到一个阴暗的角落里，苟且偷生，前夫像对待最下贱的奴仆那样对待她，能供她衣食就已经很不错了。"

为了让她的哀诉更有说服力，这位年轻姑娘拿出一本诗集让我看，其中不乏描述女性悲惨处境的哀歌。诗中这样写道：

难道这是更可怕的命运吗？更艰难的境遇吗？女人的生命掌控在丈夫手中，既然嫁给他，就要跟随他，像仆人跟随主人那样。从娘家嫁出去，远离亲人，她内心涌出一股苦涩的悔意。她感到极为失望，几乎听不到母亲那忧伤的道别。没有人同情她的痛苦，面对她的叹息，兄弟姐妹却以欢笑来回应。欢庆的鼓乐在周围响起时，她却在漂亮的花轿里顿足捶胸。她戴上镶嵌着珍宝花饰的新娘头冠，戴着珍珠耳坠，身穿金光闪闪的绣花婚服，这是父亲表达父爱的最后一点努力。

新婚洞房大门上装饰着彩旗和一串串鲜花。但在洞房之内，她往往看到什么呢？无非是痛苦与种种限制。而我看到的更加凄惨，因为那里只有傲慢与贫穷。婆婆脾气暴躁，公公身有残疾，这一切似乎都表明他们娶我就是让我来服侍他们。然而他们的女儿却无所事事，像个尊贵的客人，整天对着镜子梳妆打扮。家中有干不完的杂活，我往往累得汗流满面，每天天不亮就起床，待夜幕降临时，我还不能歇下来。

　　生下孩子之后，我的枷锁变得更加沉重。我以泪洗面，泪水甚至会滴落到孩子的脸颊上，要是丈夫在此刻出现，我要马上抹去泪水，因为每见我忧愁的样子，他都会很恼火。可怜的孩子，你让我备感痛苦！天冷的时候，他身上冰凉，可我却拿不出任何东西给他暖身，感觉饿了，他向我要吃的，叼着我那干瘪的乳房，因吮不到乳汁而躁动不已。我不止一次拿出绳子，想结束自己的生命，了结这无穷尽的痛苦！噢！可怜的儿子！内心涌出的母爱让我丢掉手中的绳索，把你独自一人丢在人世更让我感到可怕，甚至比我将要忍受的痛苦还可怕。剪掉长长的秀发，卖些钱来养活你真的不算什么，要是有可能的话，我甚至想卖掉自己来抚养你。

　　要想对中国女子性情有一个准确的认识，要想了解丈夫希望妻子具备哪些品质，来评价女子所发挥的作用，只需读一读中国史学家所编写的《列女传》，书中讲述的故事也都大同小异。有的篇章描述女主勤奋好学，疏于打扮，苦心钻研时极为用功，以至于"即使遮挡住部分烛光，也不会影响她学习"。另一篇则褒扬女子孝顺父母的态度，她精心照料父母，做事悄声无息，朋友们见她如此孝顺，要在村头为她立一块匾额，被她婉言拒绝。还有一篇章说一位姑娘和一个文人定了亲，但未等举办婚礼未婚夫就去世了，姑娘对他一直忠贞不渝。尽管父母反对她的

迎亲队列

做法，但看到她那痛苦的样子，父母也改变了看法，而她则在未婚夫家族祠堂里为他举办了隆重的丧礼。她开始绝食，再加上内心悲伤的打击，她病倒了。家人喊来医生，但她顾虑重重，不想伸出手臂让医生把脉，而是把手臂藏在长袖里，毕竟她还没有结婚。这种守贞的做法最终会夺去她的生命，临终前她对哥哥说："我死后，也就不会再有悲伤，只担心父亲和夫君的父母因失去我而痛苦万分，不然我也就死而无憾了。"随后，她又补充道："你知道我一生当中既没有戴过珠宝，也没穿过色彩鲜艳的衣服，希望不要拿这些没用的东西陪葬。"

这位品性正直的姑娘就这样去世了，年仅 34 岁。

这真是一种近乎于自杀的行为，而撰写这些文字的作者似乎并不打算去责备此举，反而大加颂扬，将其视为一种展现自我牺牲精神的壮举。由此，我们不难看出，中国女性的道德理想就是一种掺杂着温柔、顺从、挚爱的复杂情感。不仅中国人有这样的道德理想，几乎所有文明的民族都会有。

四

女性礼节 - 加帆独轮车 - 北京 - 四城相套 - 有钱人的乐趣 - 热情的接待

雅茜小姐痊愈之后，我们之间的亲密关系也就结束了，这其中有礼节的障碍，也有习俗的约束。在从景德镇赶往北京的路途上，我只和她一起吃过一次饭。尽管如此，为谨慎起见，下人还是做了特殊的安排。我们碰面的那间大厅从上到下用竹席隔开，大厅东侧摆了一张桌子，桌上特意为我点燃两根蜡烛；另一张桌子摆在大厅西侧，但那里没有烛光，显得很昏暗。透过竹席，雅茜小姐能看到我的面目轮廓，但我却无法看清坐在暗处里的她，黑暗起码能遮掩她的羞态。这也是整个旅途当中唯一一件有趣的小插曲。这一路上，我都坐在轿子里，看到各种各

先祖祠堂

样的车，其中有加风帆的推车，借助于风力，推车在平坦的沙土地上跑得飞快。凭借手中的路票（由官府签发的路条），不管走到哪里，我们都能得到热情的接待，要是我发现有人好奇地盯着我，或者可能给我带来麻烦时，我就亮出那把大扇子。

眼瞧着就要抵达目的地，这场令人生厌的旅程就要结束了，我的兴奋之情溢于言表，恐怕大家对此也不难理解吧。随着我们逐渐靠近北京，路也变得高低不平，虽然景色变得更好看，但忽上忽下的道路也让轿夫们吃尽了苦头。最终在北京周边的高山处，我们远远地看到那座期待已久的古城，整座古城仿佛被包裹在绿荫葱葱的树林里。那种郁郁葱葱的效果宛如陵墓周边茂密的林木，庙宇及豪华住宅周围那一排排高大的树木。尽管如此，只有城南的背景是这样的景色。如果旅行者由北面进入北京城，高大的城墙会挡住他的视线，每段城墙隔开不远就设一座箭楼，箭楼的造型既新奇又宏伟。穿过城墙，进入城里之后，之前从远处看到高大建筑给人造成的印象都会一扫而空，这类建筑好似突然消失了一样，有钱人住的房子都是一所所带围墙的四合院。城内的道路相当宽，也相当笔直，不过房子外墙面带着岁月的斑驳，显得有些破败不堪。水井就挖在道路正中间，各处下水道都敞着口子，散发着恶臭，每条小街拐角处都有随

便挖的洞，从那儿飘出难闻的骚味，这表明富裕的中国人那种寻求精致生活的雅兴尚未影响到公众。然而，商业街却呈现出另外一幅生动的景象，且不说那些卖水果、家禽等物品的流动摊贩，单看各家商铺就令人眼花缭乱。

每家店铺的铺面都摆着色彩缤纷的装饰，鲜艳的油漆把整个店铺装扮得煞是好看，朱砂色和天蓝色也让油漆显得颇为高雅，各家的铺面交相辉映，构成一幅光彩夺目的组画。此外，多处公共场所都竖立着门形纪念性建筑，中国人将其称作"牌楼"。依照大家认可的说法，这些建筑物并不是纪念胜利的凯旋门，而是专为某个名人或特殊人物设立的，以表彰他的功绩或品德，通常由其朋友或后人建立。牌楼是用木头或石头建造的，有三门或五门的，门的多寡主要根据其所建造的位置来决定。

北京城内没有大河流穿过，只有一条运河，其实它根本算不上是一条河，河水很少，主要用来给宫廷里的池塘和水道供水，而且往往很容易断流。因此，城内居民面临缺水的局面，生活极为不便。城中许多水井打出的水都是咸的，要想吃水，就得到城外去挑水。

从中国首都的建筑布局来看，整座城市划分成四个部分，即皇宫（紫禁城）、皇城、内城和外城。皇城外墙漆成红色，墙头上覆盖着黄瓦；内城有高大的城墙护卫，如今内城依然被视为一种作战场所，尽管它已变为一座名副其实的大市场；而外城其实就是北京城南郊，但也用城墙围起来，

官员参观为其父亲建立的牌楼

因为那里有两座祭天祈谷的圣坛。许多南来北往的客商都会在此驻留,有人把这地界看作各种货物的集散地,琳琅满目的商品销往北京城各处。这一地界没有严格的军事管制,很快就成为无所事事的有钱人的娱乐场所。前门、鲜鱼口和大栅栏就是城内有钱人消遣的好去处。

我们穿越两道城墙,来到伦琮大人的居住地。这是一座兵营,各个营所都归伦琮管理。兵营位于皇城东门外,距离俄罗斯文馆仅一步之遥,就坐落在北池子街上。离那里不远有三座喇嘛寺,还有著名的景山,山顶上对称排列五座亭子,俯瞰整座紫禁城。据说景山是用燃煤堆起来的,燃煤以供京城在遭受长久围困时作燃料用。

伦琮高兴地迎接我和他女儿,就像迎接两个归家的孩子,考虑到他不可能把我和雅茜小姐同时安排在家中,便问他我住在哪里。

"我已经考虑到你对我说起的难处。"他回应道,"我在宫廷为女儿谋得一件差事。皇上并没有拒绝我的请求,明天我女儿就要进宫去学习宫廷礼仪,你是我儿子,就留在我身边吧。"

五

皇帝与百姓 – 古代社会阶层 – 现代社会阶层 – 外族人 –
奴隶 – 特权 – 九等官秩 – 现实与权利

待在北京的最初几个月里,我一直在学习政治方面的相关知识。不过很快就发现,早年传教士在拿中国文明与欧洲文明做比较时所撰写的文字给人留下一种错误印象。这种误差是由两个原因造成的:一是传教士所描述的那个时代已过去很久,从那时起,中国取得了不少进步;二是虽然教士们精神可嘉,但出于狭隘的政治教化目的,他们总是把中国当作一个模范政府介绍给公众,认为民众都绝对效忠于帝王。他们之所以这样做,起码也是出于自己利益的考虑,因为他们一直认为绝对权威所引发的弊端是微乎其微的,但能确保社会的稳定与秩序,这种观点恐怕有失公允。

天子享有所有的神圣特权,从"皇帝""皇上""万岁爷"等称呼中就能体会到这一点。皇帝享有至高无上的权力和权威,民众盲目地信从皇帝。只有天意能限制天子的统治,既然天子是天意的代言人,那么这种限制本身就是虚假的。实际上,出于对公众舆论的忌惮,在面对皇权所捍卫的习俗、皇权所认可的先例时,帝王才会有所收敛,而不能为所欲为。对帝王来说,世间没有任何法律可以随意推翻所有特权,剥夺特权恰好是帝王手中的王牌,赏赐特权只由皇上一人支配。皇帝不发号令,任何政令都无效力。国家的所有财力、所有收入都掌控在皇帝手里,仿佛是他的私有财产,因为从原则上讲,整个国家都属于皇帝。

这些涉及方方面面的权力依然由他来传承,没有任何继承法能阻碍皇帝获得继承权。他可以在自己的子嗣当中选择继承人,也可以在属臣里挑选继任者,只不过皇上与汉族妃子所生的子嗣不能继承皇权,以确保皇朝血统的纯洁性。

在这种不可抵抗的专制统治下,过去那种贵贱分明的社会等级已逐渐消失,但在当下四个明显的社会等级里依然能看到旧时代的痕迹,这四个等级是士、农、工、商。在婴儿出生登记的有关法律条款里仍然能看到这类等级的划分。法律条文规定,男婴出生时要登记父辈的职业,并一代代相传下去,当然这仅是纸面上的规定,具体操作时也并不一定完全执行。实际上,如今社会等级主要还是在本地人与外族人之间划分,生活在部分边远省份高山里的部落被划分为外族人,他们仍然拥有绝对的自主权。另外有些游牧部落虽然已沿江河定居下来,但仍被视为外族人。

当然，作为外族统治者，满族人也要与汉族人区别开来，倒不是因为满族人拥有特权，而是因为满族有祖训，在旗者不得与汉族人通婚，以维护纯正血统，巩固统治，违者将受严惩。奴隶是满族人和汉族人之外的另一个社会等级，一般来说，任何一个中国人都可以买一个奴隶，奴隶的孩子也将世代为奴。有些人虽然出生时并不是奴隶，但由于犯下罪过，便以放弃原有特权来补偿，从而丧失所有做人的权利。

最后，还有第四种社会差别，这一差别并不是由法律条文划分的，而是由人的偏见设定的，即高贵者与卑贱者之间的差别。各公职大门只向高贵者敞开，而卑贱者连门都摸不着，因为科举考试严禁卑贱者参加，科举考试是踏上仕途之路必不可少的环节。所谓卑贱者包括夷人、奴隶、罪犯、刽子手、衙役、戏子、乞丐、盲流等。要想在政治上翻身，获得好身份，这些卑贱者就要连续三代从事值得尊重且对社会有用的职业。

此外，因对朝廷有功，还有部分阶层享有特权，不过这些阶层人数很少，很难形成一个显著的社会阶级。清廷法律列举了八种享有特权的主要因素，即皇亲国戚、忠诚服务、战功显赫、智谋超群、才华出众、鼎力效忠、王公贵族、出身高贵。

在涉及这些特权时，乔治·斯当东的看法还是很中肯的，除了第一种和第七种因素之外，其余的都不会带来任何实质性的结果。因此，我在这里仅论述这两种因素。皇亲国戚包括同一祖先的后代、皇后及皇太后四世祖亲戚、摄政皇后三世祖亲戚，以及太子妃两世祖亲戚，他们享有皇族正统血脉应得的特权。尽管如此，所谓特权其实也不过是俸禄稍微多一点，代表荣誉的服饰多一点，比如佩戴黄带子或红带子，顶戴不同花翎，可乘绿呢官轿等。当然，朝廷还设立许多规定，对他们的生活排场及派遣太监的人数都做了限定。此外，还有一个特殊的法庭即"宗祠"，根据祖训来管理皇亲国戚。

而所谓王公贵族就是九等官秩中的一品官员，二品官员在几个公共部门里担任要职，三品官员都是军政重臣。在三品官员当中，有些人享有世袭爵位称号，其中有公侯伯子男爵，其实就相当于英国爵位里的公爵、伯爵、男爵、准男爵和骑士。后两种爵位即子爵和男爵几乎不被人看作贵族，而公爵、侯爵和伯爵比在各部院担任要职的官员更显赫，这些要员虽然也是一品官员，但他们没有世袭爵位。

我常常提起九等官秩，九等官秩几乎无一例外涵盖各部院的所有官员，单凭其所戴官帽上的珠子，就可以辨别出他们的级别。一品官的珠子为红宝石，二品官为珊瑚，三品官为蓝宝石，四品官为青金石，五品官为水晶，六品官为砗磲或玉石，最后三品官为不同的文镂花金饰，而无品级的下级官员则穿九品官服。

尽管这些等级官秩划分得极为严格，但在面对皇上时，所有的等级也就看不出来了。人只有在享有自由的地界才会有真正的等级差别，然而从严格意义上说，自由在大清国完全是陌生的概念。当时一个中国人甚至没有随意去各处旅行的自由，也没有根据自己的社会地位改变住所的自由。保护中国人免受压迫的法律不过是字面上的保障而已,当有人以为对自己的判决不公正时,也可以去上诉,但实际上只有有钱有势的人才能享受这样的权利。下级官员在鱼肉百姓方面则是狼狈为奸,判官通常不会严厉管控下属的舞弊行为。当然,首要原则还是要让民众因恐惧而变得谨小慎微。

这样一种体制总会产生难以避免的后果。在大清国,这一体制摧毁了所有的智力优势,遏制了向往真理的渴求,扼杀了追求进步的愿望,总之在这一点上,中国遭遇了失败。然而,中国人的民族特性是勤劳、手巧,有耐性,正是凭借这一特性,他们抵挡住不利的影响,抵制各级官府那独断专行、巧取豪夺的做法。面对这一体制,中国人外表上展现出一种不受约束的样子,但实际上却备受奴役,而有些人还得以拥有自己的土地,这些土地也许只集中掌握在几个贵族家庭手里,而他们却不必付出贫民的那种艰辛努力。现实最终胜过人的权利,尽管从理论上讲所有土地都归属于皇帝,但不动产已坚实地形成一个产业,就像得到朝廷的律法保护一样。

六

行政机构

清朝的中央行政机构包括两院六部,另设理藩院、都察院、翰林院、大理寺。每一部院的职责都详细写入《大清会典》里,《会典》最新版本是1822年出版的。接下来我简要概述一下《会典》的内容。

两院即内阁和军机处,在皇帝与六部之间起承上启下作用。内阁主要负责分发处理各项例行事务,可以说是皇帝的秘书处,它由六位大学士和十位协办大学士组成,还有许多下级官员。根据官方文本的解释,内阁的职责是"掌议天下之政,宣布丝纶,厘治宪典,总钧衡之任,以赞上理庶务。凡大典礼,则率百寮以将事"。实际上,内阁只管传递皇帝颁布的敕令或对军机处所呈奏折的批复。奏折通常由督察院或由各省提督或巡抚撰写,皇帝看奏折时,只需批复奏准或不准即可，因此皇帝朱笔一挥，就算拟定了政令。政令以诏书形式向全国颁布，再根据政令的性质，加盖二十五枚皇帝宝玺中的一枚，宝玺通常由内阁重臣保管。

军机处成员从内阁辅臣中挑选，由亲王、大学士、尚书、侍郎或京堂充任，人们将其称为"军机大臣"。军机大臣每天清晨一大早开会议事，坐在皇帝御座四周的丝绸坐垫上，皇帝向他们下达批示。32位军机大臣随后按照皇帝旨意处理政务，他们又被称作"上卿"。

其他行政职权分派给六部。六部之首为吏部，可以看作内政部，为管理文职官员的机构，吏部下设四司，分别掌管文职官员列级、升调、封爵、出继、入籍、处分及议叙等事务。

户部相当于财政部，负责掌管全国疆土、田地、户籍、赋税、俸饷及一切财政事宜。在遭遇饥馑时，户部还负责开仓放粮、赈济灾民的救助事务。每年祭祀先农和举行籍田礼之际，由户部官员主持典礼。大家知道，如此重要的典礼皇帝也要出席的，皇帝甚至还要亲自耕田。户部按地区分工划为十四个政务司，每个司负责各自省份的钱粮收支及兼掌事务。除此之外，户部还掌管八旗户籍档册，每年向皇帝呈送想入宫的满族姑娘名册。各个仓库的管理也划归给户部，特设管理三库的官员，亦称作"三库大臣"，所谓三库即银库、缎疋库、颜料库。

著名的礼部考吉、嘉、军、宾、凶五礼之用，也就是说负责掌管国家祀典、庆典、军礼、丧礼、礼宾等事宜。

礼部还负责监督履行限制奢华生活的法规，监察各级官员的官服及顶戴是否合规，各官阶的席次排列是否符合标准，各级官员相互致意请安的次数是否违规，往来函件的用语是否合法，

农耕节

官员所雇用的奴仆人数是否超标。此外，礼部还负责管理学校，主持科举，对各学校班级人数、人选及特权都做出相关规定。礼部下设祠祭司，负责掌管吉礼、凶礼及祭祀事务。发生日食时，按照规定京中文武、满汉各官员均须赴礼部衙门救护，此时，祠祭司官员要安排"金鼓齐鸣，更番上香，只跪候复圆。鼓止，百官易吉服，行礼如初"。礼部的主客司则掌管礼宾及接待外宾事务，并对帝国与藩属国及其他君主国交往做出相关规定。广东总督呈递的奏折就先提交给主客司，再由主客司呈送给皇帝。各国使节将与礼部直接打交道，只有礼部拥有自己的翻译团队，也只有礼部在处理外交事务。

乐部为礼部的下属机构，乐部成员都由礼部高官兼任，主要负责管理祭祀、朝会、燕飨的演乐及审定乐曲音律等事务。

兵部负责管理绿营兵籍及武职官员，还负责练兵，管理军械和驿站。兵部下设车驾司，掌管全国马政及驿传等事务，皇家车舆马厩等事务也划归此司管理。另外兵部还设职方司，负责掌管武职官员的叙功、核过、抚恤、军旅之检阅、考察、巡防等事，并管理关禁与海禁；还有一个武库司，掌全国之兵籍、军器及武科考试之事。

刑部负责审定各种法律，复核各地送审的刑名案件，掌收审案内赃款及没收各对象，并保管本部现银及堂印。

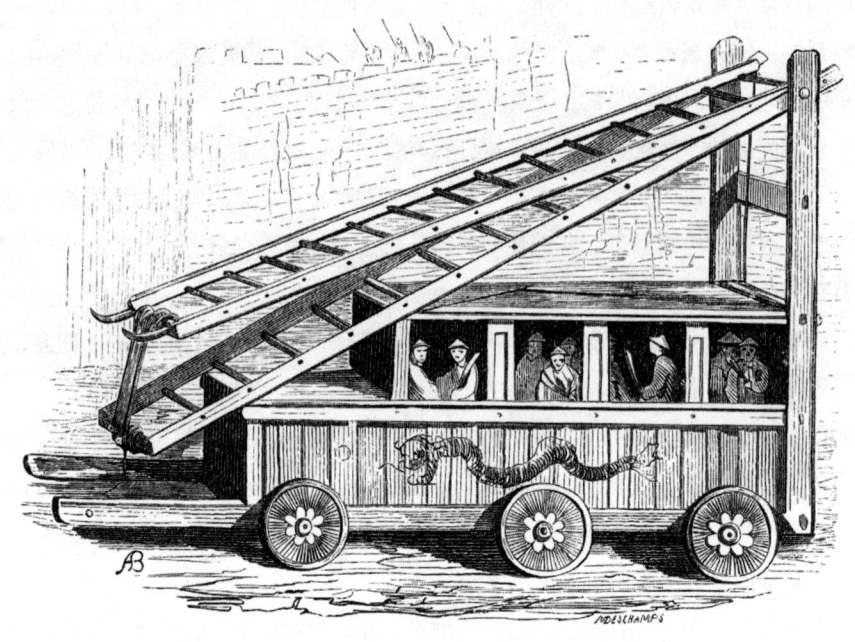

  工部主管全国之土木、水利、机器制造工程,负责营建估修城郭、坛庙、衙署,运河维护工程,掌管全国度量衡制及熔炼铸钱,掌管营地装备、攻城云梯等军需库,还负责修整道路,派军队监控易引发洪灾的薄弱点。陵寝修缮、王公百官坟茔所需经费及物料的申办及核销也交由工部负责。

  都察院是独立于行政机构之外的部门,负责监督各行政机构。都察院由两位都御史及四位副都御史组成。除此之外,各省总督、巡抚及河道总督、漕运总督也在都察院兼职。汉地十八省、京畿五城[1]、六部则受特设御史稽查,在重要时刻,皇帝亲自发布谕旨,同时也会收到都察院呈送的谏书。

  还有一个掌收各省臣僚奏章的机构,这就是通政司,由六位官员组成。在收到各省呈递的奏折及臣民陈情申诉时,他们阅后提交给内阁。通政司的官员守候在皇宫门口登闻鼓前,依照古代的传统做法,任何人想伸冤上诉、求见皇上,可敲登闻鼓,若有人无正当理由或理由不充分也来击鼓,并惊扰天子的话,他会因自己的冒失举动而遭受严惩。大理寺的主要职责是复核刑部准备判处死刑的案件。对于重大疑难案件,清律规定要由刑部、大理寺和都察院共同审理,这样的制度称为三司会审。三司会审意见要一致,如果有分歧,他们的审理意见将呈送给皇帝亲自复核,最终由皇帝来定夺。

---

[1] 清代,北京城划分为中、东、南、西、北五城,并设五城都察院。

朝贡

翰林院的主要职责是为皇帝草拟敕令、诏书，翰林院划分为几个班子，各班首领应致力于推动各类知识的更新进步，为皇帝讲解经史等传统典籍。翰林院两位掌院学士与皇帝住在同一殿内，稽查官学的功课。两位掌院学士每年分两次向皇帝呈递可入选翰林的名单，皇帝从中挑选最佳学者。入选的学者要准备一篇评论，用满文或汉文书写，并在皇帝面前宣读。此外，他们还负责论撰文史，由政府出资刊印出版。他们不时还要参加正式考试，以考核其能力，根据考试结果来决定其是否该升迁或降职。

国史馆和起居注馆是翰林院的两个下属机构，国史馆负责为清廷纂修纪传体国史，起居注馆设记注官 22 名，4 人一组，轮流负责记录皇帝朝会等重要活动。皇帝谒陵、巡狩方岳时，记注官要护从皇帝出行。

辅导东宫太子学习的责任就落到一个专设机构上，这个机构名叫"詹事府"。

以上就是中央政府机构的大致框架。

每一个省的行政机构也设置得井井有序。总督和抚院（有时亦称作巡抚）统管一省的行政、军事大权，总督府下设五个机构，按行政、学政、税务、按察及盐政来划分。

行政机构又划分为两个司，即布政使司和按察使司，两司分别由布政使和按察使主管。学政部门主管是由皇帝从翰林院里选拔的，他们的正式官名为"提督学政"。道员（又称道台）在某些特定情况下拥有军事指挥权，此外还负责税收及督察事务，道员的权限不受布政使和按察使支配，而是直接受命于总督和抚院。省级还有另外一个部门，即盐政司，盐政司要员称为"盐道"，都是从皇亲国戚里选拔任命的，他们直接听命于总督，负责在国家沿海重要物资产地及贸易发达地区的征税。提督使负责掌管军队，其中包括海军。在某些大城市，或设有八旗军营的城市，军队则掌控在将军手里。提督使和将军的权力受到严格的限制，尤其是在和平时期，他们的权力仅局限于其所驻扎的城市。相反，他们不受任何人的控制，只接受皇帝的指挥。他们的首要任务就是控制地方当政高官，以防止其利用各自的影响力煽动叛乱或谋反。

在上述高官之下，还有许多下级官员，有些下级官员的职责和官衔几乎没有什么差别，要想深入去了解，不妨去查阅《大清会典》。这本汇编详细描述了各部门的职能及相关制度，虽然描述有些乏味，但却极为翔实准确，从中可以了解哪个部门负责管理赋税，包括经办征收钱粮，了解衙门的管理、驿站的设置、盐茶道的收入、皇家园林的管理、河道的修缮、抵御外族入侵的边防建设、各省回击番夷挑衅的举措等。在书里还能看到有关颁布敕令的规定、申诉法规的设定、行政管理的法规条例、等级隶属制度以及官吏相互监督的条例等。

我在上文曾说过，省级行政长官在外任职位上就职不会超过三年，朝廷采取各种举措，以防止地方要员势力过大，对中央政府形成威胁。不满 60 岁的官吏不得在其出生地方圆 100 英里以内地区担任要职，不得在其任上结婚，如果就职期间其父母去世，则应辞官回祖籍守制。有血缘关系的两位官员难免会有共同利益，他们不应在同一官场任职。总之，他们在各个方面都受到限制，但唯独在欺压百姓方面可以放开手脚，除非皇帝下旨解除他们的职务。他们在任上互不来往，既无爱国主义情怀，也无公众服务意识，只耽于犬马声色。这些专横的地方下级官僚不在少数，竟也有十万之众。

官大人和妻妾们在自家宅邸里

七

典仪大殿 – 政治预见 – 皇帝的训斥 –
火炮与外交 – 夺取舟山和香港 – 休战

    太和殿是举行重大庆典活动及欢度喜庆日子的场所。殿下有三层汉白玉石雕基座，周围环以汉白玉石雕栏杆，沿宽大台阶拾阶而上进入大殿，殿前设有宽阔的平台，设铜鼎18座，铜龟、铜鹤各一对，铜龟和铜鹤用来作香炉。抵达北京两个月之后，我得以进入太和殿，凭借保护者的声望，我获得一个文书职位，为内阁做翻译。承担这项工作应具备高深的学问，当然也应该有最高级别的文人头衔，因此我未经考试便获得"进士"称号。上任伊始，我就要翻译一份文件，看到这份文件，我发现自从离开广东之后，英政府代表与广东地方官员之间产生了许多纠纷。在呈送给皇帝的奏折里，钦差大臣林则徐所用的句子都极为夸张，给我一种欺骗愚弄的感觉。我预料到中英两国之间的冲突会很严重，因为两国各自的利益已经遭到损坏。实际上，英国怎会容忍价值高达200万英镑的两万箱鸦片被没收呢？尤其是这会导致禁止东印度公司从事鸦片贸易。另一方面，清政府却给那些不以武力威胁做生意的商人大量的补偿，不管这些生意人使用什么样的手腕，这样的事情怎么能令人信服呢？因此，我预料战争已不可避免，在我的警示下，伦琮不无惊恐地给皇帝写了一份奏折，这份奏折由此突显出他的政治洞察力。

    大家起初并未重视这份奏折，没有人会想到这些可怜的外国人竟然在帝国城下做走私买卖，正是因为皇帝宽宏仁慈，他们才被允许进入大清国，可他们却甘心去破坏这一特权。然而，一年过后，秉承皇帝的旨意，有人给我送来好几大包英国报纸，从那时起，我相信过不了多久，这里就能听到外国人的火炮声。针对这一局面，伦琮再次呈递一份奏折，但这一次，他险些被罢黜。

    皇帝在批示中写道："朕无法想象军门相[1]会如此固执，或许为帝国忠心耿耿所使然。真龙天子岂会被恐惧吓倒？区区夷商焉能凭讹诈吓唬天下共主？回首往事，本朝先帝尤其父皇曾热情接待英吉利使节，诸使节跋山涉水，远渡重洋为父皇献上礼物，但英夷使节倨慢倨傲，虽呈礼以示臣服，却不愿在父皇面前叩头，称其国王乃一国之君，应与万岁爷分庭抗礼，英使节随即遭遣回，始未见龙颜。

---

[1] 清代对提督使的尊称，此指伦琮。道光皇帝此条批示是作者杜撰的。

"从此,洋夷抱怨不断,处处为难下级阁僚。洋夷诉求合理要承认其有理,倘做违法之举则要命其严格守法。如今为何不能照此办理?走私贼犯屡向南方诸省输入鸦片,而诸省却或以禁销海外物产与之交易,或以白银购买,以致国库空虚。林(则徐)在粤罚没并销毁鸦片大部,此举甚佳,当晋升嘉奖。若如伦琮所奏,洋夷胆敢派兵舰封锁港口,炮轰沿海城镇,是否需大动干戈方能击退疯狂入侵之敌?难道帝国缺少火炮及无往不胜之虎将?诸君皆可放心,甚至勿需副将出马,派几名衙役,携带鞭子,敌人即可乖乖就范。"

这种狂妄的大话不禁让我萌生一种怜悯之意。就在那时,我知道一支庞大的英国舰队正泊靠在新加坡水域。1840 年 7 月初,英国远征舰队派遣 3 艘配备 74 门火炮的军舰、2 艘三桅战舰、12 艘护卫舰、4 艘武装汽船驶往广东海面,封锁珠江口。7 月 6 日,舟山岛被舰队派出的部分武装力量攻占。7 月 9 日,英国人给宁波知府发去一封信,要其转交给皇帝,但宁波知府却不知深浅,傲慢地回绝了英国人的要求,英国人随后对这一带海域实施封锁,从宁波一直封锁到长江口。8 月 11 日,英远征舰队派出分舰队驶往白河口,直逼天津城。

这里距离北京太近了,军机处不得不立即采取相应对策。这时,我才看到清政府是如何施展外交行动的,这与欧洲的做法截然不同。他们盘算着最好能拖延时间,因为从 10 月初起,东北季风就会在整个沿海地区肆虐刮起,凭借强大的风势,他们希望能轻而易举地击退英夷舰队。清廷委派琦善与英军展开谈判,但不知琦善使用什么手腕,说服英军谈判代表,要想解决最严重的纠纷,就要在广州港展开谈判。不管怎么样,从 9 月 15 日起,泊靠在天津的五艘英国战舰驶离天津,战舰堵在家门口着实让清廷决策者感到惊恐不安,见战舰离开天津,决策者们也松了一口气。两天过后,皇帝发布敕令,宣称外国人自取其辱,已弃恶从善,今后必将顺从皇意。要说起来,我比任何人都有资格来评判这份文件所带来的影响,遗憾的是义律船长并未很好地理解英政府交给他的使命,在天津向清政府发出最后通牒,义律从军机处得到很大让

步,因为军机处六位大臣被吓坏了。见义律率领舰队离开天津,军机大臣们胆子又壮起来,赢得喘息时间来组织有效的反击。11月15日前后,琦善前往广州,受命敦促广东省展开备战,同时却哄骗英夷,让他们知道还是有希望赢得和平的。这位狡猾的外交官完美地扮演这一双重角色,直至1841年1月7日,他一直与英夷周旋,使用拖延战术。要不是中国人自以为已做好防备,也许这种毫无意义的谈判还会继续拖延下去。但后来发生的事件却证明他们根本就没有做好防备。英国舰队刚刚驶入珠江口就摧毁了沙角炮台和大角炮台,大黄滘炮台和亚娘鞋炮台也遭到英舰炮击,也许广州城也遭到炮火攻击,不过琦善却和英军达成停火协议,希望利用停火这段时间修建防御工事,并给其他炮台增添新的火炮。然而,这次停火却以一种相当含糊的方式收场,1月20日,香港岛被割让给英国人,英国人马上将香港岛占为已有。在采取这项行动之后,英军自然撤出舟山岛。

仅仅一个月过后,双方的敌对行动再次迫在眉睫。尽管琦善要尽手腕,但他一方面无法向英国割让任何一块领土,另一方面更不能让天子相信英夷已被打败。因此,他收回自己的承诺,推说香港只是让英人借居,允许他们安置伤病员。这种出尔反尔的做法很快就招来英军惩罚:英国舰队再次朝广州进发。刚被任命为英国远征军司令的休·高夫爵士率领海陆军攻占了虎门。3月15日,广州外围所有战略要点都被英军控制,上百门火炮,好几艘战舰以及许多商船都被英军缴获或炸沉。总之,似乎没有任何力量能阻止英军取得胜利,不过义律与钦差参赞大臣杨芳再次达成停火协议。

我相信,英国人之所以打打谈谈,其背后秘而不宣的动机就是担心英中贸易,战争已让两国贸易陷入停顿状态,双方的贸易额毕竟高达400万英镑。这种夹杂着种种利益的混乱状况最终导致双方陷入一种罕见的局面:两个交战的国家签署停战协议,让各自的商人去做买卖,双方达成买卖之后,又马上操刀持枪,兵戎相见。

八

西苑的庙会

皇帝每天都去太液池畔的紫光阁观看武秀才骑马射箭演练。紫光阁内悬挂着功臣画像，都是当朝最著名的将军画像，计有两百多幅。将军们每次征战凯旋时，皇帝便设宴为诸将庆功。皇帝每年只是在元旦、冬至以及万寿节那天，才会去太和殿接受文武官员朝贺。太和殿座前有一宽阔平台，平台上设九座青铜台座，群臣在台座上行跪拜礼。每一层台座阶上刻着相对应的官秩，大殿东侧为文官朝拜处，西侧为武官朝拜处。

这是我第一次有机会面见道光皇帝，道光是嘉庆儿子继承皇位后启用的帝号。道光皇帝生于乾隆四十七年（1782年）[1]八月初十，尽管他凭借年轻时的英勇举动而赢得皇位，但他总体上还是被看作一个温和的皇帝。他个头很高，身材消瘦，肤色较黑，他相貌看上去极为威严，但又显得很和蔼。

皇亲国戚（即所谓的黄带子和红带子）[2]、达官贵人、皇族权臣簇拥着皇帝，整个随从人员队列看上去令人眼花缭乱。皇帝本人则一反节俭习惯，身穿锦缎皇袍，戴着各种珠宝首饰，挂在胸前的四五串珍珠项链闪着亮光，紫色大氅上绣着一枚枚宽大的盾形纹章，丝绒帽子上装饰着三支孔雀羽毛。皇帝端坐在蟠龙宝座上，两只精雕的龙头栩栩如生。皇帝面前摆放着一个小祭台或柱台类的物件，上面设一圆盖，配以黄绸及金色流苏装饰。那里还摆着一个书板，里面放着皇帝为将军下达的诏书。诏书的口气极为傲慢，把洋夷比作鼠患，要尽快灭之。

诏书由翰林院学士高声宣读，紧接着，在鼓号声中，奕山跪在真丝垫子上，双手接过"朱笔御批"（皇帝圣旨的一种说法）、紫缰、双眼花翎及其他礼物，这是皇帝为表谢意而预先赏赐给他的。

当天晚上，在西苑举办一场庙会。天子确实很孤独，他有时想靠庙会热闹的人气来弥补自己的孤独感。每次出皇宫，沿途经过的房屋和店铺都得关门，随从还要拉上帷帐，以防民众看到皇帝龙颜。在皇帝必经之路，宫廷侍卫提前好几个时辰就把路人都赶走，来到乡间时，龙骑兵列队护卫着皇帝，以挡住外人的视线。因此，有时候要想方设法给他一种自由自在的感觉。于是，大家就想出这么一个法子，假装组织一次庙会，让他能自在地在庙会里闲逛，

---

[1] 原文写为1781年。
[2] 照清朝廷规定，宗室腰系黄带子，觉罗身系红带子，用以显示特殊身份。

皇帝

而又不会闹出什么风险，比如像哈伦·拉希德[1]在巴格达所冒的风险那样，有时候他还能和属臣一起娱乐。

在宽阔的皇家园林正中某个角落里建起一座城市，到庙会开市那一天，以往空荡荡的街道好似施了魔法似的一下子变得热闹起来。庙会里人声鼎沸，游人熙熙攘攘，摩肩接踵，成百上千名太监化装成从事不同职业的人物，身着各行各业的服装，仅用几个时辰就摆起摊铺，搭起市场，店铺涉及各类艺术、各个行业，热闹非凡，让人感觉仿佛完全置身于一座真正的闹市里。缩小的商船泊入一座码头，一座座店铺也都开门迎客，货架上摆着琳琅满目的商品，来来往往人潮如织。这里开着一家露天餐馆，那里有一条专卖瓷器的商业街。一家店铺主营家具，另一家店专卖女式服装及服饰，还有一家书店专卖各类古籍。流动商贩给大家带来各种凉爽可口的清凉饮品，服饰用品商也过来拽您的袖子，死缠着您去他家店铺买东西。这简直就是农神节放纵的场面，只不过中国人谦恭的习惯让场面看上去显得不那么恣肆。尽管如此，还是有人装出吵嘴、打架的样子，这只是为了让皇帝开心。皇帝四处闲逛，却没有人敢认出他来。官衙赶过来制止打架，还把那些扰乱公共秩序的人抓起来，一个假扮的刑部官员给这几个人判了杖刑，他们有时候真会挨上几棍子。

为了让假庙会显得更真实，庙会里总少不了扒手。有几个太监身手不凡，很好地履行自己的使命。要是行窃时被人抓了现行，便有人喊着追赶他，甚至还会动手打他，官府也会给他判刑；要是哪个倒霉蛋被盗走了钱财，却丝毫没有察觉，大家就会嘲笑这个愚笨的家伙，甚至为扒手叫好。然而，待庙会一结束，每个人都要把盗走的东西还回来。

庙会开始的时候，在侍女的簇拥下，皇后坐着花轿车在各条街道上行走，花轿车是专为皇后和贵妃们准备的。来到商店门前，她们便走下轿车，选购自己喜欢的物品。皇帝也买了许多物品。摆在这里的物品都是太监和商人私下达成的交易，商人把货物寄放在这里，要是能有机会卖出去，当然会感到很开心。当然，有些王公贵族也可以来逛庙会，但要等到皇后及贵妃、妃子、贵嫔、嫔都离开之后才能进入庙会。

借着五彩灯火的亮光，我和伦琮大人乘坐一艘华丽的官船，在太液池上尽情游览。茂密的榆树、檫树和古槐树[2]把这座城市的亮光和嘈杂的声音都给遮挡住了。有时候，透过青翠葱绿的植物，我们能看到白塔塔顶的宝盖，宝盖四周挂着金铃铛，白塔建在一座假山的山顶上。我们经过一座座亭台阁榭，我极为赞赏这种轻巧的建筑结构，建筑上涂着颜色，镀着鎏金，敷

---

[1] 哈伦·拉希德（764—809），阿拉伯阿拔斯王朝第五任哈里发（786—809年在位）。

[2] 槐树，又称槐杉。中国人一般都很喜欢花和花园。中国园艺的一个奇妙特点就是想方设法让树木长得矮小，为此他们把嫩树枝种在瓷盆里，瓷盆长12—14寸，深5寸。盆中栽种的树木顶多能长一尺高，新长出的枝芽嫩叶都要细心剪掉，随后再用铁丝给留在盆中的枝杈盘出造型。总之，就是采用各种手法限制树木生长。经过多年打造，树木就会变成一件奇特的造物，树木本身虽已变得很小，但却带着饱经沧桑的征象。——原注

皇后

上彩釉，再用灰砖砌墙，墙面光滑平整，屋顶涂上五颜六色。假山的艺术就是要营造出多个陡峭的险峰，在陡峭山峰一侧沿弯曲的小路设一些低矮的亭子，周边种上柠檬树、无花果树及小榆树盆景。一池池湖水下围着金属网，成千条锦鲤在湖中游动；在一只只巨大鸟笼里，各种飞鸟惊得不停地扇动翅膀；一条条河道里覆盖着睡莲和芳香的水栗花；一座座石窟里烟香缭绕，三足鼎香炉里冒出持久的香气；一座座寺院散落在太液池畔；一尊尊方尖形纪念碑遮掩在高大的雪松和木棉树丛里；一座座小岛上盛开着广玉兰、龙船花及菊花。各个美妙的景点都有一个富有诗意的名字，如"金湖""秋风""云泉"等，仿佛要赋予景点一种美妙的理想。

从这些奇妙之处走出来时，有人给我们送来一道命令，要我们第二天去参加阅兵，大将军将在北京东南方的大平原上检阅部队。

街头岗哨

九

阅兵

天不亮就要动身，凌晨三点，一辆带篷轻便马车来接我和伦琮大人，把我们送到检阅地。听到我们的车轮声，坐在岗亭里的巡更敲起梆子，岗亭只用微弱的油灯照明。能听到巡更在小声问："谁？"不过我们毕竟是有身份的人，不屑去回应罢了。在通往安定门的大街上，我们碰到部分士兵，他们也和我们一样，朝同一方向走去，有些士兵手里拿着弓箭，另一些士兵肩上扛着短枪，但大部分士兵看上去似乎是充数的，因为他们手里没有任何武器。

马路尽头有一个军用哨所，借着灯笼的光亮，哨兵在检查每个人的身份，核验符牌或通行证。出城之后，我们的马车加快了行进速度，很快就来到检阅场，场上的部队正在集合。检阅场由东到西排着一长串大灯笼，灯笼上写着红色汉字，标志每支部队的位置。场地上还搭起蓝色的营帐，等着高官们到来。营帐旁边设置几张矮桌，上面铺着红毡子，还有几辆卸了套的马车，上面摆放着一束束箭，几把生了锈的短弯刀，几顶军帽和几摞军装。军装是用蓝色南京土布制作的，蓝色军装镶着白边，还有镶黄边的红色军装，军装前胸和背后绣着"勇"字。在一个小土岗上摆着四五门火炮，其中有些是荷兰或葡萄牙造的，有些是在汤若望、南怀仁[1]等传教士指导下铸造的，都是100多年前的老炮。火炮用绳子缚在四轮移动炮架上。还有几门更加破旧的火炮，用席子遮挡了起来。

天慢慢亮起来，在长官的命令下，挂在各队列前的灯笼都放下来，把灯火熄灭。接受检阅的两支旗营是正蓝旗和镶黄旗，两支部队并排列成两行，形成半圆形，相互隔开20米的距离。这时响起号角和战鼓声，巨大的战鼓放在十字支架上，由4个士兵抬着，鼓号声听起来很不和谐。一声令下，士兵们给火炮装填弹药，火炮一阵齐射，标志着阅兵正式开始。

中国目前制作的火炮火药几乎仍与南宋时期火炮问世时（1275年）的相同，火药内含有大量的硫磺，那股难闻的气味也证实了这一点。为了确保前装滑膛火门点火得以顺利进行，他们用一种更细腻的火药做点火药，再用纸捻来点火，但这类火药硝石占比仍然很大。纸捻点燃火药之后，火药开始发出噼啪的爆裂声，火炮不停地前后移动，持续将近一分钟，只是在这时，火炮的炮弹才发射出去。火炮所用的圆炮弹或圆石弹往往与火炮滑膛不相容，炮弹仅能发射出

---

[1] 汤若望（1592—1666），德国人，神圣罗马帝国的耶稣会传教士，在中国生活47年，历经明、清两个朝代；南怀仁（1623—1688），比利时人，耶稣会传教士，清代天文学家、科学家。

几米远。中国人既不知道炸弹,也不了解榴弹,他们有时只施放老式火箭去烧敌人的营帐。

他们的火枪其实就是粗重的铁铳枪,长7—8公寸,由于保养不善,外观显得黑乎乎的。铁铳枪固定在一个木条上,但既没有擦枪用的通条,也没有枪机盘,于是他们便用一根弯曲的铁杆来代替枪机盘。铁杆端头分叉,卡住裹着硝石的纸捻,纸捻点燃药池中的火药,而药池则是敞开式的。大家不难想象,面对如此差的装备,士兵们倒宁愿去使用弓箭,每支箭都制作得很好,铁箭簇上带有倒刺,杀伤力相当大;再不然就使用大砍刀或锋利的戟。

现在回过来说接受检阅的部队,大部分士兵甚至连装备极差的兵器都没有。大将军乘着轿子,伦琮等几位高官乘轻便马车跟随在后,8至10位龙骑兵护卫着他们。他们从两支旗营队列前走过,又一阵火炮齐射,预示演习即将开始。士兵们按照鼓乐的节奏做着动作。每一阵鼓声之后,都会出现不同的变化,但每次变化之后,士兵们都会发出喊声,他们忽而向左转,忽而向右转,举起大刀自卫,或准备发起攻击,用盾牌做好防护,或突然从盾牌后闪出,躬一下身子,又站起来,随攻击节奏进退自如,不管进退,每做一个动作都要发出喊声。有的士兵使用双刀或双剑,拿着火枪的士兵则对空开枪,以免误伤同伴,也免得枪弹落到地上,因为清兵不会给火枪装填弹药,也不会使用通条。骑兵一直待在大将军的营帐旁,旁边的地面上插着一面面军旗,这时突然响起号角声,骑兵将士纵马向前冲去,一下子冲到检阅队列的最前面。不过骑兵演习真是乱得一塌糊涂,骏马跑得很快,稍差的马根本就追不上。检阅就在群马乱跑一气的场面中结束了,大部分士兵把武器放回到马车上,随后四散开来,各自返回城里。

皇帝的军队由八旗军组成,每一旗军1万人。八旗军分别是正蓝、正白、正黄、正红,镶黄、镶红、镶蓝、镶白。此外,还有类似民兵的武装力量,又称"绿营"(有些传教士估计绿营应该有40万—50万人)。八旗兵和绿营兵的军饷有很大差别,八旗兵的军饷足够维持生活,但对绿营兵来说，军饷不过是接济家用的一种手段而已，实际上他们还要靠做其他职业来养家糊口，其中有的人是会一门手艺的工匠，有的人就是种田的农民，只是在需要维持社会秩序、有重大礼仪活动或阅兵时，他们才穿上军服。时不时有官员来绿营检查，但检查往往也是走过场，看士兵们是否疏于训练，要是发现有人出了差错，就会对其施以杖刑来惩罚。对于士兵来说，这也是唯一能让他们鼓起勇气、遵守纪律的动机。恐怕在地球上也找不到比他们更悲催、装备更差的部队，找不到比他们更不珍惜荣誉、更胆小怕事、更滑稽可笑的军人。要是派他们去镇压蒙古或尼泊尔部落，他们凭借人数优势倒还真是无往不胜，但让他们去面对欧洲军队时，即使二十人对一人，他们也难以抵挡欧洲人的进攻。其实我根本不需要来看阅兵，也能完全预料到英国与中国交战的结果，不过我倒很乐意看看这种轻蔑天朝士兵的看法是否能得到印证。

军事操练

十

广州战败 – 第二次远征 – 攻占厦门 –
攻占舟山 – 定海溃败 – 攻占宁波

阅兵活动两天过后,我们动身前往南京,但在路上却获悉,1841年5月21日至22日,中英两国再次开战,中方派出纵火小船,向英国舰队发起火攻。这些小船均遭摧毁,四五十艘战船被击沉。总之,在这场战役爆发3天过后,英军几乎把广州城完全控制在自己手里,广州知府向英军投降,并答应向他们支付600万赎城费,只要他们肯撤出珠江。不久过后,我们得知英军接受了这一条件,虎门一带水面又变得畅通无阻,但英国人仍然占据着香港。得知上述消息,我们不得不在南京停留下来,我原本和伦琼大人谈起一个想法,即私下里与英军统帅取得联系,只要时机合适,即可为和平谈判打开一条通道,伦琼勉强同意我的建议。伦琼选派一位最忠诚的侍卫前往广州,要他设法落入外国人手里,但又不能露出破绽。他把一封密信缝到衣服里,既可用来作护身符,又能赢得英军指挥官的信任。我并没有注明此信是写给谁的,只是希望收到信的人能和我建立起通信联系。

只是到了10月中旬,即4个月过后,我才见到这位信使。他给我带回一封信,现转述如下:

亲爱的战友,您可能想不到,命运让您那封神秘信件落入一个朋友手中。说来也巧,

印度兵第37步兵团的一位军官抓获了您的信使。后来我们在香港医院总监阿诺德家一起吃饭时说起这事。这位军官并不知道,写这封密信的人该多么重要,对他来说,写信的不过是一个陌生人,他根本不想回信,甚至认为不必交给上级指挥官。他说这事时带着明显的轻蔑语气,但话中提到您的名字却引起我的注意。您不妨想象,我该多么吃惊,自从我来此之后,一直在设法得到您的消息,但却未能如愿,不经意间得到您的消息,真是巧得不能再巧了……

他在信里又说起另外几件事情,都是我俩之间的私人话题,随后便接着写道:

现在您大概渴望知道政局方面的消息,我把您尚不了解的情况简单复述一下。要知道,两个月前发生了一件险事。7月底,义律船长和总司令戈登·伯麦被台风刮到珠江水域的一座岛上,险些落入天朝皇帝手里,当地农民已经抓住他们,把他们身上的财物洗劫一空,还把他们关在一所房子里。要是房主知道这两个被抓的大眼外国人正是朝廷悬赏的要官,那么在赎金问题上,他就不会轻易答应任何条件,因为朝廷此前曾发布公告,任何人抓住外国人都有重赏。幸好两位落难者并未透露自己的名字和身份,凭借这一谨慎做法,再加上答应支付4000银元,他们被送往澳门。

义律船长一直小心翼翼且耐心地与中央帝国周旋,但从那时起,他却完全失宠。戈登·伯麦总司令也和他一起被罢黜,现由璞鼎查爵士和巴加爵士分别接替他俩的职务。在新任司令官的指挥下,英军开始第二次远征,8月21日,由13艘战舰组成的舰队,载着4000多士兵,浩浩荡荡地向中国沿海进发。8月25日晚7点前后,我们攻入厦门港。第二天,在塞索斯特利斯号、布兰尼姆号和韦尔斯利号战舰炮火的掩护下,我们的部队开始登陆,从侧翼向中国炮台发起攻击,几乎毫发无损地攻占了城市外围的制高点。我们在制高点处过夜晚,指挥官还是极为谨慎,因为他不想在夜间攻入厦门。8月27日,在经过简单的侦察之后,我们来到厦门的一座主城门前。城门紧闭,但无人防守,我们派人翻过城墙,随即打开城门,这个任务太简单了,三四个身手敏捷的官兵也因此赢得攻破城门的殊荣。

我们团在一所大房子里驻扎下来,这所房子是福建水师提督官邸,此时他正在海上率领船队围剿我们呢。这个可怜的家伙回到家会庆幸没有碰上我们,但我相信见到家中的场面他会感到很吃惊:他屋内的财宝被洗劫一空,漂亮的花园惨遭蹂躏,财产都被毁坏,火药库存也被耗尽。这批火药原本是用来摧毁我们的,却给我们带来无穷的乐趣,我们在厦门城里一边喝着冰凉饮料,一边欣赏着焰火。

当地民众根本不在意我们拥入城内,有人甚至趁火打劫,这种心态以及打劫手法让人叹为观止。我从未见过如此胆大妄为且身手不凡的窃贼,他们发现哪条街值得洗劫,就在街两端纵火烧房子,然后趁乱敏捷地盗走街中间房子里的财物,迅速从侧旁小街溜走,此时街上仍然乱糟糟一片。

9月5日,我们仅留少量部队驻守鼓浪屿,其余大部队继续向北突进。10月1日,在顺利穿越那一带海域之后,我们开始向舟山发起攻击。我们在那里遭到敌人顽强的抵抗,他们勇敢地登上山冈,挥舞着手中的武器,要我们下船和他们一决雌雄。其中一位士兵面对拉哥伦比纳号和飞礼则唐号打过来的炮火毫无惧色,炮弹把他脚下的土都掀翻了,但他依然手擎红色军旗,岿然不动,表现出非凡的骑士勇气,当他最终倒下时,另一位勇敢的士兵捡起军旗,但几分钟过后,他也遭到同样的命运。然而,我们的部队还是下了船,端掉一个个据点,而敌人却想拼命守住这些据点。我们遇到顽强的抵抗,但我们的炮弹威力更大,他们从未见过威力如此大的火炮,勇敢的意志最终拼不过猛烈的炮火。

我们再次攻占舟山,去年曾在此驻扎过的军官惊奇地发现,自英军撤出舟山之后,中国人在此修筑了很多工事,大部分民房都被征用,但总兵并未考虑去修复被摧毁的工事,而是想着怎样能在新工事里免遭炮火袭击。

只需一天工夫,战舰就把部队运到定海一带水域,在定海登陆时我们没有遭遇任何抵抗。除了应该防守的据点之外,清兵还占领了一座桥头堡,但他们竟然未做抵抗就放我们过了桥。哦,不对,我记错了,他们还是朝第49步兵团的大箱子放了几枪,也许是把这几只大箱子也当成新式武器了!尽管如此,在随后攻占定海的过程中,战事打得极为激烈,最终"帝国虎师"遭遇溃败。在我军两团夹击下,一条大河阻断他们的退路,许多溃败者宁可战死,也不放下手中武器,尽管我们向他们保证,只要放下武器,就能确保活路一条。最终,大概有300人向我们投降。此后不久,火药库发生爆炸,险些炸死我们好多人。和在舟山一样,我们在定海这里也俘获多位清廷高官,多位高官害怕皇帝震怒,以自杀来向皇帝谢罪。定海总督裕谦曾发出豪言壮语,要把我们彻底剿灭,以保地方安宁,但当我们攻入定海城内时,他却逃走了,有人告诉我们他已自杀身亡。

攻占定海之后，我们在城内设置一个小营地。三天过后，我们的武装汽船溯江直上，将部队运抵宁波，此前从未想过会抵达这里，因为这里的城墙无人防守，甚至没有任何防备举措，阻挡我们前进的唯一障碍就是一座浮桥，链条把一艘艘大船拴在一起搭起这座浮桥。我们的武装汽船不想就此罢休，直接朝浮桥冲去，不费吹灰之力就越过这座浮动的防护墙。和厦门一样，宁波的城门也关着，我们采用同样的方法，派人翻过城墙，从城内打开城门。接着，我们列队进入宁波城，我们的乐队（第18步兵团乐队）自在地演奏起《天佑女王》和《统治吧！不列颠尼亚》。[1] 只有倾泻如注的大雨多少搅了我们的兴致。我们在按察使署里安营扎寨，拿使署里的档案做床垫，躺在用中国纸铺垫的床上，我美美地度过一夜，睡得可香了。

我们已在这座大城市里驻扎了三周，居住条件极不舒服，况且我们一直枕戈待旦，防备敌人来攻击。但这并不是最糟糕的，假如驻扎条件舒适的话，我们也能容忍，但整个指

---

[1]《天佑女王》为英国国歌，《统治吧！不列颠尼亚》是英国海军军歌。

挥团队的军官们要挤在四间窄小的房间里,连绵不断的阴雨把房间薄薄的隔板都浇透了。尽管天气已转凉,但我们还是借着一家餐馆的阳台遮挡,在屋外吃饭。

这种状况有可能持续下去,除非拿出全新的计策,否则我们要在此度过这个恶劣的季节。我们顶多能派部队前往余姚(距离宁波50英里,溯甬江直抵),以驱散清兵。清军开始在那里集结部队,甚至还能夺取清军设在那里的粮仓。我们的攻占策略始终如一,攻占一座城市之后,首先要摧毁当地的弹药库,接着就是打开官府粮仓,接济百姓,用皇帝的钱财来收买人心。

从战果方面看,我们的军事行动持续了六周左右,先后攻占了四座大城市,整个战役当中,我们仅有20来个人阵亡,但歼灭敌军约3000人。

亲爱的朋友,这就是最近一段时间及目前的战况,我把您的提议转交给远征军司令官休·高夫少将,他接受您的建议并向您表示谢意。尽管这场战争并不险恶,但也不能长久持续下去,因为此战毕竟耗费巨额军费,况且还要抽调驻印军事力量来华作战,这已构成严重的隐患。因此,只要有机会能达成合理的条约,当然其主要条款应该是开放贸易口岸,允许外交代表入驻大清国,或许还有战争赔款,这样的条约应该很容易达成的。所有为达成条约而做出贡献的人都是国家的功臣。亲爱的德尔默,您也应当算是天意派来的使者之一。

帕特里克·奥多诺万写于宁波拉哥伦比纳号战舰上

打开官府粮仓，发放大米

看到此信落款的名字，读者也许还记得这位与我结下深厚友谊的大学同学，在本书开篇，我也转述了几封从广州写给他的信。收到他的信，我是多么惊喜，多么高兴，他肯定能猜到这一点。我赶紧把信中讲述的各重大事件详细地告诉给伦琮大人，尽量让他清楚地看到未来的希望。虽然我知道他看问题带有偏见，且年事已高，但他还是很好地理解了我的解释，甚至好过我的预期。他随即给皇帝写了一份奏折，请求返回北京，以便向皇帝面陈争取和平解决危机的看法。皇帝批准了他的请求，1842年2月，我们动身返回京城。

希望破灭 — 撤出宁波和定海 — 洞房花烛 — 婚礼习俗

就在伦琮首次被允许在军机处阐述自己的看法时，各位大臣群情激奋，甚至不惜采取咄咄逼人的对策。大批精锐部队被选派到南方各省前线。朝廷相信凭借这批精锐部队，定能从敌人手中夺回宁波和舟山。几位俄国教官应聘来到中国，教清兵练习拼刺刀，朝廷以为凭着这几招，洋夷官兵军事素养再高，也拼不过人数占优、训练有素的清兵。然而，这个希望很快再次遭到破灭，3月10日，清军同时向宁波和定海发起反攻，但最终却遭遇惨败，帝国虎师及山东籍清兵阵亡五六百人。山东籍清兵是特为这场战役招募的，他们以英勇善战而著称，每个士兵头上都缠着一条红带子，打起仗来勇敢向前冲。虎师军的战服上绘着老虎皮图案，老虎爪子垂在胸前，尾巴甩在肩膀上，帽盔上绘着张着血盆大口的虎头，因此人们将这支部队称作虎师。

见战场上遭遇如此惨败，皇帝极为震怒，再次下达可怕的圣旨，有些旨令显得极为幼稚。他不但要那些战斗力差的士兵来拯救帝国，而且要反朝廷的逆贼和罪犯也去保卫大清国，只要他们去杀洋夷，就可以减轻自己的罪过。无论是文官，还是武将，无论是商人，还是农民，或是流浪汉，只要能活捉逆贼首领（英国将军），朝廷都会给予同样的奖赏，即5万银元，杀死逆贼首领者赏2.5万银元，除了赏金之外，还会赏顶戴花翎，或升官晋爵。然而，如此诱人的悬赏并未带来骄人的成果，英军仅有几个落单的士兵被杀死。

5月7日，双方并未发生交火，但宁波和定海却从外侵之敌手中夺回来。有人认为英军撤退了，然而我比其他人更了解英军的计划，由此猜测他们正在筹划下一步军事行动。

这场政治危机给人留出一个喘息的机会，伦琮想借机把自己的女儿嫁出去，我一直试图劝阻他打消嫁女儿的念头，但他根本不听我的建议，依照中国人想法，不让他嫁女儿，等于让他自断活路。人们把结婚称作"洞房花烛"，认为婚姻是一种责任，不婚就是让家族断子绝孙，因此中国人常说，不孝有三，无后为大。这一想法已融入到各地民俗里。大家碰面时，总会相互祝福，祝对方幸福、长寿、多子多福。只要正妻能生孩子，男人在40岁之前纳妾就被看作有违道德，不过要是过了40岁，而正妻却依然未生子女，纳妾即便不被正统派允许，也会得到谅解。

我们再回过头来看雅茜小姐，我知道伦琮很疼爱女儿，但绝不会让女儿持守独身，而雅茜小姐曾多次表示决意不再嫁人。我想到一个办法，可以让父女俩不分开。在我的建议下，伦琮决定招女婿入赘，这种做法在欧洲显得有些可笑，但中国人却把它当作习俗接受下来。这一做法就是公开招婿，条件是女儿不出嫁，婚后要待在父亲身边。

几天过后，就有好多人上门来提亲，雅茜小姐则表明自己的态度，打算嫁给其中最有才华的人。于是，我们举办了几场文学演讲会，我又认真地履行起自己的职责，在文讨会过程中，我借口要评价每个人的才华，其实更侧重于了解每个人的心态，这对于雅茜小姐今后的幸福至关重要。

伦琮大人几乎一次不落地参加了每场文讨会，我们俩最终一致选定了一个名叫姚肃的进士，他在去年秋试里脱颖而出，被认定是吟诗最佳才子。

人选定下来之后（雅茜小姐把选夫君这事全都托付给我们），接下来就是要定一个良辰吉日举办婚礼，这当然免不了要找算命先生帮忙。举办婚礼之前，两个亲家互赠礼物，未来的新郎给新娘送来许多糕点，做成龙凤呈祥的样子，还送来许多甜食、佳酿，甚至还有许多钱币。雅茜小姐则送给未婚夫多件高档服装。

中国人的婚俗与欧洲人的婚俗还是很相像的，比如前来祝贺的宾客都送来礼金，出席婚礼的客人男女分桌用餐，男人在院子里临时搭起的帐篷里喝喜酒，女人则在屋内吃喜宴。嫁妆通常都是热热闹闹地送到男方家里，但这一次却提前摆在伦琮大人家院子里，许多宾客对精美的嫁妆赞不绝口。面对当前这种特殊局面，我们也没有安排出阁仪式，不过迎亲的热闹排场还是

不能免掉的。汉族人习惯于把迎亲仪式安排在中午，相反满族人往往会安排在上午或晚上。举办婚礼那天，抬轿子的人身穿民族长袍，腰间系着红腰带，头戴装饰着红羽毛的帽子，胸前戴着象征着吉祥的符牌，借着火把的亮光，抬着漂亮的轿子来接新娘。一支乐队走在迎亲队列最前面，其他男人跟在后面，肩上挑着扁担，扁担两端挂着五颜六色的灯笼。雅茜小姐从头到脚似乎都裹着红绸布，从父亲家走出来，迎亲队列沿着附近几条街走来走去，所经之处鞭炮发出噼啪的响声。婚礼当天，伦琮大人家就被当作新郎的家，雅茜小姐返回院子时，礼花燃放得更加绚丽，各种乐器鸣奏起来，其中有铜锣、铙钹、响笛、胡琴、琵琶、扬琴、笙箫等，乐曲声不太协调，但却显得极为热闹。新郎来到轿子前，向新娘伸出手，要扶着她下轿。汉族人娶亲时，新娘下轿之后，要在几位伴娘的搀扶下，越过一盆燃烧的炭火，但满族人的风俗略有不同，新郎和新娘要一起越过一把弓、一支箭和一套鞍具，这时新郎才可以掀起新娘的盖头。新郎随后把新娘领入洞房，一对新人要并肩坐在一起，喝下几杯结亲酒，酒杯用一根红绳系在一起。这是永结同心的象征，还有另一种象征令人难以理解，就是在新娘下轿前，在轿子前面摆一对活鹅，据说这象征着一对新人婚后生活和谐美满，彼此忠贞不渝。

婚宴结束后，雅茜小姐还要待在她的座位上，接受一个小小的折磨，她父母要让人给她开脸，即用银制镊子除去她脸上、额头及双鬓处的汗毛。随后，待大部分宾客离开之后，我们给这对新人举办加冠礼。所谓加冠礼就是给新郎先后戴上三种不同的帽冠，新郎戴着帽冠向父母致意，而父母则向他高声说出祝福的愿望。第一顶是布帽，第二顶是皮帽，第三顶是官帽。

当然,婚礼的形式也略有不同,各个省份都有自己的婚俗,而且也要看新人的社会地位。穷人结婚时,新郎掀起新娘盖头时不用手,而是用秤杆钩。在某些地区,前来参加婚礼的宾客在动身前,要把一束筷子撅折,放在洞房的地上,象征着众宾客祝福一对新人多生贵子。住在江河沿岸的居民娶亲时,新娘子不是主动去新郎家里,而是在自家男人的守护下待在小船上,小船挂着彩旗,装扮得特别好看。在亲戚的陪伴下,新郎前来接亲,经过一番假装的搏斗之后,把新娘抢走,搏斗闹出的笑话自然会让整个婚礼显得很热闹,其实婚礼本身还是很凄凉的。

十二

最后的战事 – 南京的和平 – 告别

广州虽战败投降,但给皇帝谏言的大臣们却未因此而改变自己固执的态度。英国人以武力强迫其他城市支付赎城费,不管这些城市规模有多大,这一做法恐怕也不会有多大成效。即便如此,内阁和军机处也完全能承受得起相关城市在钱财方面遭受的损失,顶多不过是少征收一些税赋罢了。但是攻占港口,洗劫官府粮仓,尤其是被攻占的地区惨遭蹂躏,这一局面让那些傲慢固执的官员改变了想法。

英国舰队再次发起攻击,并于1842年5月沿长江逆流而上,攻打长江沿岸地区,先后攻占乍浦、吴淞、浦江镇,最后占领了上海,但上海并不想支付赎城费。英国舰队虽然在镇江遭遇顽强抵抗,但最终还是攻破镇江府城墙。战败的消息让内阁主战派大臣感到惊恐不安。借助于我提供的分析,伦琮大人显得比其他人更有远见,因此赢得皇帝的嘉奖。皇帝把伦琮遭贬时收回的花翎又重新赏赐给他,并命他加入特别使团,处理与英军将领谈判事宜。特命全权使团的钦差大臣都被载入史册:其中有护军统领兼两广总督耆英,况且他还是当朝皇帝的堂弟,是佩戴黄腰带的皇家宗室;有前内阁大臣、前两江总督伊里布,他是佩戴红腰带的觉罗,也是皇帝仰仗的重臣;还有两江总督牛鉴。

8月初,我们与这几位钦差大臣会合,当时英国人已经占领了镇江府和金山,金山过去曾是皇帝的行宫,现为僧人的住所。有人告诉他们,英军打算向南京发起进攻,南京毕竟近在咫尺,距离镇江仅40英里。在向南京进军途中,他们将会看到帝国大运河,可以轻而易举地把运河与长江的交汇河口给封锁住,从而让整个帝国的货物流通渠道陷于瘫痪。实际上,他们也正是这样做的,8月4日,英军派出三桅战舰卡莉欧碧号和武装汽船普洛斯派恩号分别封锁住长江与运河交汇处及运河河道,把众多商船挡在运河河道里,这两艘战舰不过是为整个英国舰队打前哨。8月7日,英国舰队的士兵可以远远地瞥见南京著名的瓷塔[1],甚至能看到南京城的城墙。8月8日,作为帝国的陪都,南京已经处于英军炮火射程之内。

对于交战双方来说,局面已变得越来越复杂。攻占镇江府造成大量平民伤亡,许多满族权贵因无力抵抗,又对洋夷感到害怕,为了不让自己落入洋夷手中遭受折磨,宁可自尽。深井和

---

[1] 此指南京大报恩寺琉璃宝塔,塔高78.2米,通体用琉璃烧制,始建于明永乐年间,最后毁于太平天国。

泉涌处塞满了溺亡的妇女和儿童尸体,有一位官人甚至让下人把自己绑在椅子上,活活烧死,顺从的下人竟然听从这样的命令。此外,由于天气炎热,缺少饮用水,再加上连续征战造成疲劳,英军部队里开始出现流行病。霍乱逐渐肆虐开来,每天都有落单的英军士兵被民众抓走。要是被活捉还好点,朝廷倒希望能活捉洋夷,而且肯支付高额赏金,但英军找到落单的士兵时,发现只有身穿军装的尸身封在麻袋里,尸首却不见踪影。

因此,双方都希望能达成和平协议。当皇帝派来的钦差大臣要求休战时,英军即刻就同意了。那一天,英军原本打算让士兵登陆,准备攻打南京城。

此后不久,武装汽船美杜莎号来河岸边接三位钦差大臣、伦琮大人和我,把我们送到舰队旗舰上,那是我终身难忘的一天,也是我一生当中最幸福的一天。英军两位将领及部分一身戎装的军官接待了我们,其中就有去年被中国人俘获的安斯特拉瑟少校,老臣伊里布救了他的命,为此甚至还遭到贬黜。英军对此表示谢意,也让这次正式会面看上去显得有些轻松。璞鼎查爵士则刻意不摆出过于客气的样子,不像他的前任那样,总是客气地说"请,请",只是向皇帝的特派使节表示一番敬意。

此前我已把来到南京的消息托人告诉帕特里克·奥多诺万,在英国将军对中国钦差大臣回访时,他也随同将军们一同回访。再次见到大学时代的好朋友,我真是感到格外开心,在此不再赘述。

从这时起，双方的谈判一直在有条不紊地进行中。距离达成和平协议尚有一个障碍有待克服：在皇帝的授意下，清廷外交代表拒绝开放福州府。至于说清廷是如何在这一点上做出让步，又是如何接受英国全权代表提出的其他条件，因我身份特殊，不得向外透露这些细节。不管怎么说，8月30日，双方在三桅战舰"女王号"上签署和平条约[1]，战舰主桅上升起象征皇帝的黄旗，表示双方彻底结束敌对行动。

大家后来都知道条约的相关条款，即中国向英国支付2100万银元战争赔款，分四年付清；割让香港岛；开放东南沿海五座重要通商口岸：广州、厦门、福州、宁波和上海；释放对方军民，对所有曾与英军合作的中国人实施特赦。

1842年，中英条约签署的当天晚上，我向伦琮大人道别。奥克兰号军舰要把这份珍贵文件送回英国，而我思乡心切，准备搭乘军舰返回英国，我的好友帕特里克在这艘军舰上任军医。

在同我的保护人分手之前，我和他在江边促膝交谈，月光宁静地撒在水面上。南京城里漆黑一团，显得安静极了。相反，英国军舰上则灯火通明，每个舷窗都亮着灯光，水手们高声合唱。取胜的欧洲似乎在羞辱战败的中国。

看到这幅景象，伦琮显得格外忧伤。

他随后问道："您了解自己的同胞，您认为今天签署的条约是真诚和持久的和平条约吗？"

"肯定是真诚的。"我回复道，"至于说是不是能持久，您本人也能做出预测。如果皇帝能恪守他被迫签署的各项条件，英国人肯定不会再来挑衅，不过英国人绝不允许任何侵犯其商业利益的举动。天知道会不会有人利用各种手法，一点点毁掉当下给予英国人的好处呢？您不觉得今后这将是各级官员最喜欢做的事情吗？"

伦琮大人不想回答这个棘手的问题，只是叹了口气，又摇了摇头。

我随后又补充道："况且，朝廷软弱无能已世人皆知，不但其臣民了解这一点，连外国人也看出来了，在您看来，朝廷的软弱会不会引发暴动呢？汉族人目前还被满族人强大作战能力的名声威慑，尚未蔑视这支人数众多的军队，可这样一支军队却在各地被一小股洋夷部队打得落花流水，您是不是也这样看呢？"

老人再次叹了口气，什么也没说。

我说："尽管如此，欧洲没有任何一个民族想长久征服天朝。远大的政治抱负不会给人带来宽阔的视野，甚至不会支配人们去采取冒险行动。商业利益只看重开放的市场，只关注合理的关税，只关心其贸易代理人的人身安全。只有一个意图，一个动机能让你们面临外国人入侵的威胁。"

"上天会保佑我们的！"伦琮突然打断我的话，"那么这个致命的意图是什么呢？"

---

[1] 根据文献记载，《南京条约》是在康华丽号战舰上签署的。

"就是让你们皈依我们的宗教信仰,就是在你们这里推广基督教。"

听闻此言,这位不信教的官员轻蔑地笑了笑。他似乎并未完全理解我的意思,甚至不担心国内会因信仰不同而爆发战争。帕特里克待在我们身边,听我们俩聊天,可什么也听不懂,但看到伦琮那轻蔑的微笑时,却感到极为不快,他还依然陶醉在英军的胜利之中。

他突然喊道:"不管怎么说,中国还是开放了,我们走着瞧!"

伦琮问道:"您的朋友在说什么?"

我尽量把帕特里克的想法原本地转达给伦琮,但并未把话中那种带有威胁的语气透露给他。

伦琮听罢解释,再次微笑起来,甚至以奚落的口吻说道:"不遭受疾风暴雨,中华是不会开放的。"这是他的道别之言。

第二天,我带着老人的祝福和各种礼物,动身离开中国。

译后记

译完这本书，交稿之际，才彻底松了一口气，回顾整个翻译过程，感慨良多，身心疲惫不说，单单这本书带给我的感受可以用刻骨铭心来形容。这是我翻译的第三本与汉译回译相关的书籍，与前两本书相比，此书涵盖的内容更丰富，涉及的题材也更广泛，其中不乏历史文献、皇帝诏书、名人名言、箴言谚语、古代传说、戏剧诗歌片段等。要查阅的资料也是包罗万象，其中尤以东南沿海地方志、中国古代史纲要、清朝法律文献、明清戏剧脚本等为主。古人云，工欲善其事，必先利其器，翻译何尝不是如此呢？只有在做好准备工作的前提下，才能推出过硬的译文。

作为"遗失在西方的中国史"系列之一，本书虽说是一部记者观察手记，但书中所叙述的方方面面还是有据可查的，也贴近史实。早在本书正式出版之前（1845 年），法国历史最悠久的文学评论月刊《两个世界》就撰文介绍这本书，书评不吝赞美之词："在有些文学作品里，插图与文字相得益彰，甚至颇有喧宾夺主之势，却让文字描述显得更加生动，《撞开的中国》（原书名）正是这样一部作品。作者和插画家勠力同心，把一个欧洲人对神秘中国的印象描绘得栩栩如生，画家博尔热的插图真实、细腻，他的画作又给多朗-福尔格带来无限的遐想。这样的作品一定会深受读者喜爱，配有插图的作品读来轻松，还让读者对遥远的陌生国度产生真实的视觉印象。"《两个世界》月刊始创于 1829 年，自 1948 年改版后，这份文学月刊将关注点扩展到历史、艺术、科学等领域，如今依然是深受读者喜爱的一份刊物。

撰写这篇游记的作者虽说是法国人，但以第一人称叙述故事的却是一个英国人，不过他讲话的口吻倒更像法国人，比如在与英国人就鸦片贸易辩论时，就持批评态度。游记开篇以书信形式展开，但第一封信仅仅标示出写于 183× 年，究竟是写于哪一年呢？经查询发现，伯驾医生的眼科医院于 1835 年在广州开办，也就是说这篇游记讲述的是从 1835 年起直至第一次鸦片战争结束时段的故事。虽然故事中的主要人物贵为提督使，但作者却用更多的篇幅来描绘底层平民的生活，也让我们看到鸦片战争前民众生活的掠影。作者虽未在中国生活过，但总体描述还是较为客观的，在华传教士发回欧洲的文字大多以介绍中国文化及风土人情为主，身为记者的老尼克（本书作者多郎-福尔格的笔名）肯定看过很多这方面的材料，才能把中国历史及文化描述得如此详尽。

在翻译过程中，除了要大量查阅历史资料外，作者所采用的拼音是最大的难点之一，这个拼音系统既不是欧洲人常用的威妥玛系统，也不是法国远东学院拼音，而是作者按照东南沿海地区方言发音所记录的拼音，其中有人名、地名、土特产及名胜古迹名称，尤其是关键性人名，如果不能准确翻译出来，势必会影响到后面的译文，因为作者引用了这几位历史人物所撰写的文章。只要一举突破拼音这个瓶颈，就能收到事半功倍的效果，书中引用朱熹的《小学》及班昭的《女诫》片段，在翻译过程中就是这样寻觅来的，而仅凭书写怪异的拼音去查找人名的过程，就痛苦得让人恨不能去撞墙。

另一个翻译难点就是作者笔下的人物谱写的几首韵律诗，既然作者设定的条件是中文韵律诗，那么译文就一定要翻译成韵律诗，否则就不符合作者所描述的意境。但采用哪种韵律，也需要动一番脑筋。比如替伯驾出诊的医生在为提督的女儿治好白内障之后，这位年轻的姑娘谱了一首诗。我原本按照七言律诗格式把这首诗回译成汉语，尽量按照平仄规律和对仗格律来翻译：

> 三天卧床无食欲，
> 未觉饥饿自叹息。
> 深感命数殆尽时，
> 突觉眼前闪亮霓。
> 摆脱噩梦追光明，
> 踢开坟墓迎曙曦。
> 惊享幸福与欢乐，
> 携手亲友颂光熙。

但作者在随后的文字里提到苏东坡写的一首诗，经查找才发现，原来这位北宋文坛魁首在亲眼目睹王医生做摘除白内障手术后，即席赋诗《赠眼医王生彦若》。这是一首五言格律诗，全诗共20行，40句诗。根据作者的描述，本书中接受白内障手术的女患者不但为眼医赋诗，还把苏东坡的五言诗誊抄在一把烫金扇面上，赠送给为她做手术的医生。如此看来，女患者为医生所赋的诗也应该是一首五言诗，其风格应与苏轼的诗大体相同。以此为前提，在回译这首诗的时候，译者就不能仅凭自己的理解、体会及感受去翻译，除了考虑韵律格式之外，还要兼顾诗歌的体裁。鉴于法文是从中文翻译过去的，如果拿法文对照的话，五言诗译文也更贴近原文所表达的意思，因此回译成五言诗是最佳选择（参考第52页）。

作者笔下的平西具有较高的中文造诣，在科举考试中凭借"纸鸢"一诗而一举夺魁，作者将此诗设定为"宋词风格"，这一设定给译者增加很大的难度，回译出的词不但要体现出宋词的风格，还要有一定的表现力和思想深度。宋词词牌有一千多种，究竟选用哪个词牌最合适呢？法文译诗共12行，回译时最好也选定12行的宋词，字数起码要在60字以上。在网上检索之后，选定"天仙子"词牌，这一词牌要求一韵到底，翻译时先定好韵脚，再按照平仄要求去做，先保证押韵，平仄要求则适当放宽。

越过拼音和诗译这两个重要障碍之后，原本以为接下来的翻译会是一片坦途了，没想到又碰到第三个障碍：作者把中文的字面意思翻译成法语，译者要把这个字面意思再回译成汉语，其中涉及许多箴言谚语。比如"官清民自安，百行孝为先"这句箴言，若按照字面翻译，根本无法展现出中文的箴言韵味；再比如作者在引用《大清律例》时提到一种违法行为，字面意思是"违背法的精神之举"，把《大清律例》几乎通读一遍后，才发现这句话的意思是"依违制律治罪"。这样的例子在书中比比皆是，这里不再赘言。

本书首版于 1845 年，鉴于书中所描述的故事止于 1842 年，由此我们猜测作者和插图画家是在很短的时间内完成此书的编写及插画绘制工作的。风俗画家奥古斯特·博尔热绘制的插画带有浓郁的东方色彩，把中国的自然风光和市井风情绘制得惟妙惟肖。本书中的插画与老尼克的文字搭配得天衣无缝，透过其中的细节，我们发现博尔热不但了解中国民间风俗，而且对中国历史也极为熟悉，比如在绘制远古及唐朝人物服饰时，展现出了那个时代人物的着装，而不是以清朝人的服饰统而代之。

这篇游记文字及插图不但让我们看到那个时代普通平民的市井生活，还让我们从中得到诸多启示。

袁俊生
2020 年 11 月 30 日
浙江越秀外国语学院